KB082898

― 파워풀한 ―
교과서
세계문학 토론

파워풀한 교과서 세계문학 토론

세계사를 배우며 읽는 세계고전문학!

남숙경·박다솜 지음

특별한서재

차례

파 워 풀 한   교 과 서   세 계 문 학   토 론

세계고전문학으로 토론하며
생각의 불을 밝히다

- 작품 창작 시대에 대한 이해로 고전을 쉽고 재미있게 읽는다

2015 개정 교육과정에서 『고전 읽기』가 하나의 교과목으로 분리되었다. 그 이유는 무엇일까? 교과부가 2015 교육과정에서 제시한 고전 교육의 목적을 보면 그 의도를 잘 알 수 있다.

- 고전 읽기를 통해 지혜와 통찰력을 얻을 수 있다.
- 고전 읽기는 문제 해결 능력을 신장시키고 교양 형성에 기여한다.
- 고전 읽기를 생활화함으로써 인성을 함양하고 삶의 질을 높일 수 있다.
- 고전을 읽고 토론을 함으로써 고전의 재해석과 비판적 평가를 통해 새로운 가치를 획득한다.

그러나 사실 우리나라 교육과정에 고전은 늘 있었다. 그런데 새삼 고전 교과목을 신설하는 이유는 무엇일까? 그것은 고전 문법 및 고전문학에 대한 지식들을 주된 교육 내용으로 했던 과거의 고전 학습에서 벗어나기 위함이다.

왜 이런 변화가 필요했을까? 우리가 맞이하게 될 미래는 4차 산업 혁명을 근간으로 한 미래 사회다. 계속해서 진화하는 첨단 기술로 인해 문명은 눈부시게 발전하고 변화하고 있다. 이 여파로 사람이 할 일이 무엇인지 분명하지 않으며 무엇을 원해야 할지 알기 어렵다. 또 새로운 직업의 탄생과 기존 직업의 소멸에 따라 대량 실업이 일어나는 상황에 어떻게 대처할 것인지에 대한 구체적인 대안을 누구도 제시하지 못한다.

이런 현실을 인지하다면 교과부가 제시한 고전 교육의 목적에 고개가 끄덕여진다. 필자 또한 고전 읽기와 토론의 필요성을 절실히 공감하고 오래전부터 고전 토론 수업을 진행해왔다. 그러나 활자를 멀리하고 사색하기를 싫어하는 요즘 학생들에게 '생각 근육'을 키우는 고전 읽기와 토론은 고통 그 자체였다. 몇 년이 흘렀지만 어니스트 헤밍웨이의 『노인과 바다』를 수업하던 날을 잊을 수 없다. "책을 읽어도 내용을 하나도 이해하지 못하겠어요. 읽기가 힘들고 재미도 없어요." 한숨을 쉬며 하소연하는 아이들에게 도움을 주고 싶은 마음이 간절했다. 그날부터 '어떻게 하면 고전에 쉽게 다가갈 수 있을까?'라는 질문이 머릿속에 맴돌았다. 오랜 시간 수업을 하면서 찾은 해답은 세계사에 대한 배경지식이 부족한 학생일수록 세계고전을 읽기 힘들어한다는 것이다.

이 책의 집필 목적이 바로 여기에 있다. 작품 창작 시기에 대한 배경지식을 쌓음으로써 고전을 보다 쉽게 읽도록 돕는 것이다. 특히 '용어 사전', '인물 사전'을 수록하여 작품의 배경이 되는 역사적 사건에 대한 이해를 돕기 위해 최선의 노력을 기울였다.

이 책에 수록된 10개의 문학작품은 중·고등학교 교과서를 기반으로 했으며 구성과 활용방안은 다음과 같다.

1. 작품 선정 이유
작품 속에 나타나는 갈등 상황에 대해 문제의식을 가질 수 있도록 했다.

2. 작가와의 만남
작가의 삶에 대해 자세히 알 수 있는 기회를 마련하여 작품에 대한 이해를 돕는다.

3. 시대사 연표
연표를 수록하여 작가가 살았던 시대의 세계사 중요 사건과 한국사 중요 사건의 흐름을 한눈에 파악할 수 있다.

4. 작품 속 세계사 공부
작가가 작품을 쓰게 된 이유와 작품에 숨겨진 세계사 이야기를 수록하여 작품에 대한 흥미를 유발한다. 이를 통해 어려운 고전을 쉽고 재미있게 접할 수 있도록 했다.

5. 작품을 이해하기 위한 용어 사전

작품에 대한 배경지식을 습득하기 위해 반드시 알아야 하는 주요 용어와 그 뜻을 풀이하여 작품의 이해를 돕도록 구성했다.

6. 작품의 시대를 이해하기 위한 세계사 인물 사전

작품이 창작된 시대와 관련하여 반드시 알아야 할 중요 인물들을 수록했다.

7. 등장인물 소개

등장인물들의 성격과 갈등관계를 요약하여 작품의 전체적인 맥락을 파악할 수 있다.

8. 쟁점 찾기

요약한 줄거리를 통해 작품의 흐름을 생각해볼 수 있으며, 토론을 가능하게 하는 핵심적인 찬반 논점을 찾는 연습을 할 수 있다.

9. 토론 요약서

찬성과 반대 논점을 추출하고 논거를 요약하는 개요서 작성 방법을 익힐 수 있다.

10, 11. 찬성 측, 반대 측 입론서

토론 요약서를 바탕으로 핵심적인 논점에 대한 논리적인 근거를 마련하는 입론서 작성 방법을 익힐 수 있다.

『파워풀한 교과서 세계문학 토론』의 구성대로 차근차근 흐름을 따라가다 보면 어느새 고전 읽기와 토론이 편해지는 것을 느낄 수 있다. 따라서 교육 현장에서 수업을 이끌어가는 선생님, 자녀와 고전으로 토론하고 싶은 학부모, 고전 읽기와 토론하기를 힘들어하는 학생들에게 큰 도움을 주는 안내서가 될 것이다. 앞으로 이 책을 디딤돌 삼아 동서양의 고전을 읽고 토론하는 학생들이 늘어나길 원한다. 나아가 미래 사회가 원하는 '문제 해결 능력', '바른 인성 함양', '비판적 사고력'을 갖춘 인재가 되길 바란다.

끝으로 특별한서재 출판사와 필자를 토론으로 이끌어주신 K에듀코칭협회 대표님께 진심으로 감사드린다. 또한 바쁜 일정에도 엄마와 함께 집필에 매진했던 딸 다솜이에게 사랑한다고 말하고 싶다. 그리고 부족한 필자에게 항상 동기부여가 되었던 많은 제자들과 학부모님들께도 깊은 감사를 드린다.

2020년 여름
남숙경

파워풀한 교과서 세계문학 토론 목록

N.	작품명/작가/국가	출판연도	주제	수록 교과
1	베니스의 상인 윌리엄 셰익스피어 (영국)	1596	탐욕과 물질주의	고등학교 국어 (창비)
2	로미오와 줄리엣 윌리엄 셰익스피어 (영국)	1597	진실하고 순수한 사랑	고등학교 문학 (신사고)
3	프랑켄슈타인 메리 셸리 (미국)	1818	과학기술이 야기하는 사회 · 윤리적 문제	고등학교 생명과학 2 (미래엔)
4	올리버 트위스트 찰스 디킨스 (영국)	1838	산업혁명으로 인한 계층 간 격차 및 아동 노동 문제	중학교 역사 2 (동아출판사)
5	레 미제라블 빅토르 위고 (프랑스)	1862	가난과 불행을 딛고 인간애의 위대함을 보여준 장 발장	고등학교 국어 (금성출판사)

N.	작품명/작가/국가	출판 연도	주제	수록 교과
6	인형의 집 헨리크 입센 (노르웨이)	1879	여성의 자기 발견과 사회적인 해방	고등학교 문학 (천재교과서)
7	지킬 박사와 하이드 로버트 루이스 스티븐슨 (영국)	1886	인간의 선과 악에 대한 본성	고등학교 윤리와 사상 (천재교육)
8	변신 프란츠 카프카 (체코)	1916	현대사회의 인간의 존재와 허무, 소외	고등학교 문학 (미래엔)
9	동물 농장 조지 오웰 (영국)	1945	권력의 타락과 변질	중학교 역사 2 (동아출판사)
10	노인과 바다 어니스트 헤밍웨이 (미국)	1952	불운과 역경 속에서도 희망을 잃지 않는 순수하고 긍정적인 태도	고등학교 문학 (동아출판사)

PART

01

이론 편

CHAPTER 01

세계고전문학,
어떻게 하면 제대로 읽을 수 있을까?

중국 북송 시대의 문인 왕안석은 이런 명언을 남겼다. "가난한 사람은 독서로 부자가 되고, 부자는 독서로 귀하게 된다." 이때 독서는 일반적인 독서가 아닌 고전을 뜻한다. 고전을 읽는다는 것은 단순히 지식의 깊이를 쌓는 것이 아니라 인간 본연에 대해 깨달음을 얻는 과정이다. 이는 시공간을 초월한 보편적 지혜와 시대를 꿰뚫는 통찰력을 기를 수 있는 기회이며 성장의 원동력이 된다.

그러나 굳이 이런 설명을 하지 않아도 우리는 이미 고전의 위력을 알고 있다. 그리고 고전 읽기에 효용성이 있다는 것도 모두 공감한다. 그런데 왜 읽지 않는 것일까? 이는 고전 읽기가 어렵기 때문이다. 실제로 많은 중·고등학생들은 고전이 '지루하고 재미가 없으며 어렵다'는 생각을 갖고 있다. 고전은 짧게는 50년에서 길게는 2,000년 이상 된 수준 높은 책으로 뛰어난 사람들의 작품이며 후세에 모범이 될 만한 가치를 지니고 있다. 따라서 고전에는 그 시대의 문제와 이에 대한 저자의 우수한 사고가 들어 있다. 고전을 읽는다는 것은 이런 훌륭한 저자와 대화를 나누는 것이다. 이때 사전 준비가 되어 있지 않다면 저자와 소통하기 어렵다. 이는 단순히 드러난 뜻과 글만 읽는 격이니 두뇌가 자극을 받지 못해 지루하고 재미없게 느끼는 것은 당연하다.

그렇다면 고전문학을 효과적으로 읽기 위해서 어떤 준비가 필요할까? 우선 작가에 대한 이해가 먼저다. 작가를 이해하기 위해서는 무엇보다 작가가 살았던 시대의 역사적 사건과 사회·문화적 변화를 알아야 한다. 그러려면 작가나 시대에 대한 자료를 찾아봐야 한다. 물론 이 과정에서 많은 시간이 소요될 수도 있다. 하지만 고전문학에 한 발 다가서기 위해서는 꼭 필요한 과정이므로 꼼꼼하게 자료를 찾는 것이 중요하다.

'성공적인 고전문학 읽기 방법'을 요약하면 다음과 같다.
1) 작가에 대한 이해
2) 시대에 대한 이해
3) 작품 속 시대를 살았던 인물에 대한 이해
4) 현대사회 문제와 비교하기

작가와 시대에 대한 정보를 장착했으니 우리는 이미 성공적인 고전문학 읽기에 한 걸음 다가간 셈이다. 이런 사전 준비는 작가에 대한 사색으로 이어진다. 이같은 과정이 선행된다면 작가와 진지한 대화를 나누는 것은 물론, 작품 속 인물에 대한 이해의 폭이 넓어지고 사건에 대한 타당한 평가를 내리며 작품에 대한 비판적 사고가 가능해진다. 벌써 흥미롭지 않은가.

CHAPTER 02

세계고전문학을 읽고 토론을 하면
생각이 어떻게 바뀔까?

고전문학 작가들은 과거 역사의 중심에 있던 위대한 석학들이다. 고전은 그런 석학들의 풍부한 지식과 끝없는 사색의 결과물이다. 그것을 단순히 읽는 것만으로 온전히 전달받을 수 있을까. 참으로 어려운 일이다. 물론 어떤 책이든 안 읽는 것보다야 나은 일이니 단지 읽었다는 사실에 만족할 수도 있다. 게다가 어려운 책을 읽었으니 훨씬 만족감이 클 것이다.

그러나 영국의 철학자이자 정치사상가로 유명한 존 로크는 "독서는 단지 지식의 재료를 얻는 것에 지나지 않는다. 그 지식을 자기 것으로 만들기 위해서는 오직 사색의 힘이 필요하다"고 했다. 또 조선의 성리학자 윤후는 "책을 읽으면 사색을 해야 한다. 사색하지 않으면 얻는 것이 없다"고 했다.

단순히 책을 읽고 덮어버리지 말고 사색을 해야 한다고 주장한 사람은 비단 이 두 사람만이 아니다. 우리는 사색을 통해 석학들의 생각과 지식을 내 것으로 만들어야 한다.

사색이란 무엇인가? 사색의 사전적 정의는 '어떤 것에 대하여 깊이 생각하고 이치를 따지는 것'이다. 이것은 자신이 도달할 수 있는 생각의 임계점을 말하며, 평소 쓰지 않았던 두뇌의 모든 공간을 활성화시키는 것이다. 우리는 사색을 통해 인류 역사를 만들어온 석학들의 문장 속에 숨은 이치를 깨달을 수 있으며 지적 쾌감을 느껴 생각이 바뀌기 시작한다.

그렇다면 사색은 어떻게 해야 할까? 사색의 방법에는 여러 가지가 있겠지만 그중 가장 효과적인 방법은 토론이다. 토론을 하기 위해서는 반드시 논제가 필요하다. 고전문학의 경우 등장인물 간의 대립과 갈등 상황이나 문제의식을 부각시키는 사건을 논제로 선정한다. 이때 참고할 것은 논제는 중립적이고 찬반 의견을 나눌 수 있으며 문제의 중심인 쟁점이 명확하게 드러나야 한다.

이렇게 논제가 정해지면 작품을 바탕으로 논제에 찬성하는 주장과 반대하는 주장을 찾고 그에 따른 논거를 찾는다. 그리고 상대방의 주장이나 논거에 대한 반론도 미리 예측하고 준비한다. 고전은 이 과정이 특히 어렵고 고되다. 그 이유는 우리가 고전문학 창작 당시의 시대와 사회상, 사고방식 등을 경험해보지 못했기에 현재의 삶과 연관성을 찾기 어렵기 때문이다. 이때 주장과 논거를 찾기 위해서는 비판적 사고를 바탕으로 다양한 시각을 갖고 텍스트를 해석해야 한다. 그리고 이를 현대사회 문제와 관련지어 성찰해야 한다. 이 과정을 통해 작품의 이해도가 높아지고 지적 탐구가 이루어진다. 그것은 다시 '인간에 대한 이해'로 이어지고 자연스럽게 철학적 사색의 길로 들어선다.

따라서 세계고전문학을 읽고 토론을 한다는 것은 작품에 등장하는 인물이나 작품 안에 내재하는 가치를 파악하고, 논거를 합리화하는 과정이다. 또 그 가치를 둘러싸고 있는 상황, 상대편의 대립적 가치와 반론에 대해 탐구하면서 인간의 삶과 사회, 자연과 우주에 대해서도 사색적 질문을 하게 되는데, 이는 깨달음의 시작이며 삶의 의미를 부여하는 것이다. 이것이 우리가 세계고전문학을 읽고 함께 토론을 해야 하는 이유다.

실천편

CHAPTER 01

베니스의 상인
The Merchant of Venice

• 윌리엄 셰익스피어 •

작품 선정 이유

『베니스의 상인』은 셰익스피어의 낭만주의 희곡 중 자본주의 색채를 가장 잘 드러낸 작품이다. 인종적 편견과 종교적 위선, 고리대금업과 무역업이라는 직종 간의 갈등, 재산 증식의 수단이 된 결혼과 같은 사건들을 바탕으로 자본주의 체제로 진입하려는 당시의 경제구조와 사회 격변기에 나타나는 혼란스러운 가치관을 엿볼 수 있다.

자본주의 체제 속에서 이윤추구를 최고의 목표로 삼아 살아가는 오늘날, 400여 년 전 셰익스피어 작품에서 만났던 문제점들이 여전히 우리 주변에 남아 있다. 작품에서 빚어지는 인종, 종교, 경제, 사회의 여러 가지 문제점들을 현대적 시각으로 부각시켜 통찰하는 기회를 갖기 위해 이 작품을 선정했다.

| 수록교과서 | 고등학교 국어, 창비, 최원식 외 18인, 2018

윌리엄 셰익스피어
William Shakespeare

윌리엄 셰익스피어(1564~1616)는 영국이 낳은 세계적인 극작가이자 시인이다. 여러 희곡들을 남긴 그는 400여 년이 지난 오늘날까지도 전 세계인에게 사랑과 존경을 받고 있다.

셰익스피어는 1564년 영국 스트랫퍼드—어폰—에이번의 작은 마을에서 태어났다. 부유한 지방 유지였던 아버지 덕에 셰익스피어는 풍요로운 소년 시절을 보냈다. 그는 라틴문학과 고전문학을 배우며 소양을 쌓았으나, 1577년경 아버지의 사업 실패로 집안이 어려워지자 학업을 중단하고 집안일을 도와야 했다.

1582년 셰익스피어는 여덟 살 연상인 앤 해서웨이와 결혼했다. 그리고 스물세 살이 되던 1587년에 새로운 일자리를 찾기 위해 런던으로 갔다. 얼마 후 극장에서 배우로서 일할 기회를 얻은 그는 배우들과 대본을 연습하는 과정에서 자신이 대본을 쓰는 데 소질이 있다는 것을 깨닫고 희극을 쓰기 시작했다. 영국 안팎에서 일어난 모든 일을 연극의 소재로 삼았던 셰익스피어의 작품에 극장의 관객들은 울고 웃으며 환호성을 질렀다.

그러나 1591년 흑사병이 런던을 뒤덮자 사람들은 더 이상 극장에 관심을 갖지 않았고, 극장을 사악한 곳이라며 비난하기까지 했다. 1592년에는 극장의 공연을 법률로 금지하여 문을 닫았다. 이러한 상황에도 그는 시를 쓰며 작가 생활을 이어갔다. 1594년 흑사병의 공포가 사라지자 극장들이 문을 열었고, 셰익스피어도 다시 희곡을 쓰기 시작했다. 당시 신진 극작가로 활동하던 그는 여러 편의 희곡을 썼는데, 그중 가장 인기를 끌었던 작품이 바로 『베니스의 상인』이었다. 이 덕분에 그는 극계를 주름잡던 궁내부장관 극단의 간부 단원이 되었고, 그 극단을 위해 작품을 쓰는 전속 작가가 되었다.

셰익스피어가 활동했던 16세기는 엘리자베스 여왕 1세가 통치하던 때였다. 당시 영국은 변화를 통해 국력이 급성장하고 있었다. 봉건체제에서 근대로의 발돋움이 시작되었고 종교는 구교에서 신교로 개혁했다. 또한 상업이 발전하면서 문화와 문학이 발달하는 전성기를 맞았다. 이 시기를 르네상스 시대라고 부르는데, 셰익스피어는 그 당시 문예부흥을 일으켰던 문인들 중 한 명이다. 그는 극작가로서 1590년부터 1613년까지 24년간 희극, 비극, 사극 등 총 37편의 작품을 발표했다. 셰익스피어는 영국 사람들이 '인도와도 바꾸지 않겠다'고 할 정도의 위대한 작가로 추앙받았다. 그는 은퇴 후 고향으로 돌아와 1616년 4월 23일, 52세의 나이로 생을 마감했다.

【시대사 연표】

세계사	한국사
1492년 콜럼버스, 서인도제도 발견	1485년 성종, 『경국대전』 완성
1500년경 이탈리아, 르네상스 문화 절정에 이름	1504년 갑자사화
1517년 루터, 95개조 반박문 발표	1506년 중종반정
1519년 마젤란, 세계 일주(~1522년)	1519년 기묘사화
1534년 영국의 종교개혁	1545년 을사사화
1558년 영국, 엘리자베스 1세 여왕 즉위	1554년 비변사 설치
1562년 위그노 전쟁(~1598년)	1555년 을묘왜변
1588년 영국, 스페인 무적함대 격파	1592년 임진왜란(~1598년)
1590년 일본, 전국시대 통일(도요토미 히데요시)	1597년 정유재란
1596년 윌리엄 셰익스피어 『베니스의 상인』 출간 ◀	1608년 경기도 대동법 실시
1598년 낭트 칙령 발표	1610년 허준, 『동의보감』 완성
1600년 영국, 동인도회사 설립	1623년 인조반정
1603년 일본, 에도 막부 성립(~1867년)	1624년 이괄의 난
1616년 중국, 후금 건국	1627년 정묘호란
1618년 독일, 30년 전쟁(~1648년)	1636년 병자호란
1628년 영국, 권리 청원 제출	1645년 소현 세자, 과학·천주교
1642년 영국, 청교도 혁명(~1649년)	서적 전래
1643년 프랑스, 루이 14세 즉위	1653년 하멜, 제주도 표착
1648년 베스트팔렌 조약	1660년 1차 예송 논쟁
1649년 영국 왕 찰스 1세 처형, 공화정 시작	1674년 2차 예송 논쟁
1666년 뉴턴, 만유인력의 법칙 발견	1678년 상평통보 주조
1688년 영국, 명예혁명 및 권리장전 승인	1708년 대동법 전국 실시
1689년 영국, 권리장전 발표	

엘리자베스 여왕 1세가 이끈 르네상스 시대, 반유대주의를 표출한 셰익스피어

『베니스의 상인』이 출간된 당시 영국은 문화, 경제, 종교, 정치적으로 격변을 맞이하고 있었다. 셰익스피어는 자신의 작품에 여러 가지 사회문제를 직·간접적으로 담아냈다.

1547년 헨리 8세가 사망하자 그의 세 번째 부인이자 제2계비인 제인 시모어 사이에서 태어난 에드워드 6세가 왕위를 물려받았다. 하지만 1553년 에드워드 6세가 일찍 죽게 되자, 왕위는 헨리 8세의 첫 번째 왕비인 캐서린의 딸 메리에게 넘어간다. 메리 여왕은 즉위 후 자신의 아버지인 헨리 8세가 어머니와 이혼하기 위해 만들었던 영국 국교회와 신교도를 탄압한다. 그리고 이혼을 당해 불행한 삶을 살았던 어머니의 명예를 회복하기 위해 어머니의 종교였던 로마 가톨릭을 부활시킨다. 이후 수많은 신교도들을 무자비하게 처형하여

'피의 메리'라는 별명을 얻지만 재정 개혁을 이루고 해상무역의 확장을 권장하는 등 경제정책에서 성공을 거둔다.

1558년 메리가 건강 악화와 우울증에 시달리다 후계자 없이 죽게 되자, 영국의 왕관은 엘리자베스에게로 돌아간다. 이때 유럽의 전 지역은 종교 문제로 격렬하게 대립하는 혼돈의 시기를 보내고 있었다. 그러나 엘리자베스 여왕은 영국 국교회, 신·구교 간의 갈등을 풀고 화합과 번영의 시대를 열어간다. 엘리자베스 여왕 1세의 재위 기간(1558~1603)은 영국 역사에서 가장 번영했던 시기다.

셰익스피어 초기 희극의 대표적인 작품 『베니스의 상인』은 그 당시 시대적 상황을 잘 반영하고 있다. 튜더 왕조 하에서 신대륙이 발견되었고, 동방 지역에도 새로운 항로가 개척되었다. 이 지역과의 교역을 통해 얻어지는 막대한 재화는 격변의 시대를 가능하게 하는 원동력이 되었다. 이후 엘리자베스 여왕은 스페인의 무적함대를 무찌르고 유럽의 강대국으로 떠올랐다. 이를 바탕으로 영국은 동인도 회사를 설립한다. 이는 영국이 상업을 통해 세계무대로 나아가는 중요한 기틀이 되었으며 부를 증대시키는 계기가 되었다.

이를 증명하듯 16세기 초 영국의 수도 런던은 다른 도시들의 인구가 5,000명 정도였던 것에 비해 6만 명이나 될 정도로 영국 중심 도시가 되었고, 국제적인 무역 도시로 발돋움했다. 이를 뒷받침하는 근거로 『베니스의 상인』에서 살라리노가 "화물을 가득 실은 나의 앤드류호"라고 언급한 배는 1596년 6월 영국 탐험대가 발견한 산 마티아스와 산 안드레스였다. 거대한 무역선의 출현을 『베니스의 상인』에 각색하여 넣은 것만 봐도 이미 런던은 거대한 국제도시였음을 알 수 있다. 셰익스피어가 이탈리아의 베니스를 작품의 배경으로 삼은 이유는 당시 베니스가 문화, 예술뿐만 아니라 상업까지 활발하게 이루어졌던 도시이기 때문이었다.

　유대인이 영국에 처음으로 정착한 것은 1066년 프랑스의 노르망디 공에 의해 영국이 정복된 이후로 추측된다. 그 이전 로마시대부터 거주했을 가능성도 있지만, 정복왕 윌리엄의 칙령에 유대인에 대한 언급이 처음 나타나 있다. 윌리엄 1세는 유대인의 상업적 수완과 그들의 자본이 영국을 더욱 번성하게 할 것이라는 믿음을 가졌다. 그래서 1070년에 유대인 상인을 노르망디의 루앙에서 영국으로 초대한다. 그러나 유대인은 땅을 소유해서는 안 되며 의료 부분을 제외하고는 장사에도 참여하지 못하게 했다. 그들에게 허용된 것은 돈을 빌려주는 대금업이 전부였다. 당시 기독교는 대금업이 죄라고 명시하고 있어 기독교인들은 꺼렸던 터라 유대인들이 이 분야를 지배했다. 『베니스의 상인』에서 샤일록이 금전적 이익을 중시하는 냉혹한 악한으로 묘사된 것도 바로 이런 이유 때문이다. 이를 통해 당시 영국인들의 정서에 반(反)유대주의가 강하게 남아 있다는 것을 알 수 있다.

　영국은 교회의 후원을 받아 글을 모르는 민중에게 연극을 통해 구약과 신약의 내용을 전했다. 극을 관람한 영국인들은 유대인이 예수를 팔아 십자가에 못 박혀 죽게 한 책임이 있다고 생각했으며 그들을 혐오와 증오의 대상으로 삼았다. 그런 소용돌이 속에서 반유대주의 사상을 가진 영국인들의 정서를 폭발하게 하는 '로페즈 음모 사건'이 발생한다. 이 사건은 『베니스의 상인』이 집필되기 얼마 전에 일어난 여왕 암살 기도 사건이다. 로페즈 의사라는 이름으로 잘 알려진 로드리고 로페즈는 포르투갈 유대인으로, 기독교로 개종하여 런던에서 의사로 활동하다가 1586년 엘리자베스 여왕의 주치의가 되면서 인생의 절정기를 맞이한다. 그러나 1593년 로페즈는 스페인 특사들과 함께 여왕을 독살하려 했다는 혐의로 체포되어 그 이듬해 교수형을 당한다. 그는 처형되기 직전에 자신의 결백을 주장했다. 하지만 국민들로부터 거센 조롱과 야유를 받았고 급기야 영국 전역에 반유대주의 정서를 폭발시키는 단초가 되었다. 이 사건 후 셰익스피어가 『베니스의 상인』을 집필했으므로 작품에 상당한 영향을 미쳤을 것이다.

가톨릭

가톨릭은 '모든 곳에 있는, 보편적'이라는 의미를 지닌 희랍어 카톨리코스(Katholikos)에서 유래된 명칭이다. 로마 교황을 수장으로 하는 그리스도교의 교파이다.

개신교

16세기에 종교개혁의 결과로 가톨릭교회를 떠난 기독교인들이 새로운 종교 단체를 조직했다. '프로테스탄트(Protestant)'라고도 하는데, 이는 '항의하는 자'라는 뜻을 지닌다.

르네상스

'르네상스(Renaissance)'는 프랑스어로 '부활', '재생'이라는 뜻으로, 14~16세기에 일어난 고대 그리스·로마 시대의 문화 부흥 운동을 뜻한다. 이는 신 중심의 중세 문화에서 벗어나 인간 중심의 문화를 탄생시킨 문화운동이다. 르네상스는 14세기 이탈리아에서 시작해 유럽으로 퍼져나갔다. 르네상스는 이탈리아를 중심으로 한 남부 유럽 르네상스와 네덜란드, 독일을 중심으로 한 북부 유럽 르네상스로 나뉜다. 남부 유럽 르네상스는 주로 예술을 중심으로 이루어졌으며, 프랑스·독일·영국 등에 전파되어 근대 유럽 문화의 기반이 되었다.

당시 활동한 작가는 단테, 페트라르카, 보카치오 등이 있으며, 예술가로는 레오나르도 다 빈치, 미켈란젤로, 라파엘로 등이 있다. 북부 유럽 르네상스는 봉건제도와 중세 교회에 대한 문제를 제기하는 개혁적 성격이 강했으며 휴머니즘의 성격을 띠었다. 르네상스 시대에 활동한 작가는 에라스무스, 셰익스피어, 토머스 모어 등이 있으며, 예술가로는 루벤스, 반다이크, 브뤼헐 등이 있다.

> **르네상스가 왜 이탈리아에서 시작되었을까?**
> 1453년 동로마제국인 비잔티움이 오스만제국에 의해 멸망했다. 그리스 학문을 연구하던 학자들 중 일부는 오스만제국에 항복했으나 대부분의 학자들은 이탈리아로 도망쳐왔다. 이탈리아의 도시인 피렌체, 베네치아, 시칠리아는 십자군전쟁 당시 동서무역을 중개하며 벌어들인 막대한 돈이 있었고, 자유정신의 물결이

라 할 로마 문화의 유산이 잘 간직되어 있었다. 이러한 조건 덕분에 이탈리아에
서 르네상스가 시작된 것이다.

스튜어트 왕조(1603~1714)

제임스 1세(1603~1625) - 찰스 1세(1625~1649) - 크롬웰의 공화정(1649~1660) - 찰스 2세
(1660~1685) - 제임스 2세(1685~1688) - 윌리엄 3세·메리 2세 공동 통치(1689~1702) - 앤
(1702~1714)

스튜어트 왕조는 중세 말부터 근대까지 스코틀랜드와 잉글랜드를 통치한 왕가이자
영국의 첫 통합 왕조이다. 1603년에 튜더 왕조의 마지막 왕인 엘리자베스 1세가 후
손 없이 죽자, 스튜어트 왕가의 제임스 1세가 즉위했다. 그가 잉글랜드와 스코틀랜
드를 공동 통치함으로써 브리튼 왕국의 기초가 확립되었다. 17세기 스튜어트 왕조
는 격동의 시기를 보냈다. 빠른 속도로 사회가 변화했고 종교와 관련된 갈등도 심각
했기 때문이다.

제임스 1세와 그의 아들 찰스 1세가 왕권신수설을 주장하며 의회를 무시했던 것을
비판하며 청교도 혁명이 일어났다. 특히 찰스 1세가 단두대에서 비극적인 죽음을 맞
았다. 이후 크롬웰이 의회를 해산하고 호국경*이 되어 영국 최초의 공화정을 세웠으
나 10년을 넘기지 못했다. 1660년 크롬웰이 죽은 후 왕정복고의 부활로 찰스 2세
가 즉위함으로써 스튜어트 왕가를 이루었다. 그러나 그의 뒤를 이은 제임스 2세가
전제정치를 시도한 결과 1688년 두 번째 혁명인 명예혁명으로 폐위되었다. 이어 제
임스 2세의 장녀 메리 2세와 그녀의 남편이자 네덜란드 총독 윌리엄 3세가 영국을
공동 통치했다. 1702년 앤 여왕이 즉위했으나 1714년 후사 없이 사망해 스튜어트
왕조는 막을 내리고 하노버 왕가가 영국의 통치를 이어갔다.

영국 국교회

수장령(수장법)**이라고도 한다. 영국 국왕을 영국 국교회의 '최고 권력자', 즉 수장으

• 왕을 대신해 섭정을 하는 자에게 부여한 명칭.
•• 1535년 헨리 8세는 수장령을 거부한 카르투지오 수도사들을 반역죄라는 죄목을 씌워 교수형을
시켰다.

로 규정한 법률이다. 영국 국왕 헨리 8세가 왕비 캐서린과의 이혼을 원했으나 로마 교황이 이를 승인하지 않자, 헨리 8세는 로마 교회에서 분리할 것을 결의했다. 헨리 8세는 1529년에 성직자의 특권을 제한한 후, 1532년에 교황에게 지불하던 수입세를 금지했으며, 1533년에는 교황에 대한 모든 보고를 금지시켰다. 이에 교황이 헨리 8세를 파문하자 영국 의회는 수장령을 통과시켰다. 이 법으로 영국 국교회는 로마 교회에서 분리되어 영국 국왕을 최고의 장으로 하여 재편성되었다. 그 후 메리 여왕 시대에 일시적으로 가톨릭의 복귀가 이루어졌으나 엘리자베스 1세가 통일령을 발표함으로써 영국 국교회를 확립했다.

왕권신수설

절대 왕정시대의 통치이론으로 '왕의 권한은 신으로부터 부여받은 것이므로 왕은 신에 대해서만 책임을 지며, 국민들은 왕에게 절대 복종해야 한다'는 이론이다. 왕권신수설을 근거로 로마 교황의 외부적인 개입을 방지하고, 봉건 제후들의 저항권을 부정할 수 있었다.

왕권신수설은 영국의 스튜어트 왕조 때 절정에 이르렀다. 스튜어트 왕조 제임스 1세는 왕이 지상에서 신의 대리이고 왕권에는 제한이 없으며 의회의 권능은 단지 권고하는 데 그치는 것이라고 주장했다. 프랑스에서는 부르봉 왕조의 창시자 앙리 4세 이래 절대주의 왕정이 확립되었고 루이 13세와 루이 14세 시대에 최고조에 달했다.

유대인

이스라엘인(헤브라이인)이라고 부르며, BC 2,000년경 메소포타미아에서 팔레스티나로 이주한 민족이다. BC 10세기경 이스라엘왕국은 북쪽 이스라엘왕국과 남쪽 유대왕국으로 분열되었다. 이후 BC 722년에 이스라엘왕국은 아시리아에게 멸망당하고, BC 587년에 유대왕국은 신바빌로니아에게 멸망해 유대인 대부분이 바빌로니아로 끌려갔는데 이를 '바빌론 유수'라고 한다. 바빌론 유수를 거쳐 고향으로 돌아온 이스라엘들은 로마의 통치하에 유대 전쟁에서 패배해 세계 각지로 유랑하게 되는데 이를 '디아스포라(Diaspora)'라고 부른다.

중세 유럽에서 유대인은 그리스교도의 지속적인 박해와 차별을 받았다. 게토라고 불리는 집단 거주지에 살면서 주로 대금업에 종사했는데, 이는 그들이 제대로 된 일을 구할 수 없었기 때문이다(『베니스의 상인』에서 샤일록 또한 그러하다). 당시 기독교 사회에서는 고리대금업을 금지했기에 고리대금업을 하는 유대인들은 더욱 미움을 받았다.

19세기 후반부터 동유럽을 중심으로 유대인에 대한 박해가 심해져 많은 유대인이 미국으로 이주한다. 오랜 기간 박해를 받아온 유대인들은 20세기 초부터 팔레스타인 지역으로 돌아가 유대인의 국가를 세우고자 하는 '시오니즘 운동'을 활발히 벌인다. 그러나 유대인은 제2차 세계대전 때 나치 독일에 의해 자행된 대학살(홀로코스트)로 또 한 번의 박해를 당한다. 1948년 전쟁이 끝난 후 유대인들은 팔레스타인에 이스라엘 공화국을 건설한다. 하지만 그곳에서 1,000년 이상 살고 있던 아랍 국가들과의 분쟁으로 불안한 국제정세가 현재까지 이어지고 있다.

장미전쟁(1455~1485)

백년전쟁의 패배를 이유로 영국의 왕위 계승권을 둘러싸고 요크 가문이 대귀족인 랭커스터 가문의 퇴진을 요구하며 벌인 내전이다. 요크 가문은 흰 장미, 랭커스터 가문은 붉은 장미를 문장으로 삼은 데서 붙여진 이름이다. 이 전쟁의 결과 두 귀족 가문은 사라지고 튜더 가문의 절대왕정이 출현한다.

랭커스터 가문의 헨리 6세가 병으로 국사를 돌볼 수 없게 되자 요크 가문은 랭커스터 가문의 무능함을 이유로 퇴진을 요구한다. 그러나 랭커스터 가문은 이를 무시한다. 결국 두 가문은 정권다툼을 벌인 끝에 1455년 전쟁을 시작한다. 전쟁의 결과 요크 가문의 에드워드가 워릭 백작의 지지 하에 랭커스터 가문을 물리치고 에드워드 4세로 즉위한다. 그러나 자신의 권력을 위해 잔혹했던 에드워드 4세는 1483년 그의 어린 아들 에드워드 5세에게 왕위를 넘겨주고 동생인 글로스터 리처드에게 섭정을 부탁한 후 세상을 떠난다. 그러나 리처드는 조카인 에드워드 5세를 죽이고 리처드 3세(1483~1485)로 즉위한다. 하지만 조카와 가족을 죽이고 왕이 되었다는 이유로 민심을 잃는다.

이때 프랑스에 망명해 있던 랭커스터 가문의 헨리 튜더가 귀국하여 리처드 3세를 물리치고 헨리 7세로 즉위한다. 헨리 7세는 튜더 왕조 시대를 열고 요크 가문의 엘리자베스와 결혼한다. 이후 랭커스터 가문과 요크 가문은 화해를 한다.

랭커스터 왕조(1399~1461)

헨리 4세(1399~1413) ― 헨리 5세(1413~1422) ― 헨리 6세(1422~1461, 1470~1471)

요크 왕조(1461~1485)

에드워드 4세(1461~1470, 1471~1483) - 에드워드 5세(1483) - 리처드 3세(1483~1485)

절대왕정

16세기부터 18세기에 유럽에서 나타난 정치 형태로, 왕이 국가의 모든 권력을 장악해 어떠한 간섭도 받지 않는 정치 지배체제를 뜻한다. 절대왕정에서 군주는 봉건귀족들을 제압하고 시민의 권리를 부인하는 등 신분제를 통해 절대적인 왕권을 행사했다. 또한 '왕의 권한은 신으로부터 받은 신성불가침한 것이므로 국

민들은 왕의 권력에 무조건 복종해야 한다'는 왕권신수설을 통해 절대 권력을 합리화했다. 국왕은 이러한 정치 형태를 유지하기 위해 관료제와 상비군을 기반으로 권력을 강화했으며, 중상주의 정책을 실시하여 경제력을 확보했다.

영국의 절대왕정은 헨리 7세와 엘리자베스 여왕 1세 때에 전성기를 이루었다. 프랑스에서는 루이 13세와 루이 14세 때가 절대왕정 시기였다. 절대왕정은 영국의 명예혁명과 프랑스혁명과 같은 시민혁명으로 폐지된 후 공화정이나 입헌군주정으로 대체되었다.

종교개혁

16세기부터 17세기에 유럽에서 일어난 가톨릭교회의 개혁운동을 말한다. 종교개혁의 결과로 루터파, 칼뱅파, 영국 국교회 등 개신교(프로테스탄트) 교회가 생겨났다. 1571년 독일의 신학자 마르틴 루터가 교회의 면죄부 판매를 비판하는 '95개조 반박문'을 발표하면서 종교개혁이 시작되었다. 그는 성서를 신앙의 유일한 권위로 삼고 모든 사람은 신 앞에서 평등하다는 사상을 주장했다. 이후 이 운동은 스위스, 프랑스, 네덜란드, 영국 등 유럽 전체로 퍼졌다.

영국의 종교개혁은 국왕 헨리 8세의 이혼 문제가 발단이 되었다. 헨리 8세는 루터의 종교개혁 초기에 루터를 공격했기 때문에 교황으로부터 '신앙의 수호자'라는 칭호를 받았다. 그러나 튜더 왕조의 왕위 계승을 위해 왕비 캐서린과 이혼하고, 귀족의 시녀

앤 불린과 재혼하는 과정에서 교황과 불화가 생기자 가톨릭에서 이탈했다. 이후 헨리 8세는 1534년 수장령을 발표하고 영국 국교회를 설립했으며, 그의 딸 엘리자베스 1세의 통일령 반포로 국교회가 확립되었다.

튜더 왕조(1485~1603)

헨리 7세(1485~1509) - 헨리 8세(1509~1547) - 에드워드 6세(1547~1553) - 메리 1세(1553~1558) - 엘리자베스 1세(1558~1603)

절대주의 시대의 영국 왕조로, 무려 118년에 걸쳐 통치했다. 헨리 튜더가 장미전쟁을 끝낸 후 헨리 7세가 즉위하면서 튜더 왕조가 시작되었다. 이후 5대에 걸쳐 강력한 중앙집권화와 종교적 독립, 그리고 경제적 진보의 업적을 이루었다. 헨리 7세는 장미전쟁으로 플랜태저넷 왕가가 몰락한 것을 이용해 성실청 재판소를 설치해 왕권을 강화했다. 그의 아들 헨리 8세는 로마 가톨릭에서 영국 국교회를 독립하는 종교개혁을 이루었으나 메리 여왕 때에 다시 가톨릭으로 돌아갔다. 반면 엘리자베스 여왕 때 통일령 반포로 다시 국교회를 확립했으며, 에스파냐의 무적함대를 격파해 영국 절대왕정의 전성기를 이루었다. 하지만 엘리자베스 여왕이 후손 없이 죽어 스튜어트 왕조가 통치권을 이어받을 수밖에 없었다.

흑사병

14세기 중엽 유럽 전역을 휩쓸었던 페스트균의 감염에 의한 전염병이다. 감염되면 피부가 검게 변하기 때문에 흑사병(Black Death)이라고 불린다. 발생지는 불분명하나 1346년 크림반도 흑해 연안의 카파에서 이탈리아 상인이 타타르족에게 포위되었을 때 처음으로 발생되었다. 이후 배편으로 지중해를 건너 유럽으로 전염되었다. 조반니 보카치오는 이탈리아 피렌체에서 흑사병이 퍼진 사건을 소재로 하여 『데카메론』을 지었다. 이 흑사병으로 말미암아 유럽 인구의 30퍼센트가 감소했다. 이로써 심각한 노동력 부족 현상을 초래했으며 영국에서는 영주 직영지가 소작지로 넘어가면서 자영농이 등장하는 배경이 형성되었다.

헨리 7세
1457~1509
[재위기간]
1485~1509

튜더 왕조의 창시자이자 잉글랜드 왕이다. 리치먼드 백작의 아들로 헨리 6세가 죽은 뒤 랭커스터 가문의 왕위 계승자로 인정되었다. 그러나 요크 가문의 에드워드 4세가 헨리 6세를 내쫓고 왕위에 오르자 프랑스로 망명 했다. 1485년 웨일스에 상륙하여 보즈워스 전투에서 리처드 3세를 물리치고 즉위했다. 이어 에드워드 4세의 딸 엘리자베스와 결혼하여 랭커스터 가문과 요크 가문 사이의 장미전쟁(1455~1485)을 종식시켰다. 그리고 요크 가문 소유의 영토를 몰수했으며 귀족의 세력을 약화하고 왕권을 신장시켰다.

이후 헨리 7세는 대양 항해를 원활하게 하는 정책을 펼쳐 대서양 횡단을 통해 신대륙을 발견했다. 이는 잉글랜드가 대영제국으로 발전할 수 있는 기초를 마련하는 데 큰 도움이 되었다.

헨리 8세
1491~1547
[재위기간]
1509~1547

첫 왕비: 캐서린 1485~1536	제1계비: 앤 불린 1507~1536	제2계비: 제인 시모어 1508~1537
제3계비: 안나 클레페 1515~1557	제4계비: 캐서린 하워드 1520~1542	제5계비: 캐서린 파 1512~1548

튜더 왕가의 혈통이자 헨리 7세의 둘째 아들로, 형 아더가 일찍 죽자 동생인 그가 왕위에 올랐다. 그는 여섯 번 결혼한 것으로 유명한데, 왕비 캐서린과의 사이에 아들이 생기지 않자, 캐서린과 이혼하고 궁녀 앤 불린과 결혼하고자 했다. 그런데 로마 교황이 이혼을 허락하지 않자 1534년에 수장령을 발표하고 영국 국교회를 설립했다. 헨리 8세는 종교개혁을 통해 가톨릭을 해산시켰으며, 1536년과 1539년에는 수도원을 해산하고 수도원의 영지를 몰수했다. 그는 왕권 강화를 위한 정책에도 힘썼는데, 웨일스·아일랜드·스코틀랜드의 지배를 강화해 정치적 중앙집권화를 이루는 성과를 거두었다.

그러나 헨리 8세 집권 당시 왕실 비용 증가와 과도한 화폐 발행으로 심각한 인플레이션이 발생했다. 또한 공유지의 사유재산화로 농민 수탈이 심했으며, 런던 인구가 급증하는 등 여러 사회문제가 발생하기도 했다.

앤 불린
1507~1536

헨리 8세의 두 번째 아내이자 엘리자베스 1세의 어머니다. 헨리 8세가 왕비 캐서린과 이혼하고 앤 불린과 재혼하기 위하여 종교개혁을 단행했으므로 앤 불린은 영국 종교개혁의 발단이라고 할 수 있다. 헨리 8세는 아들을 낳지 못한 캐서린에 불만을 가졌기 때문에 캐서린과 이혼한 후, 앤 불린과 재혼해 후계자로 삼을 아들을 얻고자 했다. 그의 강력한 결심은 영국의 종교를 가톨릭에서 국교회로 바꾸게 된다. 그러나 앤 불린 또한 아들을 낳지 못하자 헨리 8세는 그녀를 부정하다는 죄목으로 처형한다.

메리 1세
1516~1558
[재위기간]
1553~1558

메리 1세는 헨리 8세와 왕비 캐서린의 딸로, 튜더 왕조의 네 번째 왕이자 잉글랜드의 첫 여왕이다. 그녀는 아버지인 헨리 8세와 동생 에드워드 6세가 추진했던 종교개혁을 전면 부인했다. 메리 여왕은 열렬한 구교도였으며 즉위한 이후 구교(가톨릭) 부활을 위해 힘썼다. 그 과정에서 많은 신교도를 처형했고 그 때문에 후세에 '피의 메리'라고 불렸다. 종교에서 잔인한 모습을 보인 것과는 달리, 재정 개혁을 이루는 등 경제 정책에서는 성공을 거두었다.

메리 1세는 1554년 구교를 믿는 에스파냐의 펠리페 2세와 결혼했는데, 그는 열한 살 연하의 사촌 관계였다. 남편 펠리페 2세는 그의 아버지인 카를 황제가 사망한 후에 유럽으로 돌아갔다. 메리는 후세를 원했으나 그것이 이루어지지 않자 우울증에 빠지고 건강이 악화되어 1558년에 42세의 나이에 사망한다. 이후 그녀의 왕위는 이복동생인 엘리자베스 1세가 이어간다.

윌리엄 세실
1520~1598

영국의 정치가로, 엘리자베스 1세가 즉위할 때 등용되어 국무장관, 재무장관을 역임하면서 40년간 여왕을 보필했다. 케임브리지 대학 출신의 엘리트로 1541년 영국의 법학원에서 법률을 공부했다. 1543년에는 의회에서 하원의원으로 활동했다.

윌리엄 세실은 1580년대 말 엄청난 전쟁 비용을 충당할 수 있도록 국가 재정을 유지시키는 역할을 했으며, 왕실과 육·해군 조직기구의 재정을 통제해 능률을 향상시켰다. 그 결과 그는 재무 법정에서 가장 청렴하다는 명예를 얻었다.

펠리페 2세
1527~1598

펠리페 2세는 에스파냐와 신성로마제국의 황제를 겸했던 아버지 카를 5세의 뒤를 이어 에스파냐의 왕위에 올랐다. 영국 여왕 메리 1세를 비롯해 포르투갈, 프랑스 등의 왕녀들과 결혼해 세력을 키워나갔다. 유년 시절부터 제왕 교육을 받은 펠리페 2세는 가톨릭을 주장하여 신교도 국가인 영국과 네덜란드로부터 가톨릭을 보호하고자 했다. 1572년, 베

[재위기간] 1556~1598	네치아 등과 함께 레판토 해전에서 오스만 제국을 꺾어 지중해 해상권을 장악하고, 1580년에는 포르투갈을 병합했다. 펠리페 2세의 재위 기간에 에스파냐는 벨기에, 네덜란드, 이탈리아 일부와 중남부 아메리카의 대부분을 지배하는 해가 지지 않는 초강대국이 되었다. 그는 정치, 경제, 문화에 걸쳐 에스파냐의 전성기를 이루는 영광스러운 '무적함대'의 제왕이었으나 1582년에 네덜란드가 독립을 선언하고, 1588년에 무적함대가 영국에 패배하면서 쇠퇴하기 시작했다.
 엘리자베스 1세 1533~1603 [재위기간] 1558~1603	헨리 8세와 앤 불린의 딸로, 영국 절대왕정 전성기의 여왕이다. 아버지 헨리 8세가 어머니 앤 불린을 처형해 불우한 어린 시절을 보냈으나 외국어에 능통하고 학습 능력이 뛰어났다. 그녀는 이복 언니 메리의 뒤를 이어 1558년, 큰 환영을 받으며 왕위에 올랐다. 가톨릭을 주장했던 메리와는 달리 엘리자베스는 가톨릭(구교도)을 반대하고 신교도를 옹호했다. 또한 헨리 8세처럼 여왕이 영국 국교회의 우두머리임을 선포했으며, 로마 교황에 반기를 들었다. 당시 영국은 유럽 내에서 국력이 약했기 때문에 전략적인 결혼을 통해 동맹을 맺을 필요가 있었다. 그러나 엘리자베스 1세는 '나는 영국과 결혼했다'며 국가와 결혼을 선포한다. 그리고 오랜 기간 독신으로 지내며 영국의 절대주의와 전성기를 이루었으며 강력한 통치권을 소유했다. 엘리자베스 1세는 재위기간 동안 영국을 세계의 강국으로 발전시켰으며 더 나아가 르네상스를 맞이하는 데 일조한다. 그 과정에서 1588년 에스파냐의 무적함대를 격파해 영국의 해군력을 향상시켰으며, 1600년 동인도회사를 설립하는 등 영국의 세계 진출을 도왔다.
 프랜시스 드레이크 1540~1596	엘리자베스 1세 때 활동하던 항해가로, 에스파냐의 배를 약탈하던 해적이다. 프랜시스 드레이크는 최초로 세계 일주를 한 선장으로, 북아메리카 서부 해안을 지나 필리핀과 희망봉을 거쳐서 1580년에 영국으로 돌아왔다. 이에 기뻐한 엘리자베스 여왕은 그에게 기사 작위를 내린다. 이로부터 5년 후, 드레이크 경은 영국과 에스파냐 사이의 전쟁에서 함대의 지휘관으로서 에스파냐의 무적함대를 물리친다.

포샤의 판결은 옳다

▌등장인물 소개

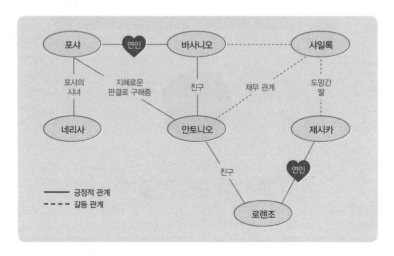

안토니오 베니스에서 무역업을 하는 상인. 평소 유대인 고리대금업자 샤일록을 무시하지만 기독교인에게는 선하게 대한다. 친구 바사니오를 위해 샤일록에게 3,000다카트의 돈을 빌리고, 이 때문에 위험에 처한다.

바사니오 안토니오의 친구. 포샤에게 청혼하기 위해 많은 돈이 필요하지만 형편이 안돼 친구 안토니오에게 도움을 청한다.

포샤 벨몬트에 사는 아름다운 아가씨. 아버지의 유언에 따라 상자고르기에서 자신의 초상화가 들어 있는 상자를 고른 남자와 결혼해야 한다. 샤일록과 안토니오의 재판에서 박사로 변장해 안토니오를 구한다.

샤일록 유대인 고리대금업자. 안토니오가 사람들에게 이자도 받지 않고 돈을 빌려주는 것을 늘 못마땅하게 여기고 기회를 잡아 복수하려 한다.

네리사 포샤의 하녀. 샤일록과 안토니오의 재판에서 변호사의 서기로 변장한다.

제시카 샤일록의 딸. 그녀는 유대인인 자신의 아버지를 떠나 자신의 애인인 로렌조와 결혼함으로써 기독교인으로 개종하고자 한다.

로렌조 제시카의 연인이자 안토니오의 친구이다.

🔍 쟁점 찾기

논제	포샤의 판결은 옳다.
추가 토론 논제	1. 안토니오의 우정은 무모하다. 2. 포샤는 아버지가 유언으로 남긴 '사위 선택 계약'을 이행해야 한다. 3. 바사니오가 판결 후 포샤에게 반지를 준 것은 잘한 일이다.

내용 요약	발단	베니스에서 무역상을 하는 안토니오는 친구 바사니오의 청혼을 위해 유대인 고리대금업자 샤일록에게 3,000다카트의 돈을 빌린다.
	전개	평소 자신을 무시하던 안토니오에게 복수하기 위해 샤일록은 석 달 내에 돈을 갚지 못하면 그의 살을 1파운드 베어내겠다는 조건을 건다.
	위기	바사니오는 안토니오의 도움으로 포샤에게 청혼을 승낙 받는다. 하지만 안토니오는 자신의 전 재산이 걸린 배가 돌아오지 않아 샤일록에게 빌린 돈을 갚지 못해 죽을 위기에 처한다.
	절정	이를 알게 된 포샤가 재판관으로 변장하고 나타나 현명한 판결을 내려 안토니오의 목숨을 구하며, 샤일록의 재산을 몰수한다.
	결말	이후 재판관이 포샤였다는 사실을 알고 기뻐하던 바사니오와 안토니오는 유실된 줄 알았던 안토니오의 배가 무사히 돌아왔다는 소식에 더욱 기뻐한다.

생각 더하기	1. 포샤가 전문 법조인이 아니라는 것을 샤일록이 눈치 챘다면 어떻게 되었을까? 2. 안토니오의 배가 돌아오지 못했다면 어떻게 되었을까? 3. 사랑과 우정 중 어느 것이 더 중요할까?

쟁점 찾기	찬성	반대
	1. 계약서 내용을 이행한 판결이다. 2. 안토니오의 목숨을 구했다. 3. 비윤리적인 인육 계약을 바로잡았다.	1. 개인의 사사로운 감정이 판결에 반영되었다. 2. 유대인을 차별하는 판결이다. 3. 포샤는 전문 법조인이 아니다.

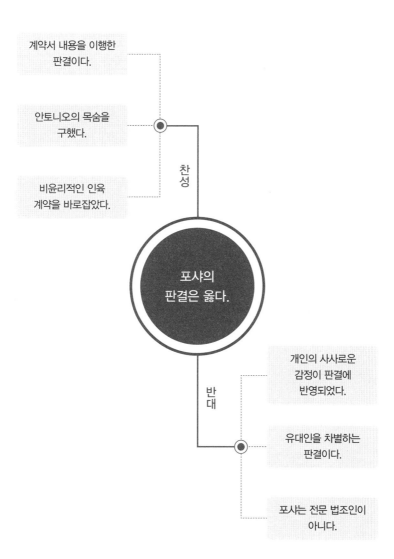

계약서 내용을 이행한
판결이다.

안토니오의 목숨을
구했다.

비윤리적인 인육
계약을 바로잡았다.

찬성

포샤의
판결은 옳다.

반대

개인의 사사로운
감정이 판결에
반영되었다.

유대인을 차별하는
판결이다.

포샤는 전문 법조인이
아니다.

📖 토론 요약서

논제	포샤의 판결은 옳다.

용어 정의	• 포샤의 판결 : 안토니오가 샤일록에게 3,000다카트를 빌리고 맺은 계약 서를 바탕으로 내린 판결 • 정당하다 : 이치에 맞아 올바르고 마땅하다.

	찬성	반대
쟁점 1	계약서 내용을 이행한 판결이다.	개인의 사사로운 감정이 판결에 반영되었다.
근거	바사니오는 포샤와의 결혼을 희망하지만, 돈이 없어 친구 안토니오를 찾아가 도움을 청한다. 안토니오는 현금이 없었기에 샤일록을 찾아가 바사니오의 청혼 비용을 빌린다. 이때 샤일록은 인육 계약서를 작성하는데, 그 계약서에 살 1파운드에 대한 내용은 있으나 피에 대한 내용이 없었다. 포샤가 이를 간파해 계약서의 조항대로 재판을 진행했기에 그녀의 판결은 정당하다.	바사니오가 포샤와의 결혼에 기뻐하던 때, 구혼 경비를 빌려준 안토니오가 샤일록에게 돈을 갚지 못했다는 편지를 받는다. 포샤는 비보를 접한 바사니오를 돕고자 혈연을 악용해 재판관으로 변장한다. 그녀는 큰돈을 빌리고 갚지 않은 안토니오에게는 유리한 판결을, 이자도 받지 않고 돈을 빌려준 샤일록에게는 큰 벌을 내린다. 이해관계에 의한 포샤의 판결은 신뢰할 수 없다.
쟁점 2	안토니오의 목숨을 구했다.	유대인을 차별하는 판결이다.
근거	샤일록이 이자도 받지 않고 큰돈을 안토니오에게 빌려준 이유는 자신을 멸시해온 안토니오에게 복수하기 위함이었다. 샤일록은 안토니오의 목숨을 노리며 그에게 '기한 내에 돈을 갚지 못하면 살 1파운드를 베어 간다'는 계약서를 제시한다. 포샤의 혜안이 소중한 청년의 목숨을 구했다.	중세시대 교회는 유대인에게 고리대금업을 맡겨 악역을 담당하게 했다. 실제로 당시 기독교인들은 유대인 고리대금업자를 무시하고 멸시했다. 기독교인 안토니오는 자신이 '개'라고 불렀던 샤일록에게 큰돈을 빌렸으나, 기한 내에 돈을 갚지 못해 재판을 한다. 그런데 재판에서는 유대인인 샤일록에게만 벌을 내린다. 베니스 사회는 유대인을 차별해 불공정한 판결을 내렸다.

48

PART 02 실천편

쟁점 3	비윤리적인 인육 계약을 바로잡았다.	포샤는 전문 법조인이 아니다.
근거	샤일록과 안토니오의 계약은 목숨을 담보로 한 인육 계약이다. 사람의 목숨은 무엇과도 바꿀 수 없는 소중한 것이다. 그런데 법의 강제성만을 부각시켜 당사자들이 합의했다는 이유로 비윤리적인 계약을 그대로 집행한다면 제2, 제3의 안토니오가 발생할 것이다. 포샤의 현명한 판결로 비윤리적인 인육 계약이 옳지 못하다는 모범적인 선례를 남겼다.	포샤는 법과는 무관한 사람임에도, 약혼자의 친구를 살리고자 친척 벨라리오 박사의 지위를 도용한다. 이같은 포샤의 행위는 공무원 자격 사칭죄에 해당한다. 베니스의 법정에서 위법 처사를 저지른 포샤는 국가를 위험에 빠지게 할 화근이 될 수도 있다. 따라서 전문 법조인이 아닌 포샤가 집행한 재판은 무효하다.

📖 찬성 측 입론서

▌논의 배경

『베니스의 상인』은 경제, 사회, 인종, 종교 등 다양한 갈등을 보여
준다. 그리고 이에 대한 다양한 해석은 동시대뿐만 아니라 현대에도
끊임없이 상반된 해석을 남기고 있다. 특히 샤일록과 안토니오 사이
에서 벌어진 분쟁은 그 시대에 국한된 것이 아니라 자본주의가 발달
한 오늘날에도 우리 주변에 산재해 있다. 따라서 포샤가 법정에서
내린 판결이 정당한지 토론해보는 시간을 갖고자 한다.

▌용어 정의

- **포샤의 판결** : 안토니오가 샤일록에게 3,000다카트를 빌리고 맺
  은 계약서를 바탕으로 내린 판결
- **정당하다** : 이치에 맞아 올바르고 마땅하다.

쟁점 1 ╴계약서 내용을 이행한 판결이다.

바사니오는 벨몬테의 상속녀 포샤와의 결혼을 희망한다. 그러나
청혼하러 갈 비용이 없어 고민하던 중 자신의 진정한 친구인 안토니
오를 찾아가 심정을 토로한다. 그러자 안토니오는 자신의 전 재산이
바다에 나가 있어 가진 돈이 없다며 신용을 담보로 돈을 빌려서 도
와주겠다고 한다. 그 후 안토니오는 샤일록을 찾아가서 바사니오의
청혼 비용인 3,000다카트를 빌려달라고 한다. 이때 샤일록은 '정해
진 날까지 돈을 갚지 못하면 위약금으로 살덩이 1파운드를 베어낸

다'는 무서운 계약서를 작성한 후 돈을 빌려준다. 안타깝게도 안토니오는 채무를 이행하지 못해 법정에 서게 된다. 포샤는 이 계약서에 허점이 있다는 것을 예리하게 간파한다. 그것은 살 1파운드는 허락했으나 피에 대한 언급은 없다는 것이다. 따라서 포샤가 계약서의 조항에 맞게 재판을 진행했기에 그녀의 판결에 이의를 제기하기 어렵다.

쟁점 2　안토니오의 목숨을 구했다.

안토니오에게 돈을 빌려준 샤일록은 유대인 고리대금업자이다. 당시 고리대금업에 대한 기독교인의 시각은 매우 부정적이었다. 기독교인들은 고리대금업을 하는 샤일록을 '악마', '개'라고 부르며 멸시했다. 그런데 샤일록은 기독교인이었던 안토니오에게 3,000다카트나 되는 큰돈을 왜 이자도 받지 않고 빌려주려고 했을까? 샤일록은 이미 자신이 원하는 것이 무엇인지 계산하고 있었다. 그것은 자신에게 모멸감을 주었던 안토니오의 목숨이었다. 그가 복수를 하기 위한 계략을 숨기고 안토니오에게 내민 계약서에는 '약속한 기간 내에 돈을 갚지 못하면 살덩이 1파운드를 베어 간다'는 조건이 있었다. 즉 안토니오가 살아서 법정을 나갈 수 없도록 만들고 싶었던 것이다. 따라서 사건의 본질을 꿰뚫어보았던 포샤의 혜안이 청년의 소중한 목숨을 구한 것이다.

쟁점 3　비윤리적인 인육 계약을 바로잡았다.

샤일록과 안토니오의 계약은 목숨을 담보로 한 인육 계약이다. 샤일록은 안토니오에게 3,000다카트를 빌려주면서 계약을 지키지 않을 시 심장 가장 가까운 곳에서 약 450그램(1파운드)의 살덩이를 베겠다고 했다. 450그램을 고기와 비교해보면 그 양이 어느 정도인지 짐작할 수 있다. 이는 얼마나 무섭고 끔찍한 계약인가? 사람의 목숨은 무엇과도 바꿀 수 없는 소중한 것이다. 그런데 법의 강제성만을 부각시켜 당사자들이 합의했다는 이유로 비윤리적인 계약을 그대로 집행한다면 제2, 제3의 안토니오의 발생을 막을 수 없을 것이다. 포샤의 지혜롭고 현명한 판결로 비윤리적인 인육 계약이 옳지 못하다는 모범적인 선례를 남겼다.

📖 반대 측 입론서

▌논의 배경

『베니스의 상인』은 예수 수난 이후부터 르네상스 시대에 이르기까지 온갖 박해와 냉대를 받아온 유대인과 기독교인의 집단적 갈등을 바탕으로 작품을 전개하고 있다. 특히 그 시대의 중심에 있었던 기독교인들은 유대인들을 자신들의 제도에 굴복시켜 편입했다. 따라서 포샤의 판결이 사회로부터 소외받는 유대인 샤일록에게 적법하게 적용되었는지 토론하는 시간을 갖고자 한다.

▌용어 정의

- **포샤의 판결** : 안토니오가 샤일록에게 3,000다카트를 빌리고 맺은 계약서를 바탕으로 내린 판결
- **정당하다** : 이치에 맞아 올바르고 마땅하다.

쟁점 1 개인의 사사로운 감정이 판결에 반영되었다.

바사니오는 포샤와 결혼을 약속한다. 그러나 기쁨도 잠시, 자신에게 구혼 경비를 빌려주었던 안토니오가 샤일록에게 정해진 기한 내에 돈을 돌려주지 못해서 살 1파운드를 베이게 되었다는 편지를 받는다. 비보를 접하고 근심에 쌓인 바사니오를 돕기 위해 그의 약혼녀 포샤가 나선다. 그녀는 몇십 배의 돈을 내서라도 바사니오의 친구 안토니오를 도와주고자 하지만 샤일록은 오직 차용증서의 계약 이행만을 요구한다. 그러자 포샤는 자신의 친척에게 부탁해 재판관

으로 변장하고 직접 재판에 참여한다. 그리고 3,000다카트라는 큰
돈을 빌리고 갚지 않은 안토니오에게는 유리한 판결을, 이자도 받지
않고 돈을 빌려준 샤일록에게는 큰 벌을 내린다. 바사니오, 안토니
오, 포샤 그들의 이해관계에 의해 내려진 포샤의 판결을 누가 신뢰
할 수 있겠는가?

쟁점 2 유대인을 차별하는 판결이다.

중세시대 교회는 기독교인 사회로 고리대금업이 확산되는 것을
막기 위해 유대인을 끌어들였다. 그들의 목적은 기독교에서 금기시
하는 고리대금업을 유대인에게 맡겨 악역을 담당하게 하는 것이었
다. 이를 증명하듯 당시 기독교인들은 유대인 고리대금업자를 비정
하고 악랄하다며 무시하고 멸시했다. 기독교인 안토니오는 자신이
'개'라고 불렀던 샤일록에게 3,000다카트나 되는 큰돈을 빌렸다. 그
리고 안토니오가 기한 내에 돈을 갚지 못하자 샤일록은 계약 이행을
요구하고 이에 재판이 진행된다. 하지만 샤일록에게 내려진 판결은
정신적 가치의 상징물인 유대교를 기독교로 개종하고, 그에게 버팀
목이었던 재산을 몰수해 반은 안토니오에게, 반은 국가에 헌납하라
는 것이었다. 이는 어느 누구도 납득할 수 없는 결과인 만큼 베니스
사회가 유대인에게 주는 편견과 차별이 불러온 판결이다.

쟁점 3 포샤는 전문 법조인이 아니다.

포샤는 약혼자의 친구를 살리고자 친척 벨라리오 박사의 지위를
도용한다. 벨라리오 박사는 포샤에게 재판관 의복을 빌려주고 자신

의 지위를 남용해 포샤를 '박식한 청년 박사'라고 거짓으로 속여 법정에 세운다. 하지만 포샤는 법과는 무관한 사람이다. 그저 자신의 이익을 위해 신성한 법정에서 혈연을 악용해 불법을 저지른 것에 지나지 않는다. 이는 공무원 자격 사칭죄에 해당한다. 포샤는 바사니오가 "재판관님의 직권으로 한 번만 법을 굽혀 안토니오를 구해달라"고 하자, "베니스의 어떠한 권력을 가지고도 기존 법령을 좌우할 수는 없다. 위법 처사는 국가의 화근이 될 것이다"라고 답하며 거절한다. 하지만 베니스의 법정에서 위법 처사를 저지르고 있는 사람은 다름 아닌 포샤다. 따라서 전문 법조인이 아닌 포샤가 집행한 재판은 무효하다.

📚 참고문헌

임종엽, 이철재, 「엘리자베스 왕조시대 극장의 공간 구성 및 특성에 관한 연구」, 『실내디자인 논문집』 25권, 한국실내디자인학회, 2000.

황보종우, 『세계사 사전』, 청아출판사, 2004.

박규상 외 2인, 『세계사 용어사전』, 웅진씽크빅, 2006.

셰익스피어, 김재남 옮김, 『베니스의 상인』, 중앙출판사, 2006.

하이든 미들턴, 베틀북 편집부 옮김, 『셰익스피어』, 베틀북, 2007.

김혜진, 「이자놀이를 통해 본 자본주의와 인간관계의 이중 잣대」, 서울시립대학교 대학원 석사논문, 2008.

닐 그랜트, 김석희 옮김, 『옥스퍼드 세계의 역사』, 랜덤하우스, 2008.

초등역사 모임, 『세계사 이야기 2』, 늘푸른어린이, 2008.

박익자, 「셰익스피어의 극에 나타난 인종 문제와 질서 회복」, 동의대학교 대학원 박사논문, 2012.

이근호·신선희, 『이야기로 엮은 한국사·세계사 비교 연표』, 청아출판사, 2012.

셰익스피어, 최종철 옮김, 『베니스의 상인』, 민음사, 2016.

김현수, 『이야기 영국사』, 청아출판사, 2017.

이민희, 「『베니스의 상인』에 나타난 인물들의 사회적 고립과 소외의 문제」, 제주대학교 대학원 석사논문, 2017.

송동훈, 『송동훈의 그랜드 투어』, 김영사, 2018.

이문기 외 18명, 『중학교 역사 ②』, 동아출판, 2019.

CHAPTER **02**

로미오와 줄리엣
Romeo and Juliet

• 윌리엄 셰익스피어 •

14~15세기에 영국과 프랑스가 벌였던 백년전쟁의 승리국은 프랑스였다. 전쟁에서 이긴 나라는 많은 이익을 얻게 되지만 패한 나라는 혼란에 빠진다. 백년전쟁에서 패한 영국 귀족들은 당시 왕위에 있었던 랭커스터가의 무능함을 이유로 퇴진을 요구한다. 특히 요크 가문의 강한 반발은 장미전쟁이라는 내전을 불러왔다. 지독한 전쟁 끝에 1486년 랭커스터가의 헨리 7세가 요크가의 엘리자베스(에드워드 4세의 딸)와 결혼함으로써 두 가문은 화해하며 새로운 왕조인 튜더 가문이 탄생한다.

『로미오와 줄리엣』은 당시 피를 부르던 싸움을 일삼던 랭커스터가와 요크가를 보는 듯하다. 이 시대의 배경이 되는 장미전쟁과 그 원인이 되는 백년전쟁에 대해 알아보는 시간을 갖기 위해 이 작품을 선정했다. 또한 남성 우월주의가 팽배했던 시대에 가부장적인 제도를 부정하고, 자신의 결정을 고수한 여성인 줄리엣을 통해 당시의 사회제도와 순수하고 고결한 사랑에 대해 생각해보자.

| 📖 수록교과서 | 고등학교 문학, 신사고, 이숭원 외 14인, 2015

윌리엄 셰익스피어
William Shakespeare

   윌리엄 셰익스피어(1564~1616)는 영국의 시인이자 극작가이다. 오늘날까지도 세계적인 사랑과 존경을 받는 그는 1564년 잉글랜드의 스트랫퍼드-어펀-에이번이라는 작은 소읍에서 태어났다. 그의 아버지는 부유한 상인이자 읍장까지 지낸 유지였으므로 셰익스피어는 풍요로운 소년 시절을 보낸 것으로 짐작된다. 셰익스피어는 초·중급학교에서 라틴문학과 고전문학을 배우며 소양을 쌓았다. 그러나 1577년경 집안 형편이 기울어지자 학업을 중단하고 집안일을 도울 수밖에 없었다.

   그가 열여덟 살이 되던 1582년, 셰익스피어는 여덟 살 연상인 앤 해서웨이와 결혼한다. 1588년에는 배우가 되고자 고향을 떠나 런던으로 향하는데, 연극배우로 성공을 거두지는 못했으나 연극 공부를 하며 희극을 쓰기 시작한다.

셰익스피어가 활동했던 16세기는 엘리자베스 여왕 1세가 통치하던 때였다. 당시 영국은 종교를 구교에서 신교로 개혁했으며 상업이 발전하기 시작했고, 문화와 문학의 발달이 이루어지는 등 변화를 통해 국력이 급성장하고 있었다. 이를 르네상스 시대라고 부르는데, 셰익스피어는 그 당시 문예부흥을 일으켰던 문인들 중 한 명이었다.

셰익스피어의 희곡은 매력적인 줄거리로 400년이 지난 지금까지도 전 세계인들에게 사랑을 받고 있다. 이를테면, 『로미오와 줄리엣』에서는 가문의 불화로 사랑을 이루지 못한 안타까운 연인들의 이야기가, 『맥베스』에서는 왕이 되고자 하는 야욕으로 살인까지 저지른 장군이 죄책감에 시달리다 죽음에 이르는 이야기가 실려 있다.

셰익스피어는 극작가로서 1590년부터 1613년까지 24년간 희극, 비극, 사극 등 총 37편의 작품을 발표했다. 영국 사람들이 '셰익스피어를 인도와도 바꾸지 않겠다'고 할 정도로 사랑받았던 그는 평생을 연극인으로서 충실하게 보냈으며, 자신이 속해 있던 극단을 위해서도 전력을 다했다. 런던에서 작가로 활동하며 상당한 부를 축적한 그는 은퇴 후 고향으로 돌아와 1616년 4월 23일, 52세의 나이로 생을 마감한다.

【시대사 연표】

세계사	한국사
1455년 장미전쟁(~1485년)	1455년 단종 폐위, 세조 즉위
1492년 콜럼버스, 서인도제도 발견	1485년 성종, 『경국대전』 완성
1500년경 이탈리아, 르네상스 문화 절정에 이름	1504년 갑자사화
1517년 루터, 95개조 반박문 발표	1506년 중종반정
1519년 마젤란, 세계 일주(~1522년)	1519년 기묘사화
1534년 영국의 종교개혁	1545년 을사사화
1558년 영국, 엘리자베스 1세 여왕 즉위	1554년 비변사 설치
1562년 위그노 전쟁(~1598년)	1555년 을묘왜변
1588년 영국, 스페인 무적함대 격파	1592년 임진왜란(~1598년)
1590년 일본, 전국시대 통일(도요토미 히데요시)	1597년 정유재란
1597년 윌리엄 셰익스피어 『로미오와 줄리엣』 출간◀	1608년 경기도 대동법 실시
1598년 낭트 칙령 발표	1610년 허준, 『동의보감』 완성
1600년 영국, 동인도회사 설립	1623년 인조반정
1603년 일본, 에도 막부 성립(~1867년)	1624년 이괄의 난
영국, 제임스 1세 즉위	1627년 정묘호란
1616년 중국, 후금 건국	1636년 병자호란
1618년 독일, 30년 전쟁(~1648년)	1645년 소현 세자, 과학·천주교
1628년 영국, 권리청원 제출	서적 전래
1642년 영국, 청교도혁명(~1649년)	1653년 하멜, 제주도 표착
1643년 프랑스, 루이 14세 즉위	1660년 1차 예송 논쟁
1648년 베스트팔렌 조약	1674년 2차 예송 논쟁
1649년 영국, 찰스 1세 처형, 공화정 시작	1678년 상평통보 주조
1666년 뉴턴, 만유인력의 법칙 발견	1708년 대동법 전국 실시
1688년 영국, 명예혁명 및 권리장전 승인	
1689년 영국, 권리장전 발표	

장미전쟁을 연상시키는『로미오와 줄리엣』, 운명적 사랑의 대명사

대영제국의 문호 윌리엄 셰익스피어는 엘리자베스 여왕 시대에 극작가로 명성을 떨쳤다. 그의 작품들은 당대 런던 최고의 극장인 글로브(The Globe)에서 공연되었을 뿐만 아니라 현재까지도 가장 많이 공연되고 있다. 그의 작품들은 세계고전문학인 동시에 현대성이 풍부한 작품으로, 전 세계 사람들의 사랑을 받고 있다.『로미오와 줄리엣』의 바탕이 된 이야기는 마테오 반델로가 쓴 이탈리아 소설로, 처음에는 프랑스어로, 그다음엔 영어로 번역되었다. 원작은 9개월 간의 이야기를 담고 있지만 셰익스피어의 작품에서는 7일로 압축해 불꽃 같은 사랑을 전하고 있다.

『로미오와 줄리엣』의 배경이 되는 이탈리아는 르네상스의 중심지이다. 십자군전쟁 당시 이탈리아의 피렌체와 베네치아, 제노바의 상인들은 동서 무역을 통해 전쟁에 필요한 물자를 중계하면서 많은 돈을 벌어들였다. 또한 무역을 하다 보니 자연스럽게 동양의 우수한 문화와 과학기술도 유입되었다. 교역을 통해 막대한 돈과 과학기술이 유입된 이탈리아 도시들은 크게 성장했으며 점점 자유정신이 충만해졌다. 그러자 중세 문화에 대한 비판이 쏟아졌다. 그들은 신이 아닌 인간 중심으로 바뀌기 시작했으며, 영생과 내세보다는 현실적 명예와 이익을 중요시했다.

현세를 중요시하는 풍조가 생긴 당시 이탈리아에서는 가족을 단위로 하는 상공업과 가내수공업이 발달했다. 이로 말미암아 가문의 결속이 더욱 공고해졌으며 가문 간 경쟁과 견제가 날로 심각해졌다. 실제로 1400~1500년대에 이탈리아에서는 귀족 집안 겔프당과 상인 부자 집안 기벨린당이 권력다툼을 벌였다. 『로미오와 줄리엣』은 이와 같은 역사적 사실을 배경으로 하고 있다. 피렌체, 베네치아, 제노바 등에서는 겔프당이 우세했지만, 피사에서는 기벨린당이 우세했다. 이탈리아의 또 다른 도시 베로나에서는 몬태규와 캐풀렛, 두 당이 끊임없이 접전하여 분쟁을 일으켰다. 『로미오와 줄리엣』은 당시 사회에 빈번하던 가문 간의 잔인한 싸움에서 더는 피해를 입지 않길 바랐던 수많은 청춘들의 소망과 기도가 합쳐져서 생겨난 결정체다.

역사적 사건을 떠올리게 하는 셰익스피어의 희극에는 재미 이상의 무언가가 있다. 글로브 극장에서 『로미오와 줄리엣』을 보던 관객들은 15세기에 일어난 장미전쟁(1455~1485)을 떠올렸을 것이다. 장미전쟁은 골육상잔을 빚었던 요크가와 랭커스터가의 권력 싸움을 말한다. 이 전쟁의 원인이 되는 백년전쟁은 프랑스의 왕위 계승과 플랑드르 지역의 확보를 두고 영국과 프랑스가 벌인 싸움이다. 백년전쟁 때, 영국의 왕위에 올랐던 헨리 4세, 헨리 5세, 헨리 6세는 랭커스터 가문에 속했다. 그런데 헨리 6세가 다 이긴 전쟁에서 패하자, 귀족들은 그에게 책임을 묻고 가문의 퇴진을 요구했다. 하지만 랭커스터 가문이 이를 수용하지 않자, 요크 가문은 심하게 반발하며 전쟁을 선포했다. 이것이 장미전쟁이다. 전쟁의 결과 요크 가문의 에드워드 4세가 왕위에 오른다. 그러나 25년 만에 다시 랭커스터 가문의 헨리 7세에게 왕위를 내주어야 했다. 즉위 후 헨리 7세는 두 가문 사이의 전쟁을 끝내고 화합을 위해 요크 가문의 엘리자베스와 결혼하여 '튜터 왕조(1485~1603)' 시대를 연다.

로미오와 줄리엣의 결혼과 죽음이 몬태규가와 캐풀렛가의 증오와 원한을 화합으로 이끈 것처럼 장미전쟁 또한 요크가와 랭커스터가의 결혼으로 화해를 가져왔다.

길드

중세 유럽, 회원 상호 간의 권익 증진과 보호를 목적으로 상공업자들이 모여서 만든 동업 조합을 말한다. 길드(Guild)는 크게 두 가지 종류로 나뉘며, 상인들로 구성된 상인길드와 수공업자들로 구성된 동직길드가 있다. 11세기경부터 북해 주변 여러 도시에서 상인길드가 만들어졌는데, 13세기 이후에는 길드의 유력자가 도시를 장악하는 현상이 나타났다.

수공업자 길드(동직길드)는 상인길드에 대항해 만들어졌다. 길드는 엄격한 계급을 갖추고 있었으며 폐쇄적인 집단이었다. 때문에 경제 규모가 확장되어 경제활동이 도시에만 국한되지 않게 되자 점차 쇠퇴했다.

농노제

봉건제라고도 한다. 농노의 신분은 평민에 속했으나, 영주에게 예속당하여 사실상 장원*에 구속된 상태였다. 농노들은 노예와는 달리 집을 소유하거나 결혼할 수 있었다. 그러나 농노의 신분은 세습되었으

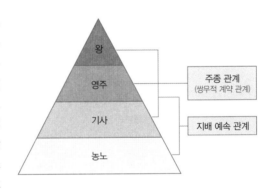

며, 영주에게 세금을 내야 하고 부역의 의무가 있었기에 대부분 자유를 박탈당했다. 또한 당시에는 농노를 영주의 토지에 속한 존재로 여겼기 때문에 농노에게는 거주 이전의 자유가 없었다.

백년전쟁(1337~1453)

중세 말기에 영국과 프랑스가 벌인 전쟁으로, 프랑스의 왕위 계승과 플랑드르 지역

• 중세시대에 영주들이 가진 땅.

의 확보를 두고 벌인 다툼을 말한다. 1066년 영국을 정복한 노르만 왕조가 프랑스에 많은 영토를 가지고 있었던 것이 이 긴 싸움의 원인이 되었다. 1328년 프랑스 카페왕조의 샤를 3세가 후계자 없이 사망하자 샤를 3세의 사촌인 필리프 6세가 프랑스 왕위에 올랐다. 그러자 영국 국왕 에드워드 3세는 자신의 모친이 이사벨라가 카페 왕가 출신이며, 샤를 4세의 누이라는 점을 들어 자신이 프랑스 왕위를 계승해야 한다고 주장한다. 왕위 승계로 자존심도 상하고 잉글랜드가 눈엣가시였던 필리프 6세는 잉글랜드의 적국인 스코틀랜드를 도와준다. 이에 격분한 에드워드 3세가 프랑스 왕의 지배하에 있던 플랑드르에 양모 수출을 중단 하자, 필리프 6세는 그에 대한 보복으로 프랑스 안의 영국 영토이자 유럽 최대의 포도 주 생산지인 기엔 지방을 몰수했다.

이에 1337년 영국이 프랑스에 전쟁을 선포했고, 휴전과 전쟁을 되풀이하며 1453년까지 이어졌다. 전쟁 초기에 프랑스는 수세에 밀렸으나 잔 다르크의 활약 덕분에 영국을 물리칠 수 있었다. 그뿐만 아니라 1429년 오를레앙, 1436년 파리를 탈환했으며 칼레를 제외한 프랑스 영토를 모두 되찾았다. 백년전쟁으로 영국과 프랑스는 왕권이 강화되었고 봉건제가 쇠퇴했으며, 두 나라의 국민적 정체성이 형성되는 계기가 되었다.

십자군전쟁(1096~1270)

서유럽의 크리스트교도(기독교도)들이 성지 예루살렘의 탈환을 명분으로 일으킨 군사 원정. 11세기에 셀주크 투르크족이 성지 순례자를 박해하고 비잔티움 제국을 압박하자, 비잔티움 제국의 황제가 로마 교황에게 도움을 요청했다. 교황 우르바누스 2세는 1095년 클레르몽 종교회의를 열어 원정을 결의했다. 이 원정의 주된 동기는 종교였으나, 그 외에 다른 여러 동기들이 공존했다. 하급 영주들은 새로운 토지를 원했고, 이탈리아 상인들은 동방무역을 통한 경제적 이익을 원했으며, 농민들은 봉건제에서 벗어나고자 하는 욕구로 참전했다. 십자군은 제1차 원정에서 예루살렘을 탈환해 예루살렘 왕국을 세웠으나 제2차, 제3차 원정은 실패하고 만다. 제4차 원정에서는 콘스탄티노플을 점령하고 라틴 왕국을 세워 본래 목적에서 벗어난다. 이렇게 1270년까지 네 차례의 원정이 이어졌으나, 성지 회복이라는 본래의 목적을 달성하지는 못한다. 십자군 원정의 결과 교황권이 쇠퇴하고 봉건제후와 기사층이 몰락했으며, 그로 말미암아 봉건체제가 흔들리면서 국왕의 권력이 커졌다. 또한 지중해를 중심으로 하는 교역이 늘어 이탈리아의 도시들이 성장했고, 이슬람 문화와의 교류가 확대되었다.

아프로디테
그리스 신화에 등장하는 올림포스 12신 중 하나로 사랑과 미의 여신이며 로마 신화의 베누스와 동일시된다. 아프로디테는 성적 아름다움과 사랑의 욕망을 관장하는 여신으로, 주로 탐스러운 가슴을 드러낸 벌거벗은 몸으로 표현된다. 아프로디테는 그리스 신화의 신이었지만, 로마가 그리스를 정복한 후에는 '베누스'라는 이름으로 로마 신화 속에 받아들여졌다. 때문에 사람들은 아프로디테와 베누스를 동일한 신으로 이해하고 있다.

에로스
사랑의 신으로 알려져 있으며 그 이름은 '욕망'이라는 뜻을 지닌다. 이 신은 그리스 신화에서는 '에로스(Eros)'로, 로마 신화에서는 '쿠피도(Cupido)' 또는 '아모르(Amor)'라고 불린다. 에로스의 탄생에 여러 가지 추측이 있는데, 그중 두 가지 설이 가장 유력하다. 첫째로 고대 그리스의 서사시인 헤시오도스에 따르면 태초에 카오스가 있었고, 대지와 지옥 그리고 에로스가 있었다고 한다. 즉 에로스는 크로노스와 제우스 이전에 생긴 최초의 신들 중 한 명이라는 것이다. 두 번째는 에로스가 사랑과 미의 여신 아프로디테의 아들이라는 설이다. 이 설은 아프로디테와 어린아이 모습의 에로스가 함께 등장하는 미술작품이 많다는 점을 근거로 든다.

영주
중세 유럽에서 영주는 왕에게 충성을 맹세하고 그 대가로 토지를 받았다. 영주는 수여받은 땅과 그 땅에 사는 농민들을 다스리고 보호했을 뿐만 아니라 농민의 재판권, 경찰권, 조세 징수권을 가졌다. 즉, 농업사회에서 영주는 지방적 정치권력의 역할을 한 것이다. 그러나 도시경제가 발달함에 따라 왕권이 점차 강화되어 중앙집권화가 이루어졌고, 이에 따라 영주권이 점차 쇠퇴했다. 결국 근대국가가 성립된 후 영주는 역사 속으로 사라졌다.

장미전쟁(1455~1485)
백년전쟁의 패배를 이유로 영국의 왕위 계승권을 둘러싸고 요크 가문이 대귀족인 랭커스터 가문의 퇴진을 요구하며 벌인 내전이다. 요크 가문은 흰 장미, 랭커스터 가문은 붉은 장미를 문장으로 삼은 데서 붙여진 이름이다. 이 전쟁의 결과 두 귀족 가문은 사라지고 튜더 가문의 절대왕정이 출현한다.

랭커스터 가문의 헨리 6세가 병으로 국사를 돌볼 수 없게 되자 요크 가문은 랭커스터 가문의 무능함을 이유로 퇴진을 요구한다. 그러나 랭커스터 가문은 이를 무시한다. 결국 두 가문은 정권다툼을 벌인 끝에 1455년 전쟁을 시작한다. 전쟁의 결과 요크 가문의 에드워드가 워릭 백작의 지지하에 랭커스터 가문을 물리치고 에드워드 4세로 즉위한다. 그러나 권력을 유지하기 위해 잔혹했던 에드워드 4세는 1483년 그의 어린 아들 에드워드 5세에게 왕위를 넘겨주고 동생인 글로스터 리처드에게 섭정을 부탁한 후 세상을 떠난다. 그러나 리처드는 조카인 에드워드 5세를 죽이고 리처드 3세 (1483~1485)로 즉위한다. 하지만 리처드 3세는 조카와 가족을 죽이고 왕이 되었다는 이유로 민심을 잃는다.

이때 프랑스에 망명해 있던 랭커스터 가문의 헨리 튜더가 귀국하여 리처드 3세를 물리치고 헨리 7세로 즉위한다. 헨리 7세는 튜더 왕조 시대를 열고 요크 가문의 엘리자베스와 결혼한다. 이후 랭커스터 가문과 요크 가문은 화해를 한다.

랭커스터 왕조(1399~1461)

헨리 4세(1399~1413) – 헨리 5세(1413~1422) – 헨리 6세(1422~1461, 1470~1471)

요크 왕조(1461~1485)

에드워드 4세(1461~1470, 1471~1483) – 에드워드 5세(1483) – 리처드 3세(1483~1485)

헬리오스

그리스 신화에 나오는 태양신으로, 로마 신화의 태양신 '솔'과 동일시된다. 그는 눈이 부시도록 멋진 황금 머리카락을 지닌 아름다운 젊은이라고 묘사된다. 헬리오스는 네 마리의 날개 달린 천마들이 끄는 불 수레를 타고 여행을 다닌다. 그의 여행은 매일 새벽 동쪽 인도 땅에서 출발해 하루 종일 하늘을 가로질러 서쪽 오케아노스까지 이어진다.

랭커스터가 문장	 **헨리 4세** 1367~1413 [재위기간] 1399~1413	랭커스터의 백작 곤트 존의 아들이자 에드워드 3세의 손자로, 랭커스터 가문을 창시하여 잉글랜드의 왕이 된다. 그는 자신의 아버지가 열 살이라는 어린 나이에 즉위한 리처드 2세를 대신해 섭정하다가 스페인으로 떠나자, 리처드 2세를 퇴위시키고 헨리 4세로 즉위한다. 그러나 그는 평생 왕위 찬탈자라는 평가를 피할 수 없었으며, 왕위를 노리는 자들을 막기 위해 고생한다. 그래서 아들 헨리 5세에게 안정적인 왕위를 물려주고자 노력한다. 한편 그는 협상과 타협을 바탕으로 국내외 도전을 무력화시키고 의회를 존중해 어려움을 극복하는 성과를 냈다.
	헨리 5세 1387~1422 [재위기간] 1413~1422	헨리 4세의 아들로, 다년간 휴전 중이던 백년전쟁을 재개하여 승리를 거듭하다 아쟁쿠르 전투에서 거둔 대승으로 트루아 조약을 맺는다. 이 조약을 통해 그는 프랑스 공주 카트린을 왕비로 맞아들이는 조건으로 프랑스 왕위 계승권을 인정받는다. 그러나 헨리 5세는 프랑스 왕이 되지 못하고 사망한다. 그가 사망하면서 잉글랜드의 영광은 오래 지속되지 못했다. 그러나 헨리 5세의 업적은 후세에 중요한 정신적 유산으로 남았다.
	헨리 6세 1421~1491 [재위기간] 1422~1461, 1470~1471	1422년 8월 생후 9개월에 잉글랜드의 왕으로 즉위해, 그해 10월 프랑스 왕 샤를 6세가 세상을 떠나자 트루아 조약에 의해 프랑스 왕을 겸했다. 그가 미성년일 당시, 숙부 베드퍼드공 존과 글로스터공 험프리가 왕권을 대행했다. 헨리 6세가 성년이 되자 교육기관과 교회의 설립에 유독 관심을 가졌을 뿐, 실질적인 통치에는 힘을 쓰지 않았다. 이후 왕권을 위협하는 또 다른 혈통들로 인해 시작된 장미전쟁에서 포로가 되어 투옥되었다가 다시 왕위를 되찾는 우여곡절을 겪는다. 1470년에 다시 왕위에 복귀했으나 이듬해 요크가의 에드워드 4세에 의해 런던탑에 감금되었다가 얼마 후 살해되었다.

요크가 문장	 에드워드 4세 1442~1483 [재위기간] 1461~1470	요크가의 첫 번째 왕으로, 잉글랜드 왕 헨리 6세를 배반하고 장미전쟁을 일으켜 왕위에 오른다. 헨리 6세와 달리 강인하고 결단력 있는 통치를 펼쳐 재임기간 중 시민의 지지를 얻었다. 특히 상인계급과 하급귀족과의 관계를 공고히 하여 왕권을 크게 신장했다.
	 에드워드 5세 1470~1483 [재위기간] 1483~1483	12세라는 어린 나이에 왕위에 올라 겨우 2개월 만에 사망해 왕관도 써보지 못한 채 폐위된다. 섭정했던 삼촌 리처드에 의해 왕위를 강탈당했고, 동생인 요크 공 리처드 왕자와 함께 런던탑에 감금되었다. 그리고 1483년 8월경에 리처드 3세에 의해 살해된 것으로 추정되며, 역사상 가장 불우한 왕으로 꼽힌다.
	 리처드 3세 1452~1485 [재위기간] 1483~1485	요크 왕가의 마지막 왕으로, 나이 어린 조카 에드워드 5세를 런던탑에 유폐시키고 왕좌에 올랐다. 리처드 3세는 즉위 당시 뛰어난 행정 능력을 인정받았으나, 조카들을 잔인하게 죽였다는 소문과 자신을 반대하는 자들을 숙청하여 신뢰를 잃었다. 이후 그는 장미전쟁 중 1485년 보스워스 전투에서 전사했다. 리처드 3세는 헤이스팅스 전투에서 죽은 해럴드 2세를 이어 영국 내 전투에서 전사한 두 왕 중 한 명이자 전사한 마지막 왕이다.
튜더가 문장	 헨리 7세 1457~1509 [재위기간] 1485~1509	튜더 왕조의 창시자이자 잉글랜드 왕이다. 리치먼드 백작의 아들로 헨리 6세가 죽은 뒤 랭커스터 가문의 왕위 계승자로 인정되었다. 그러나 요크 가문의 에드워드 4세가 헨리 6세를 내쫓고 왕위에 오르자 프랑스로 망명했다. 1485년 웨일스에 상륙하여 보즈워스 전투에서 리처드 3세를 물리치고 즉위했다. 이어 에드워드 4세의 딸 엘리자베스와 결혼하여 랭커스터 가문과 요크 가문 사이의 장미전쟁(1455~1485년)을 종식시켰다. 그리고 요크 가문 소유의 영토를 몰수했으며 귀족의 세력을 약화하고 왕권을 신장시켰다. 이후 헨리 7세는 대양 항해를 원활하게 하는 정책을 펼쳐 대서양 횡단을 통해 신대륙을 발견했다. 이는 잉글랜드가 대영제국으로 발전할 수 있는 기초를 마련하는 데 큰 도움이 되었다.

	헨리 8세 1491~1547 [재위기간] 1509~1547	튜더 왕가의 혈통이자 헨리 7세의 둘째 아들로, 형 아더가 일찍 죽자 동생인 그가 왕위에 올랐다. 그는 여섯 번의 결혼을 한 것으로 유명한데, 왕비 캐서린과의 사이에 아들이 생기지 않자, 캐서린과 이혼하고 궁녀 앤 불린과 결혼하고자 했다. 그런데 로마 교황이 이혼을 허락하지 않자 1534년에 수장령을 발표했으며 영국 국교회를 설립했다. 헨리 8세는 종교개혁을 통해 가톨릭을 해산시켰으며, 1536년과 1539년에는 수도원을 해산하고 수도원의 영지를 몰수했다. 그는 왕권 강화를 위한 정책에도 힘썼는데, 웨일스·아일랜드·스코틀랜드의 지배를 강화해 정치적 중앙집권화의 성과를 거두었다. 그러나 헨리 8세 집권 당시 왕실 비용 증가와 과도한 화폐 발행으로 인한 심각한 인플레이션이 발생했다. 또한 공유지의 사유재산화로 농민 수탈이 심했으며, 런던 인구가 급증하는 등 여러 사회문제가 발생하기도 했다.
	에드워드 6세 1537~1553 [재위기간] 1547~1553	헨리 8세의 아들로, 10세의 어린 나이로 즉위해 에드워드 시모어의 섭정을 받았다. 신교도를 주장하고 가톨릭에 반대하며 영국 국교회를 성장시켰고, 1549년 통일령과 일반 기도서를 제정해 신교정책에 대한 업적을 세웠다. 그러나 16세에 폐결핵으로 세상을 떠났다.
	메리 1세 1516~1558 [재위기간] 1553~1558	메리 1세는 헨리 8세와 왕비 캐서린의 딸로, 튜더 왕조의 네 번째 왕이자 잉글랜드의 첫 여왕이다. 그녀는 아버지인 헨리 8세와 동생 에드워드 6세가 추진했던 종교개혁을 전면 부인했다. 메리 여왕은 열렬한 구교도였으며 즉위한 이후 구교(가톨릭) 부활을 위해 힘썼다. 그 과정에서 많은 신교도를 처형한 탓에 후세에 '피의 메리'라고 불린다. 종교에서 잔인한 모습을 보인 것과는 달리, 재정 개혁을 이루는 등 경제정책에서는 성공을 거두었다. 메리 1세는 1554년 구교를 믿는 에스파냐의 펠리페 2세와 결혼했는데, 그는 열한 살 연하의 사촌 관계였다. 남편 펠리페 2세는 그의 아버지인 카를 황제가 사망한 후에 유럽으로 돌아갔다. 메리는 후세를 원했으나 그것이 이루어지지 않자 우울증에 빠지고 건강이 악화되어 1558년에

		42세의 나이에 사망한다. 이후 그녀의 왕위는 이복동생인 엘리자베스 1세가 이어간다.
	엘리자베스 1세 1533~1603 [재위기간] 1558~1603	헨리 8세와 앤 불린의 딸로, 영국 절대왕정 전성기의 여왕이다. 아버지 헨리 8세가 어머니 앤 불린을 처형해 불우한 어린 시절을 보냈으나 외국어에 능통하고 학습 능력이 뛰어났다. 그녀는 이복언니 메리의 뒤를 이어 1558년 큰 환영을 받으며 왕위에 올랐다. 가톨릭을 주장했던 메리와는 달리 엘리자베스는 가톨릭(구교도)을 반대하고 신교도를 옹호했다. 또한 헨리 8세처럼 여왕이 영국 국교회의 우두머리임을 선포했으며, 로마 교황에 반기를 들었다. 당시 잉글랜드는 유럽 내에서 국력이 약했기 때문에 전략적인 결혼을 통해 동맹을 맺을 필요가 있었다. 그러나 엘리자베스 1세는 '나는 영국과 결혼했다'며 국가와 결혼을 선포한다. 그리고 오랜 기간 독신으로 지내며 영국의 절대주의와 전성기를 이루었으며 강력한 통치권을 소유했다. 엘리자베스 1세는 재위기간 동안 영국을 세계의 강국으로 발전시켰으며 더 나아가 르네상스 시대를 열었다. 그 과정에는 1588년 에스파냐의 무적함대를 격파해 영국의 해군력을 향상시켰으며, 1600년 동인도회사를 설립하는 등 영국의 세계 진출을 도왔다.
스튜어트가	제임스 1세 1566~1625 [재위기간] 1603~1625	엘리자베스 여왕이 사망하자 영국 왕위에 올라 스튜어트 왕조를 열었다. 국교 정책을 강조해 가톨릭교도와 청교도를 탄압했고, 왕권신수설을 받들어 절대왕정을 추구했기 때문에 의회 세력과의 대립이 심화되었다. 제임스 1세는 재위기간 동안 의회를 네 번밖에 열지 않아 의회의 반감을 샀다. 또한 적국이던 에스파냐와 우호정책을 펼쳐 귀족들의 불만을 샀고 결국 암살당했다.
	찰스 1세 1600~1649 [재위기간] 1625~1649	제임스 1세의 둘째 아들이며, 스튜어트 왕가의 두 번째 왕이다. 찰스 1세는 신앙심이 깊었으나 왕권신수설을 신봉해 전제적 통치를 펼쳤다. 1628년에 의회가 작성한 권리청원을 승인했으나 1년 만에 의회를 해산한 후, 11년간 의회를 소집하지 않았다. 찰스 1세와 의회의 갈등이 심해진 것은 스코틀랜드 반란을 진압하기 위한 비용을 거두기 위해 의회를 소집한 1640년이다. 당시 의회파와 왕당파가

		대립해 청교도혁명이 일어났다. 초기에는 찰스 1세가 이끄는 왕당파가 우세했으나, 이후 크롬웰이 이끄는 의회파가 승리했다. 결국 찰스 1세는 1649년에 단두대에서 처형당했다.
크롬웰 1533~1658		영국의 정치가이자 군인으로, 청교도혁명의 지도자였다. 크롬웰은 잉글랜드 동부 헌팅턴에서 명문 귀족가의 아들로 태어났다. 1628년과 1640년에 하원의원에 당선된 그는 1642년에 청교도혁명이 일어나자 의회파의 장군이 되어 왕당파를 물리치고 공화국을 세우는 데 큰 공을 세웠다. 1647년에는 찰스 1세를 사로잡았는데, 당시 의회는 장로파와 독립파로 나뉘어 대립하고 있었다. 장로파는 왕과 의회의 권력을 공유해야 한다고 주장했으며 독립파는 의회가 다스리는 공화정을 세워야 한다고 주장했다. 대립 끝에 두 파가 전쟁을 일으키자 크롬웰은 장로파를 진압한다. 그리고 1649년 찰스 1세를 처형해 공화정을 세운다. 1653년에는 의회를 해산하고 호국경에 올라 독재정치를 행사했다. 그가 죽은 뒤 국민들이 독재정치에 대한 불안을 호소해 왕정복고가 이루어졌다.

로미오와 줄리엣의
사랑은 옳다

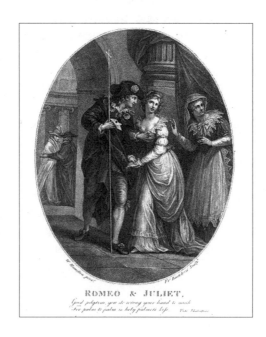

▌ 등장인물 소개

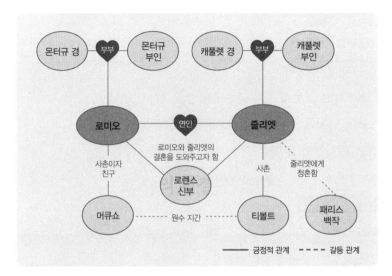

몬터규 집안과 친구

로미오 몬터규가의 외아들. 캐풀렛 집안에서 열린 가면무도회에 몰래 들어갔다가 줄리엣을 보고 첫눈에 반해 사랑에 빠진다.

몬터규 경 몬터규가의 가장. 로미오의 아버지이며 캐풀렛가와 사이가 좋지 않다.

몬터규 부인 몬터규 경의 부인이자 로미오의 어머니. 로미오가 추방당하자 슬픔에 빠져 죽는다.

머큐쇼 로미오의 친구이자 영주의 친척. 티볼트에 의해 죽음을 맞는다.

벤볼리오 몬터규 경의 조카이자 로미오의 사촌. 평화를 좋아하는 로미오의 친구이다.

줄리엣 캐플렛 집안의 무남독녀. 로미오와 사랑에 빠진다.

캐플렛경 캐플렛 집안의 가장. 줄리엣의 아버지이며 몬터규 집안과 사이가 좋지 않다.

캐플렛 부인 캐플렛 경의 부인이자 줄리엣의 어머니.

티볼트 캐플렛 부인의 조카로, 로미오에 의해 목숨을 잃는다.

유모 줄리엣의 유모.

그 외 등장인물

패리스 백작 베로나의 영주인 에스컬러스의 친척. 전부터 캐플렛의 무남독녀인 줄리엣에게 청혼을 한 상태이다.

로렌스 신부 남의 어려움이나 괴로움을 보면 참지 못하고 도와주는 성자 같은 신부이다. 로미오와 줄리엣의 결혼을 도와주고자 하며, 결혼식의 주례를 서주기로 약속한다.

에스컬러스 베로나 성의 영주. 중세시대 유럽은 봉건제 사회였다. 영주는 왕에게 충성하는 대가로 땅을 받아서 다스렸으며, 그 땅에서는 왕과 같은 힘을 가졌다.

🔍 쟁점 찾기

논제	로미오와 줄리엣의 사랑은 옳다.	
추가 토론 논제	1. 로미오와 줄리엣의 죽음에 대한 책임은 자신에게 있다. 2. 줄리엣은 패리스 백작과 결혼해야 한다. 3. 두 집안은 로미오와 줄리엣의 결혼을 허락해야 한다.	
내용 요약	발단	베로나의 몬터규가와 캐풀렛가는 원수처럼 서로를 미워했다. 그런데 몬터규의 아들 로미오와 캐풀렛의 무남독녀 줄리엣이 서로를 사랑하게 된다.
	전개	로렌스 신부는 그들의 안타까운 사랑을 돕기로 결심하고, 아무도 몰래 성당에서 결혼식을 올릴 수 있게 도와준다.
	위기	바로 그날, 로미오의 친구 머큐쇼가 줄리엣의 사촌 오빠 티볼트의 칼에 죽고, 티볼트는 복수심에 불타는 로미오의 칼에 찔려 죽고 만다. 그 벌로 로미오는 베로나에서 추방을 당하고, 줄리엣은 아버지의 강요로 패리스 백작과의 결혼식 날짜를 잡는다.
	절정	줄리엣은 패리스 백작과의 결혼을 피하기 위해 로렌스 신부가 준 약을 먹고 죽은 듯한 상태가 되어 있었는데, 이를 본 로미오는 줄리엣이 진짜 죽은 줄 알고 독약을 마시고 죽는다. 잠에서 깨어난 줄리엣은 죽어 있는 로미오를 보고 단도로 자살한다.
	결말	이 사건이 알려지자 캐풀렛과 몬터규 가문은 서로 화해하고 로미오와 줄리엣의 동상을 세워 둘의 사랑을 인정하기로 한다.
생각 더하기	1. 로렌스 신부가 로미오와 줄리엣의 결혼을 돕지 않았다면 어떻게 되었을까? 2. 로미오와 줄리엣이 죽은 후, 부모들은 어떤 생각을 했을까? 3. 로미오와 줄리엣은 집안의 반대를 이길 수 있다고 생각했을까?	

	찬성	반대
쟁점 찾기	1. 두 사람은 서로에게 첫눈에 반했다. 2. 죽음을 불사한 사랑이다. 3. 두 집안을 화해시키는 계기가 되었다.	1. 두 사람의 가문은 원수지간이다. 2. 둘의 사랑이 그들을 파멸로 이끌었다. 3. 부모님의 가슴에 상처를 주었다.

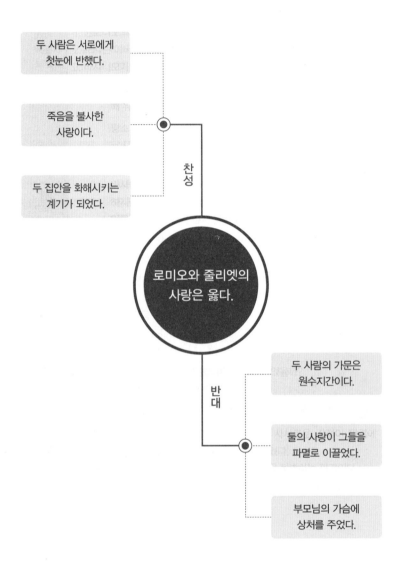

두 사람은 서로에게
첫눈에 반했다.

죽음을 불사한
사랑이다.

두 집안을 화해시키는
계기가 되었다.

찬성

로미오와 줄리엣의
사랑은 옳다.

반대

두 사람의 가문은
원수지간이다.

둘의 사랑이 그들을
파멸로 이끌었다.

부모님의 가슴에
상처를 주었다.

논제	로미오와 줄리엣의 사랑은 옳다.	
용어 정의	로미오와 줄리엣의 사랑 : 죽음을 불사한 순수한 사랑	
	찬성	**반대**
쟁점 1	두 사람은 서로에게 첫눈에 반했다.	두 사람의 가문은 원수지간이다.
근거	캐퓰렛가에서 가면무도회가 열린 날, 로미오는 줄리엣을 본 순간 첫눈에 반해 줄리엣에게 다가가 사랑을 고백한다. 줄리엣 또한 로미오에게 첫눈에 반해 그의 고백을 받아들인다. 로미오와 줄리엣은 순수함이 배어나오는 청순한 사랑으로 시작하여 진정한 사랑을 한다.	로미오와 줄리엣 두 가문의 원한은 이미 한계를 넘어서 골육상잔을 서슴지 않는다. 두 가문이 오랜 원수지간이라는 것을 너무도 잘 알고 있는 줄리엣은 자신이 사랑하는 로미오가 몬터규가의 외아들이라는 것을 알게 된 후 자신의 앞날에 대한 걱정으로 탄식한다. 이는 이들의 사랑이 가져올 파국의 복선이다.
쟁점 2	죽음을 불사한 사랑이다.	둘의 사랑이 그들을 파멸로 이끌었다.
근거	로미오와 줄리엣의 가문은 대대로 원수였으나 그들의 사랑은 두 가문의 싸움과는 동떨어져 있었다. 줄리엣은 만토바로 추방당한 로미오를 만나기 위해 약을 먹고 잠든다. 로미오는 사랑하는 사람이 세상을 떠난 줄 알고 슬퍼하며 스스로 목숨을 끊는다. 이들의 사랑은 죽음을 두려워하지 않는 영원한 사랑이다.	로미오와 줄리엣의 사랑이 치러야 할 대가는 너무나도 컸다. 그들의 사랑은 오랜 원한을 풀기에는 역부족이었다. 그들이 비밀 결혼식을 올린 날, 죽음을 부르는 싸움이 벌어져 로미오가 만투아로 추방당한다. 서로를 그리워했던 로미오와 줄리엣은 충돌과 대립을 빼고는 생각할 수 없었던 가문의 굳어진 인습으로 말미암아 끝내 죽음을 맞이한다.

쟁점 3	두 집안을 화해시키는 계기가 되었다.	부모님의 가슴에 상처를 주었다.
근거	캐풀렛 가문과 몬터규 가문의 원한 때문에 로미오와 줄리엣은 죽음을 맞이한다. 로렌스 신부의 노력에도 두 집안은 로미오와 줄리엣의 사랑이 비극으로 끝나고 나서야 화해를 한다. 이들의 진심 어린 사랑이 없었다면 두 가문은 언제까지고 원수로 지냈을 것이고, 그로 인해 더 많은 피를 흘렸을 것이다.	로미오와 줄리엣은 목숨을 바칠 만큼 애절한 사랑을 하지만 부모님의 허락 없는 비밀 결혼을 한다. 부모님의 입장에서 본다면 매우 통탄스러운 일이다. 그런데 로미오와 줄리엣의 거짓은 여기에서 그치지 않고 더욱 대범해진다. 줄리엣과 로미오는 끝내 목숨을 버리고, 그들의 부모님은 참척*으로 고통스러워한다. 로미오와 줄리엣은 부모님의 가슴에 대못을 박은 것이다.

• 자손이 부모나 조부모보다 먼저 죽는 일이다.

▌논의 배경

원수지간에 있는 두 가문의 젊은이 로미오와 줄리엣은 목숨을 건 열렬한 사랑을 한다. 순수한 두 젊은이의 아름답고도 안타까운 사랑은 오늘날 진정한 사랑의 대명사가 되었다. 따라서 원수의 가문인 몬터규가의 외아들 로미오와 캐풀렛 집안의 무남독녀인 줄리엣의 사랑이 옳은지 토론하는 시간을 갖고자 한다.

▌용어 정의

• **로미오와 줄리엣의 사랑** : 죽음을 불사한 순수한 사랑

쟁점1 **두 사람은 서로에게 첫눈에 반했다.**

캐풀렛가에서 가면무도회가 열린 날, 로미오는 줄리엣을 본 순간 첫눈에 반한다. 그는 줄리엣의 아름다움에 반해 이전에 혼자 연모하던 여인에 대한 마음은 사랑이 아니었음을 깨닫는다. 그리고 줄리엣에게 다가가 사랑을 고백한다. 줄리엣 또한 로미오에게 첫눈에 반해 그의 고백을 받아들이고 키스한다. 둘의 사랑은 투명할 만큼 깨끗하다. 줄리엣은 로미오에 대한 자신의 마음은 바다처럼 한없이 넓고 사랑은 바다처럼 깊어 그에게 아무리 주어도 무한하기 때문에 줄어들지 않는다고 말한다. 로미오와 줄리엣은 순수함이 배어나오는 청순한 사랑을 시작으로 진정한 사랑에 눈을 뜬다.

쟁점 2 **죽음을 불사한 사랑이다.**

로미오와 줄리엣의 가문은 대대로 원수 집안이다. 이 두 가문의 하인들조차도 길거리에서 마주치면 싸움이 붙을 정도로 원한이 깊었다. 하지만 로미오와 줄리엣의 열정적인 사랑은 두 가문의 싸움과는 동떨어져 있었다. 만토바로 추방당한 로미오에 대한 사랑이 간절했던 줄리엣은 로미오를 만나기 위해 죽은 사람처럼 잠시 잠드는 약을 먹고 관에 들어간다. 그녀는 자신이 영원히 깨어나지 못할 수도 있으나 사랑의 힘으로 용기를 낸 것이다. 이후 하인에게서 줄리엣이 죽었다는 소식을 전해 들은 로미오는 줄리엣이 누워 있는 곳으로 달려간다. 로미오는 사랑하는 사람이 이 세상에 없다는 것을 슬퍼하며 한 치의 망설임도 없이 스스로 목숨을 끊는다. 이때 잠에서 깨어난 줄리엣 또한 한 치의 망설임도 없이 단도를 꺼내 자신의 가슴에 칼을 꽂는다. 로미오와 줄리엣의 사랑은 죽음을 두려워하지 않는, 영원한 사랑을 향한 아름다운 도전이다.

쟁점 3 **두 집안을 화해시키는 계기가 되었다.**

피의 복수가 너무나도 오랫동안 이어져 왔기에 캐풀렛 가문의 일원은 몬터규 가문의 사람을 무조건 미워해왔다. 결국 이 원한으로 말미암아 로미오와 줄리엣은 죽음을 맞이한다. 로렌스 신부는 로미오와 줄리엣의 결혼으로 양가의 증오를 순수한 사랑으로 바꾸어 놓을 수 있다고 생각하고 필사적으로 노력한다. 하지만 캐풀렛 경의 성급함과 비이성적인 반응이 로렌스 신부의 희망과 계획을 좌절시키고 두 가문의 골은 점점 더 깊어진다. 오랜 기간 원수로 지냈던 두 집안은 로미오와 줄리엣의 사랑이 비극으로 끝나고 나서야 화해를 한다. 이들의 진심 어린 사랑이 없었다면 두 가문은 언제까지고 원수로 지냈을 것이고, 그로 인해 더 많은 피를 흘렸을 것이다. 결국 이들의 사랑이 정치나 종교의 힘으로도 해결할 수 없었던 원한을 풀었다.

▌논의 배경

전 세계인들의 가슴을 울렸던 작품 『로미오와 줄리엣』은 이루어질 수 없는 운명 앞에 놓인 젊은 남녀의 아름답고 슬픈 사랑을 다루고 있다. 서로 원수 가문인 두 주인공의 순수한 사랑은 결실을 맺지 못한다. 가족들에게조차 인정받지 못하는 비극적인 사랑을 했던 로미오와 줄리엣의 행동이 옳은지 토론하는 시간을 갖고자 한다.

▌용어 정의

• **로미오와 줄리엣의 사랑** : 죽음을 불사한 순수한 사랑

쟁점 1 두 사람의 가문은 원수지간이다.

로미오와 줄리엣 두 가문은 하인들까지도 원수로 지내며 싸움을 일삼는 지독한 원한 관계에 있다. 두 집안의 증오와 단절의 벽은 이미 한계를 넘어섰다. 그들의 원한은 골육상잔을 서슴지 않았다. 원수 가문의 두 남녀 로미오와 줄리엣의 사랑은 밝은 태양 아래 드러나는 축복이 아니라 어둠의 세계로 도피하는 불행한 사랑이다. 두 가문이 지독한 원수라는 것을 너무도 잘 알고 있는 줄리엣은 자신이 사랑하는 로미오가 몬터규가의 외아들이라는 것을 알게 된 후 "미운 원수를 사랑해야 되다니, 앞날이 염려되는 사랑의 탄생"이라고 말하며 자신의 앞날에 대한 걱정으로 탄식한다. 이는 이들의 사랑이 가져올 파국의 복선이다.

쟁점 2 둘의 사랑이 그들을 파멸로 이끌었다.

로미오와 줄리엣은 첫눈에 반해서 불같은 사랑을 한다. 애석하게도 이들의 사랑이 치러야 할 대가는 너무나도 컸다. 피의 복수가 오랜 기간 이어져 용서와 화해라는 말이 무색한 두 가문의 장벽을 로미오와 줄리엣이 넘기에는 역부족이었다. 로미오와 줄리엣은 가문의 누구의 허락도 받지 않고 로렌스 신부의 도움을 받아 비밀 결혼을 한다. 그런데 이들의 결혼에는 죽음이 예견되어 있었다. 결혼식이 끝난 후 한 시간 뒤, 죽음을 부르는 싸움이 또다시 시작되었다. 캐풀렛가의 티볼트가 로미오의 친구 머큐쇼를 죽이고, 로미오는 또다시 티볼트를 죽인다. 그리고 로미오는 만투아로 추방당한다. 서로를 너무도 그리워했던 로미오와 줄리엣은 충돌과 대립을 빼고는 생각할 수 없었던 가문의 굳어진 인습으로 끝내 죽음을 맞이한다.

쟁점 3 부모님의 가슴에 상처를 주었다.

두 원수 가문의 젊은 남녀 로미오와 줄리엣은 목숨을 바칠 만큼 애절한 사랑을 하지만 부모님의 허락 없는 비밀 결혼을 한다. 자식을 키운 부모님의 입장에서 본다면 원수의 집안과 비밀리에 결혼하는 것은 단검으로 가슴을 찌르는 고통이다. 그런데 로미오와 줄리엣의 거짓은 여기에서 그치지 않고 더욱 대범해진다. 줄리엣은 추방당한 로미오와 함께 살겠다는 일념으로 약을 먹고 죽은 척한다. 그녀의 부모님은 그녀가 죽은 것이라고 믿고 통탄의 눈물을 흘린다. 줄리엣의 어머니는 생명과도 같은 딸이 죽었으니, 자신도 같이 죽겠다며 울부짖는다. 자식의 죽음을 '참척'이라고 부른다. 이는 모든 슬픔

중에서 가장 크고 심한 슬픔이라는 뜻이다. 따라서 로미오와 줄리엣은 부모님의 가슴에 대못을 박았다.

📚 참고문헌

셰익스피어, 이상현 옮김, 『로미오와 줄리엣』, 꿈소담이, 2002.

황보종우, 『세계사 사전』, 청아출판사, 2004.

박규상 외 2인, 『세계사 용어사전』, 웅진씽크빅, 2006.

셰익스피어, 김재남 옮김, 『로미오와 줄리엣』, 중앙출판사, 2006.

배향미, 「로미오와 줄리엣 : 사랑의 완성」, 『현대영어영문학』 51권(524호), 2007.

하이든 미들턴, 베틀북 편집부 옮김, 『셰익스피어』, 베틀북, 2007.

닐 그랜트, 김석희 옮김, 『옥스퍼드 세계의 역사』, 랜덤하우스, 2008.

셰익스피어, 최종철 옮김, 『로미오와 줄리엣』, 민음사, 2008.

초등역사 모임, 『세계사 이야기 2』, 늘푸른어린이, 2008.

박부영, 「『로미오와 줄리엣』에 나타난 줄리엣의 영웅성과 희생양 이미지」, 서울시립대학교
　　　　대학원 석사논문, 2009.

이근호·신선희, 『이야기로 엮은 한국사·세계사 비교 연표』, 청아출판사, 2012.

황성현, 「셰익스피어의 『로미오와 줄리엣』에 나타난 줄리엣의 주체성에 관한 연구」, 인하대
　　　　학교 대학원 석사논문, 2014.

김현수, 『이야기 영국사』, 청아출판사, 2017.

신현수, 『통통 세계사 4』, 휴이넘, 2017.

송동훈, 『송동훈의 그랜드 투어』, 김영사, 2018.

이문기 외 18명, 『중학교 역사 ②』, 동아출판, 2019.

CHAPTER **03**

프랑켄슈타인

Frankenstein

• 메리 셸리 •

❖❖❖ 작품 선정 이유

생명의 비밀을 밝혀내려는 많은 과학자들의 노력으로 '크리스퍼 유전자가위' 기술이 개발되어 게놈을 편집할 수 있고 복제 양 돌리를 비롯해 여러 동물들을 복제하는 데 성공했다. 이제 우리는 복제 인간의 등장을 우려할 수밖에 없다. 작품에서 빅터 프랑켄슈타인 박사가 맞이하는 종말이 다가올 인류의 모습임에도 정작 우리는 그것을 모른 채 미래로 달려가고 있는 것은 아닐까?

질주하는 과학기술이 미래에 불러올 문제에 대해 우려의 목소리가 커지고 있다. 인간의 그릇된 욕망이 과학기술의 진보로 덧씌워져 발생할 수 있는 파국에 대한 고민이 필요한 시점이다. 이 시대에 인간이 마지막까지 지켜야 할 소중한 가치는 무엇이며, 어떤 것이 인간을 포함한 모든 생명에게 더 나은 미래를 가져다줄 것인가에 대한 질문과 답을 찾기 위해 이 작품을 선정했다.

| 🚌 수록교과서 | 고등학교 생명 과학 2, 미래엔, 오현선 외 5인, 2017

작가와의 만남

메리 셸리
Mary Shelley

　메리 셸리(1797~1851)는 1797년 8월 30일, 영국 런던의 서머스 타운에서 태어났다. 아버지 윌리엄 고드윈은 사회사상가였으며 어머니 메리 울스턴크래프트는 『여성의 권리 옹호』의 저자로 유명한 페미니스트였다. 그녀의 어머니가 셸리를 낳은 후 산욕열을 앓다가 며칠 만에 사망하자 아버지 고드윈은 메리 제인 클레어몬트와 재혼했다.

　메리 셸리의 계모인 클레어몬트가 메리의 교육에 시간과 자원을 충분히 활용하지 않아 메리는 체계적인 교육을 받지 못하고 자랐다. 그러나 청소년 도서관 문고를 만들며 자식들에게 최신 작품을 읽어주던 아버지 덕분에 책을 사랑하는 아이로 자랄 수 있었다. 또한 그녀는 고드윈의 집을 찾아온 손님들(의학사, 과학사, 예술가 등 다양한 지식인과 작가들)과 아버지의 대화를 들으며 지식을 확장해나갔다. 어느 날, 메리는 위대한 작가 새뮤얼 테일러 콜리지가 직접 낭송하는 「노수부의 노래」를 듣게 된다. 그녀는 오랜 시간이 흐른 뒤에도 이 사건을 또렷이 기억했는데, 그 시를 통해 얻은 영감으로 소설『프랑켄슈타인』을 쓰기 시작한다.

메리는 열일곱 살이던 1814년, 유부남이었던 시인 퍼시 비시 셸리를 만나 사랑에 빠진다. 퍼시는 그녀가 "시를 감상할 줄 알고 철학을 이해하는 여자"라며 자신이 만나본 젊은 여성 중 가장 지적인 사람이라고 칭송했다. 그러나 고드윈이 둘의 사이를 절대 용납하지 않자, 메리와 퍼시는 그의 반대를 뒤로하고 유럽으로 사랑의 도피를 떠난다. 영국을 떠난 그들은 8년가량 빈곤한 유랑생활을 한다.

1816년에 퍼시의 본처가 자살하자 메리와 퍼시는 정식으로 결혼식을 올린다. 그리고 같은 해에 메리는 남편 퍼시와 시인 바이런 경, 의사 존 폴리도리와 모임을 가졌으며 다양한 분야의 주제를 놓고 토론하곤 했다. 그러던 어느 날, 그들은 유령 이야기와 같은 서늘한 괴담을 하나씩 짓기로 약속한다. 그날 이후 메리 셸리는 시체를 살려내 괴물을 탄생시킨 박사 이야기를 집필하는데, 이 소설이 바로 오늘날 과학소설의 선두주자가 된『프랑켄슈타인』이다.

1822년, 안타깝게도 메리의 문학성을 인정해주고 창작활동을 지지해주었던 남편 퍼시가 항해를 떠났다가 바다에서 실종된다. 메리는 남편의 시신이 발견되었다는 소식을 듣는다. 그녀의 나이 25세에 남편을 잃은 것이다. 게다가 그녀는 무일푼 상태였으며 네 명의 아이 중 세 명의 아이를 잃는 불운을 겪었다. 메리의 시아버지는 메리를 싫어했기 때문에 이러한 상황에서도 메리에게 경제적 지원을 하지 않았다. 그녀는 어린 아들을 키우기 위해 잡지나 출판물에 글을 실어 원고료를 벌었으며, 기사와 에세이도 썼다. 이후 메리는 과학소설 『최후의 인간』, 역사소설 『퍼킨 워벡의 풍운』, 자전적 소설 『로도어』 등의 작품을 출간했다. 1839년에는 퍼시의 전기를 반대하는 시아버지의 뜻을 무릅쓰고 남편 퍼시의 시들을 출간하기도 했다.

메리 셸리는 1848년 발병한 뇌종양으로 여러 해 동안 심한 두통에 시달리다 1852년 2월 1일, 54세의 나이로 생을 마감한다. 메리는 본머스의 성 베드로 교회에 묻혔는데, 훗날 그녀의 부모 유해가 있는 교회로 이장되어 부모와 함께 묻혔다.

【시대사 연표】

세계사	한국사
1762년 루소, 사회계약설 발표	1750년 균역법 실시
1765년 와트, 증기기관 개량	1776년 정조, 규장각 설치
1776년 미국, 독립선언	1784년 이승훈, 천주교 전도
1789년 프랑스혁명, 인권선언	1786년 서학을 금함
1814년 빈 회의(~1815년)	1801년 신유박해
1818년 메리 셸리 『프랑켄슈타인』 출간 ◀	공노비 폐지
1824년 그리스, 독립전쟁(~1829년)	1811년 홍경래의 난
1825년 스티븐슨, 최초의 증기기관차 제작	1818년 정약용, 『목민심서』 저술
1830년 프랑스, 7월 혁명	1839년 기해박해
1838년 영국, 차티스트 운동 발발	1846년 김대건 신부, 순교
1840년 아편전쟁(~1842년)	1851년 안동 김씨, 세도정치
1848년 프랑스, 2월 혁명	1860년 최제우, 동학 창도
1851년 루이 나폴레옹, 쿠데타 일으킴	1861년 김정호, 대동여지도 제작
1853년 크림전쟁	1862년 임술민란
1857년 인도, 세포이의 항쟁(~1859년)	1863년 고종 즉위
1859년 찰스 다윈, 『종의 기원』 발표	흥선대원군 집권
1861년 이탈리아, 통일	1866년 제너럴셔먼호 불탐
1863년 링컨, 노예 해방 선언	병인양요
1865년 멘델, 유전법칙 발견	1871년 신미양요
1866년 노벨, 다이너마이트 발명	1875년 운요호 사건
1868년 일본, 메이지유신 단행	1876년 강화도 조약
1870년 프랑스·프로이센 전쟁	

신의 권위에 도전하는 근대의 프로메테우스, 프랑켄슈타인

인간이 창조한 괴물 이야기를 그린 과학소설 고전『프랑켄슈타인』을 출간한 메리 셸리는 과학소설의 어머니로 불린다. 소설 속에서 프랑켄슈타인 박사가 만든 괴물은 이제 의생명과학 분야에서 현실화되어가고 있다.

메리 셸리는 정치·사회·과학의 혁명 시기에 살았으며, 이 모든 것은 걸작『프랑켄슈타인』의 탄생으로 이어졌다. 그녀가 10대 후반에 쓴 첫 작품인『프랑켄슈타인』은 기술의 진보를 비판하며, 차별적인 사회구조, 도덕성 상실을 그려낸다.

메리 셸리는 저명한 문장가인 부모, 그리고 낭만주의 시인이자 철학자인 남편 퍼시 비시 셸리의 영향으로 자연스레 철학과 문학, 자연과학에 관심을 갖는다. 이후 바이런과의 만남을 계기로『프랑켄슈타인』을 구상해 만 20세의 나이에 익명으로 출간한다.

이 소설의 배경이 되는 19세기 영국은 산업혁명으로 비약적인 경제성장을 이루었으며 과학의 발달과 농업의 붕괴, 계급에 따른 차별이 있었던 남성 중심의 사회였다.

메리 셸리가 이 작품을 집필할 당시 영국을 중심으로 유럽 전역에 산업혁명이 확산되었다. 이는 기술의 발전과 과학에 대한 지성적 태도에 변화를 불러왔다. 시간이 흐르면서 신의 계시에 따라 설명되는 중세적인 세계관이 점차 보편적으로 적용되는 법칙에 따라 우주를 이해하는 방식에 자리를 내어주었다. 이후 과학기술은 점점 더 복잡하고 정확한 기계를 만들어냈고 자연스레 이를 사용하는 시대로 안내했다.

메리 셸리는 『프랑켄슈타인』을 통해 인간이 발전된 과학기술에 너무 의존한다면 지금까지 이룬 발전이 인간을 파멸시킬지 모른다는 것을 경고한다. 과학적이고 합리적인 이성을 갖춘 소설의 주인공 빅터 프랑켄슈타인은 생명의 비밀을 밝혀내려는 열정 어린 연구 끝에 생명체를 창조한다. 하지만 끝내 자신의 피조물을 감당하지 못하고 죽음으로서 대가를 치른다. 이는 메리 셸리가 단순히 과학이 불러올 파국을 경고하는 것에 그치지 않고 그 시대가 내세우는 이성적이고 합리적인 가치의 허구성을 괴물을 통해 폭로하는 것이다.

이 시기의 가장 큰 특징은 중산층의 부상이다. 산업화 이전에는 사회적 지위나 재산, 신분에 계급이 정해져 있었기 때문에 계급 간의 이동이 자유롭지 못했다. 하지만 산업화를 통해 부를 쌓은 사람들은 신분 이동이 가능해졌다. 이들을 중산층-부르주아라고 불렀다. 제조업자, 무역업자, 자영농, 대학교수 등 다양한 직업을 가진 이들의 삶은 점점 풍요로워졌으며 당대 문화를 이끌어가는 주도적인 세력으로서 자리매김했다. 이들에게는 상류층과 같은 기득권이 주어졌다.

　중산층의 삶은 풍요로워졌지만 이에 따라 빈부격차라는 부작용이 생겨났다. 당시 영국은 산업화로 말미암아 도시로 인구이동이 증가하던 때였다. 산업화 과정은 자영농민들을 노동자로 전락시켰으며 많은 농촌 인구를 도시로 이주시켰다. 이 때문에 도시의 빈민 문제, 슬럼가 형성, 노동 조건의 악화와 저임금 등 많은 문제가 발생했으며 이는 곧 계층 간의 갈등으로 이어졌다. 이렇게 19세기 영국은 문명의 발달로 경제성장과 번영을 누렸지만 윤리와 도덕적인 가치가 상실되던 시기였다. 당시 사회 중심 세력이었던 부르주아들은 사회적 지위와 금전의 유무에 따라 사람을 대하는 등 비도덕적으로 변해갔다. 메리 셸리는 이런 부도덕한 모습과 선과 악의 경계가 모호해진 사람들의 모습을 괴물로 형상화하여 표현했다.

　당시 차별적인 사회문제는 계급 간의 갈등에 그치지 않고 남성과 여성의 모습에서도 나타난다. 영국에서는 남성과 여성의 역할이 엄격하게 분리되어 있었다. 남성은 가부장적인 사회에서 당당하게 자신의 삶을 개척해나가는 반면 여성은 소극적이며 순결한 존재로 남성에게 종속되는 삶을 살아야 했다. 프랑켄슈타인의 가족을 자세히 들여다보면, 여성들이 가부장적인 남성의 가치에 눌려서 완전히 소외되어 있다. 그들은 사회의 공적인 역할과 교육에서 배제된 채 가정에서 머물며 가정을 돌보는 데 만족해야 했다.

메리 셸리의『프랑켄슈타인』에는 '행복한 결혼'이나 '단란한 가정'은 존재하지 않는다. 오직 가부장제에 의해 소외당하고 권리를 박탈당한 여성들만 존재할 뿐이다. 괴물의 모습은 당시 모든 여성의 모습이라고 할 수 있다. 18, 19세기 여성들은 어머니, 아내, 딸이라는 이름으로만 살았을 뿐, 독립적인 존재 자체가 부정되었다. 여자라는 이유로 소외받는 삶을 살았던 당시 여성들은 괴물처럼 괴로운 삶을 살았던 것이다.

『프랑켄슈타인』작품 속에는 죽음이 자주 등장하는데 이는 그녀의 삶과 아주 밀접한 연관이 있다. 어린 시절 어머니의 죽음, 그리고 이복언니 페니의 자살, 남편 셸리의 전 부인의 자살, 메리 셸리의 여러 자녀들의 죽음과 남편의 죽음 등 그녀와 관련된 주변 사람들의 죽음이 끊이지 않았다. 그녀는 주변 인물들을 잃은 상실감, 자녀들에 대한 죄책감으로 죽음과 생명에 대해 남다른 생각을 갖게 되었다. 죽음에 대한 공포와 사랑하는 사람을 잃을 수 있다는 두려움은 작품에서 중요한 모티브가 되었고, 이는 등장인물들을 통해서 나타난다. 그녀는 세상에 나오자마자 어머니를 잃은 자신을 작품 속의 '괴물'로 형상화했다. 또한 부모에게 사랑과 보살핌, 교육을 받으며 성장한 빅터와 버려진 채 홀로 성장하는 괴물의 모습을 대비시켜 어머니의 양육과 교육의 중요성을 강조한다. 그리고 어머니의 사랑 없이 태어나 홀로 남겨진 아이는 괴물이 될 수 있음을 경고한다.

갈바니즘

갈바니즘(Galvanism)은 이탈리아의 해부학자이자 생리학자인 갈바니가 1780년, 죽은 개구리의 뒷다리에 칼을 대자 경련이 일어나는 것을 보고 이것이 생체 전기로 인한 현상이며 동물조직 안에 생명력이 있다고 주장한 이론이다. 이는 당시 유럽 지식인 사회에서 큰 화제가 되었다. 프랑켄슈타인이 죽은 신체조직을 모아 '생명의 불꽃'으로 생명을 창조한다는 아이디어는 이 이론에 근거한다.

고딕소설

고딕소설을 형식적으로 말하면 공포와 로맨스가 결합된 소설로, 낭만적이고 초자연적인 소재와 분위기를 가지고 있다. 고딕소설은 18세기 후반에서 19세기 초반까지 특히 성행했다. 고딕소설이라는 명칭은 고딕 양식을 비롯한 중세의 건축물이 주는 폐허와 같은 분위기에서 소설적 상상력을 이끌어냈다는 의미에서 붙여졌다. 오늘날에는 공포스러운 분위기를 자아내어 섬뜩하고 무시무시한 인간의 이상 심리를 다룬 소설까지 광범위하게 지칭하는 말로 쓰인다. 대표적인 고딕소설은 호러스 월폴의 『오트란토 성』, 브램 스토커의 『드라큘라』, 메리 셸리의 『프랑켄슈타인』 등이 있다.

맞춤아기

'맞춤아기(Designer Baby)'는 특정한 유전 성질이 인공적으로 선택된 아기를 뜻한다. 맞춤아기의 탄생이 가능해진 것은 생명공학 기술의 발전으로 인간의 유전자 지도를 밝히는 '인간 게놈 프로젝트'가 완성되었고 3세대 유전자 가위 기술인 'CRISPR Cas9'이 등장했기 때문이다.

'맞춤아기'의 본래의 목적은 아픈 자녀와 같은 유전적 조건을 가진 배아를 만들어, 그 배아에서 채취한 줄기세포로 형제를 치료하는 것이었다. 그러나 부모와 의사들은 아픈 자녀의 치료의 목적에서 벗어나 더 우월한 유전자를 가진 아이를 얻기 위함에 주목하고 있다. 질병 치료를 위한 목적으로 개발된 생명공학 기술이 맞춤아기를 만드는 데까지 넘나들면서 신학적 문제와 윤리적 문제를 불러일으키고 있다.

크리스퍼 유전자 가위 (CRISPR Cas9)

박테리아의 면역체계에서 유래된 DNA 절단효소로 특정 유전자를 없애거나 더할 수 있고, 다른 염기서열로 교체할 수 있다. 유전자 가위는 질병의 원인이 되는 유전자를 사전에 차단하거나 난치성 유전질환의 치료법을 개발하는 도구로 각광받고 있다.

사회진화론

사회도 생물처럼 일정한 방향으로 진화한다는 이론으로 다윈의 진화론의 영향을 받아 만들어졌다. 이 이론을 처음 주장한 사람은 영국의 철학자이며 사회학자 허버트 스펜서이다. 그는 생물진화론의 '적자생존', '자연도태'의 이론을 사회에 적용해 생존경쟁·자유경쟁에 의한 사회 발전을 주장했다. 사회진화론은 19세기 서양 제국주의 국가들의 약소국에 대한 침입과 지배를 정당화하는 논리로 이용되어 논란을 낳았다.

산업혁명

18세기 후반부터 일어난 기술혁신과 공업화 및 그에 따른 사회경제의 대변화를 말한다. 영국은 방적기의 발달과 와트가 발명한 증기기관(1769)의 결합, 그리고 해외 식민지 확보를 통해 가장 먼저 산업혁명이 발생했다. 이 인클로저(Enclosure) 운동과 농업혁명으로 확보한 대규모 노동력도 그 원동력이 되었다. 이후 풀턴이 증기선(1807), 스티븐슨이 증기기관차(1814)를 발명함으로써 교통혁명도 일어났다.

기술혁신과 교통혁명은 사회구조를 변화시키면서 기존의 귀족 중심의 경제체제가 붕괴되고 자본가와 노동자 계급이 출현한다. 또한 대규모 노동자들이 도시에 유입하면서 부르주아들이 노동자를 착취했고 빈곤과 실업, 교육, 의료 등에서 급격한 빈부격차가 발생했다. 산업혁명을 이룬 영국, 독일, 프랑스와 같은 유럽 국가들이 아시아와 아프리카 각국을 식민지화하면서 제국주의 시대가 시작되었다.

1~4차 산업혁명 요약

구분	1차 산업혁명	2차 산업혁명	3차 산업혁명	4차 산업혁명
시기	1750~1830	1870~1900	1960년 이후	2020년 이후
촉발 요인	증기기관	전기	전자정보	AI, 빅데이터, 사물인터넷
주요 산업	철도, 기계	화학, 통신	컴퓨터, 인터넷	AI, IOT
인류사회 영향	기계화 혁명	대량생산 혁명	디지털 혁명	초연결, 초지능

연금술

비금속을 주술적 방법을 통해 귀금속으로 전환시키는 일종의 자연학을 말한다. 헬레니즘 시대에 알렉산드리아에서 시작하여 이슬람 세계에서 체계화되어 중세 유럽에 전파되었다. 중국에는 도교의 도사들이 불로장수의 단(丹)을 만드는 중국 연금술이 있었고, 유럽에서는 아리스토텔레스의 '4원소 변환설'을 바탕으로 비금속을 금속으로 만들고자 했다. 연금술은 실패했으나 그 과정에서 황산·왕수·인·질산 등과 같은 물질을 발견하고 화학 기구의 발명에 영향을 미쳤다는 점에서 의미가 있다.

연금술사

중세시대 전 유럽에서 성행한 원시적 화학기술인 연금술을 다룰 줄 아는 사람을 일컫는다. 연금술의 목적은 비금속으로 바꾸는 것과 불로장수 약 또는 만능 약을 만들기 위함이었다.

줄기세포

우리 몸의 각각의 신체조직으로 발달할 수 있는 능력을 가진 세포를 말한다.
1) 배아줄기세포 : 배아에 존재하는 세포로 250여 개 장기로 분화할 수 있는 능력이 있다.
2) 성체줄기세포 : 사람의 몸속에 존재하면서 필요한 만큼의 새로운 세포를 생산해준다.

페미니즘

페미니즘(Feminism)이란 용어는 '여성주의', '여성해방주의' 등으로 해석되며 1830년대 프랑스의 사회주의 사상가인 샤를 푸리에가 처음 사용한 것으로 알려져 있다. 19세기 중반 이후에는 프랑스 언론에서 '여성의 권리를 주장'한다는 의미로 사용하기 시작했다. 페미니즘은 1890년대 여성의 참정권 획득을 위한 여권운동이 한창이었던 영국과 미국으로 전해지면서 활발한 논의가 전개되었다. 이후 페미니즘은 여성 인권의 평등성을 주장하며 오늘날까지 이어지고 있다.

프로메테우스

소설 『프랑켄슈타인』은 현대판 프로메테우스로 많이 비유되어왔다. 그리스 신화의 신 프로메테우스는 불을 훔쳐 인간에게 문명을 제공한다. 이에 분노한 제우스는 프로메테우스를 붙잡아 자신의 명령에 도전한 대가로 코카서스 산에 묶어두고 독수리를 보내 그의 간을 쪼아 먹게 했다. 하지만 프로메테우스의 간은 매일 새로 생겨나서 독수리에게 당하는 끔찍한 고통이 멈추지 않는다.

제우스의 권위에 도전해 벌을 받은 프로메테우스는 신들에게는 무모한 도전으로 끔찍한 형벌을 받은 신이지만, 인간에게는 최초로 불을 가져다줌으로써 문명을 가르친 신으로, 영웅과도 같은 존재다. 따라서 프로메테우스 신화는 관점에 따라 도덕적 교훈을 전달하는 신화와 무모한 도전의 영웅성을 전달하는 신화로 이중적 분석이 가능하다.

프로메테우스주의

프로메테우스주의는 러시아 제국시대에 시베리아에서 유배생활을 했던 폴란드의 정치가 유제프 피우수트스키에 의해 시작된 정치운동으로 러시아 제국 및 소련의 국경 내에 살고 있는 비러시아계 사람들의 민족주의 독립운동을 지원해 러시아를 약화시키는 것을 목적으로 했다. 그리스 신화에서 인류에게 불을 전달했던 프로메테우스에서 유래된 용어로 전제주의 체제에 대한 계몽과 저항을 의미한다.

 에라스무스 다윈 1731~1802	영국의 박물학자·의사·철학자·시인으로 『종의 기원』의 저자 찰스 다윈의 할아버지. 진보 사상의 소유자로 진화론의 선구자 중 한 사람이다. 케임브리지·에든버러 대학에서 의학을 배운 후 1757년 리치필드에서 개업, 1778년 그곳에 식물원을 만들었다. 1794년부터 1796년에 『주노미아(Zoonomia)』를 저술해 단순한 원시적 생물이 서서히 변화 발전한다고 주장했다.
 제임스 와트 1736~1819	새로운 증기기관을 발명한 영국의 발명가. 구식 증기기관을 수리하는 동안, 증기를 농축할 수 있는 압축장치를 따로 설치하면 증기기관의 성능이 훨씬 좋아질 수 있다는 것을 깨달았다. 그가 1769년에 만든 증기기관은 나중에 많이 개량되긴 하지만, 산업혁명의 주역이 된 기계들을 움직인 기관이었다. 그의 증기기관은 기술이 세상을 크게 바꾼 대표적 사례들 중 하나다.
 루이지 갈바니 1737~1798	이탈리아의 의학자·생리학자·물리학자. 해부실험 도중 우연히 개구리의 다리에 실험용 메스를 두 개 겹쳐놓았는데, 갑자기 다리가 경련을 일으키며 꿈틀거렸다. 이 현상에 호기심을 품은 갈바니는 개구리의 다리에 두 가지 다른 금속 조각을 접촉시키는 실험을 몇 차례 해보았다. 그리고 동물의 신경조직 속에는 전기가 숨어 있다고 생각했으며, 개구리 다리 사이에 서로 다른 금속을 연결하면 전기가 흐른다는 결론을 내렸다. 그리고 이 현상을 '동물전기'라고 이름을 붙였다.

하지만 물리학자 알렉산드로 볼타는 반드시 종류가 다른 금속을 사용해야 한다는 갈바니의 주장에 의문을 품었다. 그는 여러 번의 실험을 통해 개구리의 다리에 전기가 흐르는 것이 아니라 두 금속이 지닌 전기의 양이 서로 달라서 전기가 많은 쪽에서 적은 쪽으로 흐르는 것이며 개구리의 다리는 단지 역할을 할 뿐이라는 사실을 밝혀냈다. 이것은 '볼타 전지'의 출발점이 되었다.

비록 갈바니의 '동물전기' 이론은 잘못되었지만 '볼타 전지'를 발견하는 중요한 계기가 되었다. 또한 갈바니 전기에 관한 논문은 당시의 학계에 큰 자극을 주었고, 전기생리학·전자기학·전기화학 발전의 계기가 되었으며 메리 셸리가 『프랑켄슈타인』을 집필하는 데 단서를 제공했다.

윌리엄 고드윈
1756~1836

메리 셸리의 아버지로 영국의 유명한 정치사상가. 목사의 아들로 태어난 고드윈은 무신론, 무정부주의, 개인의 자유를 제기하는 글을 통해 영국의 낭만주의 문예운동을 개척한 인물이다.

그는 주요 저서인 『정치적 정의에 관한 탐구』(1793)에서 정부는 원래 권력을 조작하는 과정에서 부패악을 만들어내고 폭력을 행사하기 마련이라며, 인습적인 정부를 거부하는 것을 목적으로 삼았다. 이에 인습적인 정부 대신 '소규모 자립 공동체'를 제안했다.

고드윈은 『정치적 정의』, 『세미나리 설명서』, 『연구자』, 『영국공화제사』, 『인간고』 등 여러 저서를 남겼다. 그는 페미니스트의 선구자이자 교육자였던 메리 울스턴크래프트와 결혼했으나 그녀가 산욕열로 세상을 떠나자, 몇 해 후에 재혼했다.

**메리
울스턴크래프트**
1759~1797

메리 셸리의 어머니. 여성의 인권을 주장한 최초의 페미니스트로 당대에 가장 급진적인 여권 신장론자다. 그녀는 '최초의 페미니스트 서적'으로 평가되는 『여성의 권리 옹호』라는 저서에서, 남녀는 똑같이 이성을 갖고 태어났고 여성이 열등해 보이는 이유는 단지 교육에서 배제되었기 때문이라는 주장을 폈다. 안타깝게도 그녀는 셸리를 낳고 11일 만에 산후 패혈증으로 사망했다. 이후 메리 셸리는 고독하고 불행한 어린 시절을 보내게 된다.

멘델
1822~1884

오스트리아의 성직자, 박물학자, 수도사로 지내면서 빈 대학에서 공부했다. 멘델은 수도원 정원에서 완두의 교배실험을 하던 중 '식물의 잡종에 관한 실험'이라는 유전법칙을 발견했다. 우열의 법칙, 분리의 법칙, 독립의 법칙으로 되어 있는 이 법칙은 유전·진화의 문제에서 획기적인 발견이었으며 이로 말미암아 유전학이 창시되었다.

바이런
1788~1824

바이런은 존 키츠, 셸리와 함께 영국 낭만주의 3대 시인으로 불린다. 미남이었던 바이런은 젊은 독신 귀족으로 사교계에서 많은 여성의 사랑을 받았다. 당시 그의 옷차림과 걸음걸이는 곧바로 사교계의 유행이 될 정도였다. 그는 많은 작품을 남겼으며 1823년에 그리스의 독립전쟁에 참가했다가 1824년 36세라는 이른 나이에 말라리아로 사망했다.

메리 셸리는 남편 퍼시 비시 셸리를 통해 바이런과의 만남을 갖게 되고 이를 계기로 소설 『프랑켄슈타인』을 구상했다. 메리 셸리에게 '프랑켄슈타인' 이야기를 들은 바이런은 너무 무서워 '비명을 지르며' 방에서 뛰쳐나갔다고 한다. 이 이야기는 퍼시의 격려에 힘입어 구체화되었으며 1818년 소설 『프랑켄슈타인』으로 출간되었다.

**퍼시 비시
셸리**
1792~1822

영국의 낭만파 시인이자 철학자로 메리 셸리의 남편이다. 이튼을 거쳐 옥스퍼드 대학에 진학했으나 재학 도중 급진적 사상을 담은 『무신론의 필요성』이란 팸플릿을 발간해 퇴학당했다. 친분관계가 깊은 바이런과 함께 낭만주의 시대의 가장 인기 있는 작가로 꼽힌다. 퍼시 비시 셸리의 작품이나 생애는 인습에 대한 반항, 이상주의적인 사랑과 자유에 대한 동경이 주를 이루었다.

퍼시는 메리 셸리의 아버지 고드윈을 존경해 그녀의 집을 자주 방문했다. 이때 그는 이미 해리엇 셸리와 결혼한 몸이었으나 메리 셸리를 자주 만나면서 그녀를 사랑하게 되었다. 급기야 퍼시와 메리는 둘이 함께 살기 위해 런던을 떠나 프랑스로 간다. 이후 해리엇 셸리가 비관해 1816년 투신자살을 한다. 그해 퍼시 셸리는 메리와 정식 결혼한다. 하지만 그는 장시 『생의 승리』를 미완성으로 남겨둔 채 1822년 7월 이탈리아의 리보르노 해안에서 배 사고로 익사했다.

찰스 다윈
1809~1882

진화론을 창시한 영국의 생물학자. 에든버러 대학에서 의학을 공부했으나 적성에 맞지 않아 중퇴하고, 케임브리지 대학에 진학하여 신학 및 동식물학을 공부했다. 1831년 22세 때 영국의 해군 측량선 바글호에 박물학자로 승선하여 남아메리카와 갈라파고스 제도를 비롯한 남태평양의 여러 섬들과 오스트레일리아를 탐사하면서 각종 동식물 자료를 수집했다. 이 항해의 결과로 『바글호 항해기』를 발표하고, 진화론에 대한 연구를 계속하여 1859년 『종의 기원』을 발표했다. 다윈의 진화론은 '자연선택'에 의한 적자생존과 자연도태가 핵심이다. 이는 과학계뿐 아니라 19세기 사회와 문화를 뒤흔들었다. 다윈의 영향을 받은 허버트 스펜서는 '사회진화론'을 주장했다.

프랑켄슈타인이 언급한 과학자

**알베르투스
마그누스**
1193~1280

독일의 스콜라 철학자, 자연과학자, 신학자이면서 동시에 수학·자연학·형이상학 등에 관해 폭넓은 지식을 지녔다. 동물학·지리학·천문학·광물학·연금술·의학 등 광범위한 연구를 했다. 전설에 따르면, 그는 30년에 걸쳐 점토 인형을 만들었는데, 이 인형은 걷고 말하며 수학 문제까지 풀 줄 알았다고 한다.

코르넬리우스 아그리파 1486~1535	중세 최고의 신비주의자이자 연금술사다. 악마를 부르는 사람으로도 유명했으며, 범죄자를 붙잡기 위해서 죽은 자의 영혼을 부른 적도 있다고 한다. 그가 쓴 『오컬트 철학』은 자연과학계의 중요한 연구서이자 실천적인 마술서로 인정받았다.
파라셀 수스 1493~1541	스위스의 의학자, 화학자로, 의화학을 창시했다. 그는 사람의 몸이 가연성 성분(황)·휘발성 성분(수은)·불에 타지 않는 재(염료)로 이루어졌다고 주장했다. 그는 복제 인간의 원조라 할 수 있는 '호문쿨루스(Homunculus)'라는 모형 인간의 제조법을 책으로 펴냈다.

『프랑켄슈타인』 쟁점과 토론

Franken
stein

프랑켄슈타인의 연구는
인류를 진보시켰다

▌등장인물 소개

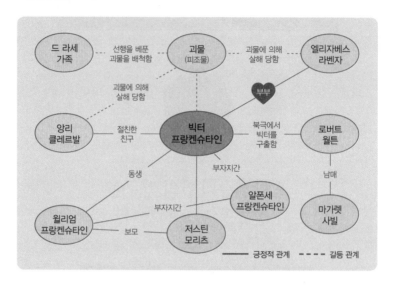

빅터 프랑켄슈타인 화목한 가정에서 태어나 유학을 하며 과학 부문에서 뛰어난 능력을 보인다. 시체를 이용해 생명을 창조해내는 연구를 통해 '괴물'을 만들어낸 창조주로, 자신의 피조물 때문에 우울증과 죄책감에 시달린다. 자신이 만든 괴물을 죽이는 데 인생을 건다.

괴물(피조물) 이름이 없으며, 창조주인 빅터를 포함한 모든 사람들에게 혐오와 박해를 당하는 존재이다. 빅터를 찾아가 자신의 여자 짝을 만들어달라고 요구한다. 자신이 겪은 고통과 수모를 갚고자 빅터의 주변 인물들을 죽이고, 결국은 빅터와 자신까지도 해친다.

로버트 월턴 북극 탐험을 떠난 마거릿 사빌호의 선장으로, 외롭고 낭만적인 성격을 지녔다. 월턴은 북극으로 항해하는 도중에 피조물을 쫓던 빅터를 구출해 간호한다. 이야기의 화자이며 빅터에게 들은 괴이한 이야기를 동생 사빌에게 편지로 전한다.

엘리자베스 라벤자 다섯 살 때 프랑켄슈타인 가문으로 입양된다. 온화하고 다정한 성품이며 쾌활한 성격으로 주변 사람들에게 사랑받는 인물이다. 어렸을 때부터 빅터와 혼인을 약속하고 서로 사랑한다. 그러나 결혼식을 올린 날 밤, 피조물에 의해 살해당한다.

앙리 클레르발(헨리 클레르발) 빅터의 절친한 친구로 함께 유학 생활을 한다. 빅터가 힘들어할 때, 그에게 헌신적인 우정을 베푸는 순진하고 낭만적인 인물이다. 피조물의 요구에 의해 그의 짝을 만들겠다는 빅터의 계획을 모른 채 빅터와 여행을 떠난다. 그러나 끝내 그 요구를 거절한 빅터에게 분노한 피조물에 의해 목숨을 잃는다.

알폰세 프랑켄슈타인 빅터 프랑켄슈타인의 아버지로, 제네바의 명문가에서 태어났다. 오랜 기간 공직에 있으며 모든 이에게 존경받는 영예로운 인물이다. 빅터와 결혼한 엘리자베스가 피조물에 의해 살해당하자 그 충격으로 죽음에 이른다.

저스틴 모리츠 프랑켄슈타인 가족의 하녀로, 총명하고 상냥하며 감사할 줄 아는 인물이다. 빅터의 어린 동생 윌리엄의 양육을 돕는 일을 했다. 그런데 윌리엄이 피조물에 의해 살해당하고, 피조물이 저스틴에게 그 죄를 덮어씌우자 살인범으로 몰려 형장의 이슬로 사라진다.

마가렛 사빌 로버트 월턴의 동생이며 빅터 프랑켄슈타인의 이야기를 기록한 편지의 수령인이다.

윌리엄 프랑켄슈타인 빅터의 어린 동생이며 피조물에게 희생당하는 첫번째 인물이다.

드라세 가족 맹인 아버지(드라세), 아들 펠릭스, 약혼녀 사피, 그리고 딸 아가사로 구성된 가족이다. 아버지 드라세는 프랑스 명문가의 자손으로 유복하게 살아왔다. 그러나 터키인 상인이던 사피의 아버지를 도와주는 과정에서 몰락한다. 피조물은 이 가족에게 애정을 느껴 그들을 관찰하고 선행을 베풀지만 그들은 피조물을 혐오하며 배척한다.

🔍 쟁점 찾기

논제	프랑켄슈타인의 연구는 인류를 진보시켰다.
추가 토론 논제	1. 프랑켄슈타인은 괴물의 요구를 들어주어야 한다. 2. 프랑켄슈타인은 영웅이다. 3. 과학자는 과학기술의 발전을 우선시해야 한다.
내용 요약	**발단**	마거릿 사빌호를 이끌고 북극 탐험을 떠난 월턴 선장은 얼음 덩어리에 갇혀 있던 중, 얼음 바다 위에 표류해 있던 한 남자를 발견한다. 월턴과 선원들은 처참한 몰골을 한 남자를 정성으로 간호해준다. 며칠 후 어느 정도 건강을 회복한 남자는 월턴에게 자신이 왜 북극까지 오게 되었는지 이야기한다. 월턴은 그의 동생 사빌에게 낯선 남자의 이야기를 편지로 전해준다.
	전개	그 남성의 이름은 빅터 프랑켄슈타인이다. 그는 일찍 어머니를 여의었지만 행복한 가정에서 자란 과학도였다. 그는 친구 클레르발과 떠난 유학에서 크렘페 교수를 만나 실용과학에서 두각을 나타낸다. 곧이어 그는 대학 내에서 가장 뛰어난 실력을 가진 학생으로 인정받는다. 빅터는 자신의 손으로 직접 인간을 창조하겠다는 목표를 이루고자 연구를 거듭한다. 마침내 빅터는 죽은 자의 뼈와 살을 가지고 생명을 창조하는 데 성공한다. 하지만 역겨운 괴물의 모습을 한 자신의 피조물에 충격을 받아 도주하고, 현실을 잊고자 친구 클레르발과 여행을 떠난다.
	위기	여행이 끝난 후에 빅터는 괴물이 사라졌다는 것을 알고 안정을 되찾는다. 그러나 자신의 어린 동생 윌리엄이 살해당했다는 소식을 듣고 충격에 빠진다. 빅터는 본능적으로 자신의 피조물이 저지른 것이라는 것을 직감한다. 그리고 보모 저스틴이 윌리엄을 살해했다는 누명을 썼다는 것에 죄책감을 느낀다. 빅터가 죄책감으로 고통스러워하자 가족은 여행을 떠나고 그곳에서 빅터는 괴물과 맞닥뜨린다. 괴물은 그동안 자신이 느낀 외로움과 고통을 털어놓으며 자신과 닮은 여성을 만들어달라고 요구하고 빅터는 그의 제안을 받아들인다.
	절정	괴물의 요구로 실험을 하던 빅터는 자기 때문에 인류가 피해를 받을지도 모른다는 생각에 극심한 도덕적 갈등을 겪는다. 결국 빅터는 다 완성한 작업을 포기하고 만다. 이 모든 과정을 지켜보던 괴

CHAPTER **03** 프랑켄슈타인 I 메리 셸리　　　　　　　　　　　　　　　　111

		물은 빅터가 약속을 어기자 분노를 품고 폭주한다. 결국 괴물은 빅터의 친구 클레르발과 아내 엘리자베스를 살해한다. 빅터는 자신이 만든 괴물로 말미암아 죄 없는 사람들이 목숨을 잃은 것에 대해 죄책감을 느끼고 자신이 만든 괴물을 반드시 제 손으로 없애야 한다고 결심한다.
	결말	빅터의 이야기를 들은 월턴 선장과 선원들은 그가 북극까지 온 이유가 바로 그 괴물을 뒤쫓기 위해서였다는 것을 알게 된다. 그런데 괴물과의 추격전으로 심신이 쇠약해진 빅터가 죽고 만다. 그때 빅터가 만든 괴물이 모습을 드러내며 빅터의 죽음에 복잡한 심경을 내비친다. 그리고 괴물은 삶의 고통을 끝내기 위해 죽음을 택하겠다며 어둠 속으로 사라진다.
생각 더하기		1. 프랑켄슈타인은 자신이 창조한 생명체가 악을 행할 수 있다는 것을 왜 예측하지 못했을까? 2. 괴물이 가져온 파국에 대한 책임은 프랑켄슈타인에게만 있을까? 3. 왜 메리 셸리는 프랑켄슈타인의 창조물에게 이름을 지어주지 않았을까?

	찬성	반대
쟁점 찾기	1. 새로운 생명체를 만들었다. 2. 인간의 한계를 뛰어넘은 연구에 성공했다. 3. 프랑켄슈타인의 연구 결과는 생명 과학에 이바지했다.	1. 괴물을 창조했다. 2. 프랑켄슈타인은 자신의 피조물을 감당하지 못했다. 3. 피조물이 인간의 삶을 파괴했다.

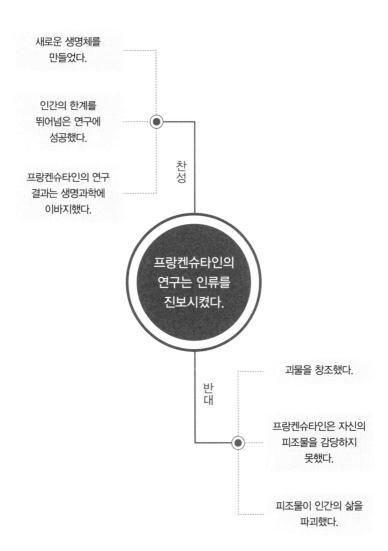

새로운 생명체를
만들었다.

인간의 한계를
뛰어넘은 연구에
성공했다.

프랑켄슈타인의 연구
결과는 생명과학에
이바지했다.

찬성

프랑켄슈타인의
연구는 인류를
진보시켰다.

반대

괴물을 창조했다.

프랑켄슈타인은 자신의
피조물을 감당하지
못했다.

피조물이 인간의 삶을
파괴했다.

📖 토론 요약서

논제	프랑켄슈타인의 연구는 인류를 진보시켰다.	
용어 정의	• 프랑켄슈타인의 연구 : 생명이 없는 것에 생명을 불어넣는 연구. • 진보 : 사회의 변화나 발전을 추구해 그 수준이 나아지는 것.	
	찬성	**반대**
쟁점 1	프랑켄슈타인은 새로운 생명체를 만들었다.	프랑켄슈타인은 괴물을 창조했다.
근거	프랑켄슈타인은 생명체를 만들기 위해 실험에 몰두한다. 그는 연구 끝에 생명 발생의 근원을 밝혀내는 데 성공했다. 프랑켄슈타인이 만든 피조물은 거칠게 숨을 쉬었고, 감정을 느낄 수 있었다. 프랑켄슈타인은 '새로운 생명체 창조'를 현실화했고 인류를 한 단계 발전시켰다.	빅터의 창조물은 소름끼칠 정도로 혐오스럽고 역겨웠다. 거대한 체구에 기괴하고 기형적인 외모를 지니고 피부결은 미라 같다. 빅터 자신조차도 피조물을 소름끼치는 괴물이라고 표현한다. 빅터의 그릇된 욕망이 가족과 친구를 죽음으로 몰아넣었다. 따라서 빅터가 발전시킨 과학적 성과는 인간을 괴물의 노예로 전락시키는 결과를 가져왔다.
쟁점 2	인간의 한계를 뛰어넘은 연구에 성공했다.	프랑켄슈타인은 자신의 피조물을 감당하지 못했다.
근거	프랑켄슈타인은 죽어서 부패한 시체를 소생시키겠다는 일념으로 힘든 연구를 진행한다. 생명 발생의 원인을 찾기 위한 열망으로 연구에 몰두한 결과, 세상에 존재하지 않던 새로운 생명을 탄생시킨다. 이로써 인간은 새로운 종의 창조주가 되었으며 신의 영역을 지배하게 되었다.	프랑켄슈타인이 만든 거대하고 흉측한 괴물은 인간의 능력을 뛰어넘는 파괴적인 힘을 가졌다. 괴물은 빅터가 자신의 요구 조건을 들어주지 않자, 잔인한 공격성과 폭력성을 드러내며 협박한다. 괴물은 어느새 빅터의 피조물이 아니라 주인이 되어 있다. 이는 창조주인 빅터가 자신이 창조한 괴물을 감당하지 못한 결과이다.

쟁점 3	프랑켄슈타인의 연구 결과는 생명과학에 이바지했다.	피조물이 인간의 삶을 파괴했다.
근거	프랑켄슈타인 박사는 인류에게 공헌하겠다는 집념으로 인체의 질병을 몰아내기 위해 생명의 비밀을 밝히는 연구를 한다. 그의 연구는 오직 인간이 가혹한 죽음에 굴복당하지 않게 하기 위함이었다. 그의 연구 덕분에 발달한 생명공학 기술은 인간을 질병에서 구할 수 있었고 수명을 연장시켰다.	프랑켄슈타인은 과학자로서 꿈을 이루고자 연구에 몰두한 결과, 괴물을 탄생시킨다. 하지만 그가 만든 괴물이 막내 동생 윌리엄, 친구 클레르발, 신부 엘리자베스를 살해한다. 이에 충격을 받은 빅터의 아버지 또한 사망한다. 괴물에 의해 인간들이 죽음을 맞이하고 빅터의 삶도 파멸을 맞았다.

▎논의 배경

프랑켄슈타인은 생명 창조의 신비를 탐구해 스스로 생명을 창조하기에 이른다. 그가 창조한 괴물은 언어를 습득하고 인간의 감정까지 익힌다. 동물과 인간의 복제에 대한 논의가 활발히 진행되고 있는 오늘날 프랑켄슈타인의 연구가 인류를 진보시켰는지 토론하는 시간을 갖고자 한다.

▎용어 정의

- **프랑켄슈타인의 연구** : 생명이 없는 것에 생명을 불어넣는 연구.
- **진보** : 사회의 변화나 발전을 추구해 그 수준이 나아지는 것.

쟁점 1 **프랑켄슈타인은 새로운 생명체를 만들었다.**

프랑켄슈타인은 생명체를 만들기 위해 바깥세상과 단절한 채 죽음을 수단으로 실험에 몰두한다. 그리고 고통스런 연구 끝에 생명 발생의 근원을 밝혀내는 데 성공했으며 더 나아가 생명이 없는 것에 생명을 불어넣을 수 있게 되었다. 이러한 프랑켄슈타인의 빛나는 성취의 결과로 피조물이 눈을 떴다. 그는 거칠게 숨을 쉬었고, 발작을 일으키며 사지를 꿈틀댔다. 피조물은 사랑, 감사, 동정, 증오, 분노 등의 감정을 느낄 수 있는 존재였다. 또한 큰 키와 초인적인 능력을 지녀 보는 사람에게 장엄함마저 느끼게 했다. 프랑켄슈타인은 오랜 기간 인류가 꿈꾸었던 '새로운 생명체 창조'를 현실화했고 이로써 인류의 삶을 한 단계 발전시켰다.

쟁점 2 인간의 한계를 뛰어넘은 연구에 성공했다.

프랑켄슈타인은 죽어서 부패한 시체도 소생시키겠다는 일념으로 연구에 필요한 신체 부위를 얻고자 영안실과 공동묘지를 찾는다. 그는 힘든 연구를 진행하면서 매일 밤 고열과 함께 찾아오는 신경과민 증세에 시달린다. 하지만 생명 발생의 원인을 찾기 위한 열망으로 연구에 몰두했다. 많은 실패를 거듭한 끝에 세상에 존재하지 않던 새로운 생명을 탄생시킨다. 프랑켄슈타인 연구 덕분에 죽음으로 육체가 부패하게 된 생명을 소생시킬 수 있었고, 이를 발판으로 우수한 인간을 탄생시킬 수도 있게 되었다. 이로써 인간은 새로운 종의 창조주가 되었으며 신의 영역을 지배하게 되었다. 인간의 한계를 극복한 그의 연구로 인류가 진보한 것이다.

쟁점 3 프랑켄슈타인의 연구 결과는 생명공학 발달에 이바지했다.

프랑켄슈타인 박사는 합리적인 이성을 갖춘 과학자다. 그는 인류에게 공헌하겠다는 집념으로 인체의 질병을 몰아내기 위해 생명의 비밀을 밝히는 연구를 한다. 그의 연구는 오직 인간이 가혹한 죽음에 굴복당하지 않게 하기 위함이었다. 물론 과학의 발전으로 가져올 파국에 대한 경고의 목소리도 있다. 하지만 잉골슈타트 대학 자연철학 교수 크렘프는 빅터에게 "천재들의 노력은 아무리 잘못된 방향으로 나아간다고 하더라도, 궁극적으로는 인류에게 실질적으로 유익

한 쪽으로 방향을 틀기 마련이라네"라고 말한다. 이는 과거에 과학자들이 비현실적인 것을 추구했어도 그들의 도전이 있었기에 현대 과학이 발전했음을 뜻한다. 프랑켄슈타인 역시 끝없는 장애에 부딪치지만 자신의 연구가 과학을 나날이 발전시키며 생명공학을 위한 초석이 된다는 것을 알기에 연구에 몰두한 것이다. 그의 연구 덕분에 발달한 생명공학 기술은 인간을 질병에서 구할 수 있게 해주었고 수명을 연장시켜주었다.

❚ **논의 배경**

프랑켄슈타인은 과학기술로 생명이 없는 것에 생명을 불어넣기 위한 연구를 한다. 하지만 이는 신의 영역을 침범하기 위한 구실에 지나지 않으며 오직 인간 탐욕에서 비롯된 것이라는 비판을 받는다. 따라서 프랑켄슈타인의 연구가 인간과 사회를 진보시켰는지 토론하는 시간을 갖고자 한다.

❚ **용어 정의**

- **프랑켄슈타인의 연구** : 생명이 없는 것에 생명을 불어넣는 연구.
- **진보** : 사회의 변화나 발전을 추구해 그 수준이 나아지는 것.

쟁점 1 **프랑켄슈타인은 괴물을 창조했다.**

빅터는 시체들이 매장되어 있는 끔찍한 무덤들을 찾아다니며 생명을 창조할 준비를 한다. 이는 그의 창조물이 괴물임을 암시한다. 실제로 빅터의 창조물은 소름끼칠 정도로 혐오스럽고 역겨웠으며 매우 끔찍했다. 거대한 체구에 기괴하고 기형적인 외모를 지니고 피부결은 미라 같다. 빅터 자신조차도 "괴물의 소름끼치는 몰골을 참아내는 사람은 없을 것이다. 다시 살아난 미라도 그 추악한 놈만큼 소름끼치지는 않을 것이다"라고 표현할 만큼 서툴게 생명을 부여했던 그 악마 같은 시체가 자신에게 다가오지 않을까 신경을 곤두세웠다. 결국 인간이 넘지 말아야 할 선을 넘은 빅터의 그릇된 욕망은 가족과 친구를 죽음으로 몰아넣었다. 따라서 빅터가 발전시킨 과학적 성과는 인간을 괴물의 노예로 전락시켰다.

쟁점 2 **프랑켄슈타인은 자신의 피조물을 감당하지 못했다.**

프랑켄슈타인이 각고의 노력 끝에 만든 거대하고 흉측한 괴물은 인간의 능력을 뛰어넘는 파괴적인 힘을 가졌다. 괴물은 빅터가 자신의 요구 조건을 들어주지 않자, 잔인한 공격성과 폭력성을 드러낸다. 그리고 빅터에게 "노예 놈아, 내가 가진 힘을 명심해라. 네놈이 나를 만들었지만 네놈의 주인은 나야. 복종해!"라고 협박한다. 괴물은 어느새 빅터의 피조물이 아니라 주인이 되어 있었다. 이제 괴물의 창조주 빅터조차 비상한 능력을 지닌 그를 통제하는 것이 불가능해진 것이다. 폭압하는 피조물에 의해 가족과 친구를 잃은 프랑켄슈타인은 괴물을 죽이기 위해 그를 쫓지만, 결국 자신이 먼저 죽음을 맞이한다. 이는 창조주인 빅터가 자신이 창조한 괴물을 감당하지 못한 결과이다.

쟁점 3 **피조물이 인간의 삶을 파괴했다.**

프랑켄슈타인은 열다섯 살 때 참나무가 벼락을 맞는 것을 보고 전기에 관심을 갖게 되고 생명체를 만들기 위한 동기를 느낀다. 그리고 과학자로서 원대한 욕망을 품고 이를 이루기 위해 스스로를 학대해가며 오직 연구에만 몰두한다. 마침내 그는 실험의 결과로 괴물을 탄생시킨다. 하지만 그가 각고의 노력 끝에 만든 괴물은 막냇동생 윌리엄을 살해한다. 그리고 하녀 저스틴 모리츠가 살인범으로 오인

되어 사형을 당한다. 이 사건을 기점으로 더욱 광폭해진 괴물은 빅터가 사랑하는 친구 클레르발과 빅터의 신부 엘리자베스도 살해한다. 심지어 이 모든 사실로 충격을 받은 빅터의 아버지 알폰세까지 사망한다. 빅터가 악마, 사탄, 끔찍한 괴물이라고 부르며 공포에 떨었던 피조물에 의해 빅터의 삶도 파멸에 이르렀다. 세상에 존재해서는 안될 피조물의 탄생으로 말미암아 안타깝게 인간들이 죽음을 맞이한 것이다.

📚 참고문헌

황보종우, 『세계사 사전』, 청아출판사, 2004.

박규상 외 2인, 『세계사 용어사전』, 웅진씽크빅, 2006.

메리 셸리, 장봉진 옮김, 『프랑켄슈타인』, 다락원, 2007.

민은경, 「페미니즘 관점에서 본 『프랑켄슈타인』」, 영남대학교 교육대학원 석사논문, 2007.

닐 그랜트, 김석희 옮김, 『옥스퍼드 세계의 역사』, 랜덤하우스, 2008.

초등역사 모임, 『세계사 이야기 2』, 늘푸른 어린이, 2008.

강혜원 외 3명, 『국어 선생님과 함께 읽는 세계 명작 2』, 푸른숲 주니어, 2009.

이근호·신선희, 『이야기로 엮은 한국사·세계사 비교 연표』, 청아출판사, 2012.

강효정, 「메리 셸리의 『프랑켄슈타인』에 나타난 괴물 연구」, 동국대학교 교육대학원 석사논
문, 2016.

김현수, 『이야기 영국사』, 청아출판사, 2017.

신현수, 『통통 세계사 4』, 휴이넘, 2017.

송동훈, 『송동훈의 그랜드 투어』, 김영사, 2018.

김아름, 「페미니즘 소설에 대한 독자 반응 연구: 성별 차이를 중심으로」, 가톨릭대학교 교
육대학원 석사논문, 2019.

캐스린 하쿠프, 김아림 옮김, 『괴물의 탄생; 메리 셸리의 「프랑켄슈타인」에 숨은 과학』, 생
각의 힘, 2019.

CHAPTER 04

올리버 트위스트
Oliver Twist

• 찰스 디킨스 •

18세기 영국에서 시작된 산업혁명과 농업혁명은 새로운 기계의 발명을 불러왔다. 모든 노동이 기계화되었고, 이는 대량생산으로 이어졌다.

이러한 문명의 발전은 자본주의 경제체제가 발달하는 계기가 되었다. 그러나 이로 인해 노동력이 감소해 수많은 사람들이 일자리를 잃었고 농촌에서 도시로 몰려들었다. 도시로 몰려든 노동자들은 남자든 여자든 어린아이든, 가릴 것 없이 생계를 잇기 위해 하루 18시간의 긴 노동에 시달렸다.

산업혁명은 자본가의 삶을 풍요롭게 만든 반면 노동자의 삶을 더 비참하게 만들었다. 이후 자본주의 경제체제는 수정되고 변형되었지만 오늘날까지도 노동문제, 빈부격차 등 다양한 문제가 발생하고 있다. 찰스 디킨스의 『올리버 트위스트』를 통해 산업자본주의 발달 과정에 나타난 문제점과 사회적 약자인 아동 노동에 대해 생각해보는 시간을 갖기 위해 이 작품을 선정했다.

| 📱 수록교과서 | 중학교 역사 2, 동아출판사, 이문기 외 19인, 2019

찰스 디킨스
Charles Dickens

  찰스 디킨스(1812~1870)는 1812년 2월 7일 영국 햄프셔주 포츠머스에서 태어났다. 디킨스의 아버지는 햄프셔주에서 해군성 경리국 하급 관리로 일했는데, 그리 넉넉한 집안이 아니었음에도 낭비와 사치가 심했다. 결국 빚에 허덕이다가 감옥살이를 하게 된 아버지 때문에 디킨스는 가난에 시달리며 자랐다. 심지어 열두 살 무렵에는 집안 형편이 매우 어려워져서 스스로 생계를 책임지기도 했다. 비록 그 기간은 길지 않았으나 디킨스는 힘들고 어려운 시기를 겪었다. 궁핍한 환경에서 자란 그는 정상적인 학교 교육을 거의 받지 못했다. 디킨스는 1824년부터 1827년까지 워런 구두약 공장의 견습생으로 일했는데, 이 공장은 아주 낡았으며 쥐 떼가 들끓을 정도로 환경이 열악했다. 디킨스는 이 공장에 다니면서 초기 자본주의 사회의 어두운 이면을 체험했다.

1825년, 그의 아버지는 할머니가 남긴 유산으로 빚을 갚고 감옥에서 나와 자유의 몸이 되었다. 아버지는 디킨스를 다시 학교에 보내고자 했으나, 어머니는 그가 계속 공장에 다니기를 원했다. 결국 디킨스는 아버지의 뜻에 따라 학교에 다니게 되지만 어려운 경제 사정으로 말미암아 1827년 학교를 그만두고 변호사 사무실에 사환으로 취직했다. 이듬해에는 변호사 사무실을 그만두고 신문 기자가 되었다. 이후 찰스 디킨스는 '보즈'라는 필명으로 단편소설을 써서 여러 잡지에 투고했는데, 1836년에는 이를 모아 단편집『보즈의 스케치』를 출간했다.

1836년 찰스 디킨스는『이브닝 브로니클지』에서 함께 일하던 편집자 조지 호가스의 딸인 캐서린과 결혼했다. 그해부터 약 1년간 매월 한 번씩 연재되던『픽윅 보고서』는 그를 유명한 젊은 작가로 만들어주었다. 그리고 1838년에 출간한『올리버 트위스트』가 베스트셀러가 되어 찰스 디킨스는 작가로서 명예를 얻었다.『올리버 트위스트』는 3년간 연재한 소설을 묶어 펴낸 단행본으로, 어린 올리버의 비참한 삶을 통해 사회의 어두운 면을 고발함으로써 사람들의 공감을 불러일으켰다.

『올리버 트위스트』이후로, 디킨스는 주로 사회를 비판하는 내용을 담은 소설을 썼다. 공장에 다니면서 직접 경험한 사회에서 소외된 가난하고 어려운 사람들의 삶을 그리는 한편, 가진 자의 위선을 유머러스하게 비판하며 당대 사회의 모순을 고발했다. 그의 대표작에는『골동품 상점』,『크리스마스 캐럴』,『두 도시 이야기』,『위대한 유산』 등이 있다.

많은 작품으로 영국에서 가장 사랑받는 작가들 중 한 사람이 된 디킨스는 낭독회로 정신없이 바쁜 생애를 보냈다. 그러던 1868년 초, 미국 낭독 여행에서 병을 얻었고, 결국 1870년 6월 9일, 58세의 나이로 세상을 떠났다.

【시대사 연표】

세계사		한국사	
1789년	프랑스 대혁명	1776년	정조, 규장각 설치
1793년	마리 앙투아네트 처형	1784년	이승훈, 천주교 전도
1806년	신성로마제국 멸망	1801년	신유박해
1815년	나폴레옹, 워털루 전투에서 패배	1805년	세도정치 시작
1824년	그리스, 독립전쟁(~1829년)	1811년	홍경래의 난
1830년	프랑스 7월 혁명	1818년	정약용, 『목민심서』 저술
1838년	찰스 디킨스 『올리버 트위스트』 출간 ◀	1831년	천주교 조선 교구 설치
1838년	영국, 차티스트 운동	1839년	기해박해
1840년	아편전쟁(~1842년)	1860년	최제우, 동학 창도
1848년	프랑스 2월 혁명, 오스트리아 3월 혁명	1861년	김정호, 대동여지도 제작
1851년	청, 태평천국 운동	1863년	흥선대원군, 정권 장악
1853년	크림전쟁	1866년	병인박해, 병인양요
1857년	인도, 세포이 항쟁	1871년	신미양요
1859년	다윈, 『종의 기원』 출간	1875년	운요호 사건
1860년	베이징 조약 맺음	1876년	강화도조약
1861년	미국, 남북전쟁 일어남	1882년	임오군란
1868년	일본, 메이지유신	1883년	태극기 만듦
1870년	이탈리아 통일	1884년	갑신정변
1871년	독일 통일	1894년	동학농민운동
1882년	독일, 오스트리아, 이탈리아 삼국동맹 성립	1895년	을미사변
1884년	청·프랑스 전쟁(~1885년)	1896년	아관파천
1894년	청일전쟁(~1895년)		『독립신문』 창간
1896년	제1회 올림픽대회	1897년	대한제국 수립

산업혁명의 어두운 그늘에서 희생된
어린이 노동자들

　찰스 디킨스의 작품 활동의 배경이 되었던 빅토리아 시대는 산업
혁명에 성공한 영국이 세계 최강의 권세를 떨치며 대영제국을 세우
던 시기이다.

　제임스 와트의 증기기관 발명은 영국에 산업혁명을 불러왔으며, 대
량생산을 가능하게 했다. 새로운 기계의 발명으로 자본가들은 18세기
후반 수공업 체제에서 19세기 기계화를 통해 부를 축적하면서 물질
문명의 발전을 이루어나갔다. 이렇게 산업혁명으로 대규모의 공장
제 기계공업이 발달하자, 자본가는 더 많은 노동자를 고용해 대량으
로 제품을 생산하고 유통했다. 이는 자본주의 경제체제가 발달하는
계기가 되었으며 농업 중심 사회에서 상업 중심 사회로 변화를 이끌
었다.

산업화가 빠르게 진행되자, 농경사회가 붕괴되면서 많은 사람들이 일자리를 찾아 공장이 있는 도시로 몰려들었다. 행정적인 준비가 미흡했던 영국은 급증하는 도시 인구와 함께 발생한 문제들을 해결할 능력이 부족했다. 특히 농촌에서 도시로 이주한 노동계층은 정부로부터 어떠한 복지 혜택도 받을 수 없었다. 이들은 공장 근처의 허름한 집에 여러 가구가 모여 살았다. 당시 노동자들은 하수도 시설이 제대로 갖추어지지 않아 각종 전염병이 자주 유행하는 비위생적인 환경에 노출되었다.

산업혁명 시기의 노동자 가정의 가장은 열악한 환경에서 장시간 고된 노동과 저임금에 시달렸다. 또한 산업혁명이 진전되면 될수록 도시로 몰려드는 사람들로 인해 임금이 하락해 가장 한 사람의 수입으로는 입에 풀칠하기도 어려웠다. 그런데 더 큰 문제는 산업혁명으로 발달된 기계가 젊은 남성의 노동력을 대체하는 것이었다. 이로 인해 힘이 약한 여자와 어린아이들까지 돈을 벌기 위해 고된 노동에 내몰렸다.

이 시기에 7~14세의 아동들은 채찍질을 당하며 하루에 13시간, 심하게는 18시간씩 중노동과 배고픔에 시달렸다. 자본가들은 기계 구입에 쏟아 부은 돈을 빨리 회수하고자 노동자들에게 저임금에 장시간의 중노동을 강요했다. 이에 젊은 남성 노동자들은 고된 노동과 저임금에 심한 반항과 반발을 했다. 반면 아이들은 젊은 노동자들의 평균 주급의 10분의 1 수준의 저임금과 고된 노동에도 반항하지 않고 고분고분하게 말을 잘 들었다. 기계의 발달로 젊은 남성의 근력을 기계가 대체할 수 있었기에 젊은 남성 대신 통제하기 쉬운 어린아이를 부리는 것이 자본가에게는 손쉽게 돈을 벌 수 있는 길이었다.

　19세기 영국을 대표하는 소설가 찰스 디킨스 또한 자본가들이 선
호하는 어린 노동자 중 한 명이었다. 해군 하급 관리였던 그의 아버
지가 채무관계로 수감되면서 디킨스는 집과 학교를 떠나 돈을 벌어
야만 했다. 디킨스는 12세라는 어린 나이에 런던의 구두약 공장에서
10시간 이상 일하며 고된 노동을 몸소 체험했다. 그리고 이를 바탕
으로 산업혁명과 관련된 영국의 어두운 면을 소설화했다. 그는 『올
리버 트위스트』를 통해 산업사회의 모순과 아동 노동의 문제점에 대
해 적나라하게 폭로하고 있다. 산업 자본가들에게는 '고아원이나 구
빈원'은 풍부한 인력 공급지였다. 아동 보호시설에서 제대로 먹지
못해 몸집이 작은 아이는 굴뚝 청소에 안성맞춤이라고 여겼으며, 부
모가 없는 아이는 산업현장에서 죽어나가도 항의하는 사람이 없음
을 경제 논리에 악용했다.

　이렇게 아동의 노동이 문제가 되자, 영국에서는 1802년 식사시간
을 제외한 하루 12시간 이상의 노동일에는 어린이를 고용할 수 없
으며 야간작업을 금지한다는 법을 제정했다. 또한 1833년에는 13세
이하의 어린이들은 하루 8시간, 일주일에 6일 이상 일하지 못하도록
하는 공장법이 만들어지고, 1842년에는 10세 이하의 어린이나 여자
를 광산 노동자로 고용하지 못하도록 법을 만들었다. 하지만 노동자
들과 자본가들의 대립은 이미 심화되었고, 빈부격차 또한 커져갔다.
산업혁명을 일으킨 영국은 산업자본가의 사치스러운 삶과 노동자들
의 비참한 삶이 대비되어 자본주의의 문제점을 점점 더 심각하게 드
러냈다.

📖 작품을 이해하기 위한 용어 사전

가내수공업

17세기 서유럽에서 널리 행해지던 생산방식. 작은 규모의 일터에서 단순한 기술과 도구로 물건을 만들어내는 수공업을 뜻하며, 주로 집안에서 가족들 중심으로 이루어진다. 대개 소비자의 주문에 따라 생산하므로 만드는 양이 많지 않다. 산업혁명 전 기계공업이 발달하기 전에는 대부분의 나라에서 가내수공업을 해왔다. 그러다가 증기기관과 직기·방적기 등이 발명되면서 공장제 기계공업이 급속히 발달했다.

공산주의

개인의 재산 소유를 인정하지 않고 모든 사람들이 재산을 공동 소유함으로써 빈부의 차를 없애려는 사회제도를 말한다. 공산주의를 뜻하는 코뮤니즘(Communism)이라는 단어는 '나눔'이라는 뜻에서 왔고, 공산은 '공동으로 노동하여 생산한다'는 뜻이다. 즉 공산주의는 계급이 없는 평등한 사회를 추구한다.

이런 이론이 등장한 이유는 산업혁명이 시작되면서 노동문제와 빈부격차 등 자본주의 문제가 심화되었기 때문이다. 급기야 노동자들은 공장의 기계가 자신들의 일자리를 빼앗는다고 생각하고 공장을 습격해서 기계를 파괴하고 불을 질렀다. 그리고 노동자들은 근로조건의 개선을 요구하며 노동조합을 결성해 자본가에게 맞섰다. 이와 같은 현상에 대해 마르크스 같은 사회주의 사상가들은 산업자본가가 공장과 같은 생산수단을 독점했기 때문에 생긴 문제라고 보았다. 그래서 마르크스는 노동자들이 혁명을 일으켜 공산주의 사회로 전환해야 한다고 주장했다.

공장법

공장법이란, 영국 의회에서 여성과 아동의 노동시간을 규제하는 것을 내용으로 하는 일련의 법안들을 뜻한다. 1802년 최초로 영국에서 제정되었지만 유명무실했다. 노동현장의 문제가 날로 심각해지자 노동자들의 처우 개선을 요구하는 운동도 거세졌다. 영국 정부는 더 이상 이를 방관하기 어렵다고 판단하고 유명무실했던 기존의 공장법을 1833년 개정해 노동자에 대한 지나친 혹사를 금지했다. 또한 면공업에서 9세 미만 아동의 노동을 금지하고 18세 이하 노동자의 노동시간에 제한을 두는 등의 조항을 정했다. 공장법은 이후 수차례 개정되었고 노동자들의 노동시간은 점점 단축되었다.

근로기준법

근로자의 기본적인 생활을 보장하기 위해 헌법에 따라 근로 조건의 최저 기준을 정해놓은 법률이다. 사회·경제적으로 약자인 근로자들의 지위를 보호하고 처우를 개선하기 위해 만들어진 이 법은 근로자를 고용하는 모든 곳에 적용된다.

러다이트 운동(기계 파괴 운동)

1810년대 영국에서 일어난 기계 파괴 운동. 저임금에 시달리던 영국의 직물 노동자들이 공장에 불을 지르고 기계를 파괴한 사건을 말한다. 산업혁명으로 기계가 물건을 만들어내면서 노동자들은 일자리를 잃고 공장에서 쫓겨나거나 아주 싼 임금을 받고 고된 일을 해야 했다. 노동자들은 이런 상황이 발생한 것은 기계가 자신들의 일자리를 빼앗았기 때문이라고 생각했다. 그들은 여러 곳에서 비밀조직을 만들어 공장을 습격해서 기계를 파괴했다.

이 운동은 1811년 노팅엄셔의 직물공장에서 시작되어 이듬해에 요크셔, 랭커셔, 체셔 등으로 퍼졌다. 기계 파괴 운동을 다른 말로 '러다이트(Luddite) 운동'이라고 하는데 이것은 이 운동을 주도한 '네드 러드(Ned Ludd)'의 이름에서 유래된 것이다. 러다이트 운동이 영국을 휩쓸자, 영국 정부는 노동자들의 모임을 금지하는 법을 만들었으며, 이 운동에 참여했던 노동자들은 다시는 직장을 구하지 못하게 강하게 처벌했다.

부르주아

원래는 성에 둘러싸인 중세 도시국가의 주민을 이르는 말이었다. 그러나 근대에 와서 절대왕정의 중상주의 경제정책으로 부를 축적한 유산계급이자 시민혁명의 주체가 된 사람을 가리키는 말이 되었다. 이들은 시민혁명 이전의 시기에는 상당한 부를 소유했음에도 왕과 귀족의 지배를 받는 피지배 계급으로 존재해야 했다. 하지만 그들은 구제도의 모순을 깨뜨리려는 시민혁명을 주도한 이후 사회의 주체세력으로 등장했다. 그들이 주도한 산업혁명으로 근대 자본주의 경제체제가 형성되었다.

빅토리아 시대

1837년에서 1901년까지 무려 64년이라는 기나긴 세월 동안 빅토리아 여왕이 통치했던 시대로, 산업혁명에 성공한 영국이 세계 최강의 권세를 떨치며 대영제국을 세우던 시기를 말한다. 따라서 19세기에 세계에서 가장 크고 부유한 도시는 런던이었고 산업혁명으로 만들어진 자본가 계급은 사치스러운 생활을 즐겼다.

산업혁명을 이끈 기계의 발달

1733년	존 케이지, 자동 베틀 발명
1769년	제임스 와트, 증기기관 개량
1807년	로버트 풀턴, 증기선 발명
1814년	조지 스티븐슨, 증기기관차 발명
1825년	영국이 세계에서 처음으로 철도 개통

산업혁명의 확산

스핀햄랜드 제도

영국에서 산업혁명이 가장 활발하게 진행되었던 1795년부터 1834년까지 '스핀햄랜드 제도(Speenhamland)'가 시행되었다. 이 법은 빈민에 대한 처우 개선을 위해 만들어졌다. 따라서 노동자들은 수입이 기준치에 미달할 경우 구호금을 받을 수 있었으며 임금을 더 많이 받으려고 노력할 필요가 없었다. 스핀햄랜드 제도 때문에 노동력 공급에 문제가 생기자 자본가들은 법의 폐기를 요구했다. 결국 1834년 스핀햄랜드 제도는 폐지되었고 노동자들은 '시장'에 노동을 내다 팔아야 하는 상황에 놓였다. 이를 계기로 본격적으로 자본주의의 시장경제체제를 형성했다.

신빈민구제법

1834년 영국 정부가 내놓은 '신빈민구제법'은 빈민 구제에 들어가는 전체 비용을 줄임으로써 세금 부담을 줄이는 것을 목적으로 한다. 이는 스핀햄랜드 제도의 부작용에 대한 반발에서 비롯되었으며, 자신의 노동으로 독립적인 경제생활을 영위하는 노동자가 복지 의존자로 쉽게 전락하지 않도록 하기 위함이었다. 만약 노동 능력이 있는 자가 구호를 받으려면 빈민 수용시설, 즉 '구빈원'으로 들어가야 했다. 또한 생활조건은 노동자의 최저 생활수준보다 낮게 유지할 것을 원칙으로 삼았다.

신빈민구제법은 심각한 부작용을 불러왔다. 수많은 빈곤층이 만들어지고, 구빈원은 아동 노동의 공급지가 되었다. 또한 수용된 고아와 노동자 가족의 자녀들은 최저 12시간 최대 20시간에 이르는 살인적인 노동에 내몰렸다. 오히려 새로 만들어진 구빈법은 기득권 세력의 이익만을 지켜주고 있었으며 분배의 불평등으로 인한 계층 간의 빈부격차를 더 확대시켰다. 작품 속 올리버가 허기로 고통받는 친구를 위해 죽 한 그릇을 더 달라고 하는 장면에서 당시의 상황을 잘 알 수 있다.

인클로저 운동

영국의 지주들이 농민 경작지와 공유지에 울타리를 쳐서 자신의 소유지로 삼은 운 동이다. 인클로저(Enclosure) 운동은 총 두 차례 일어났는데, 16세기에는 더 많은 양 을 기르기 위해, 18세기에는 더 많은 곡물을 생산하기 위해 전개되었다. 이 과정에서 지주에게 밀려난 농민들이 대거 도시로 유입되어 산업혁명 때 노동력을 제공했다.

자본주의

이윤추구를 목적으로 하며 자본이 지배하는 경제체제. 자본주의는 생산수단을 소유 한 자본가와 노동력만을 소유한 임금노동자가 기본 계급을 이룬다. 자본가는 이윤 을 얻기 위해 상품을 생산하고, 노동자는 임금을 받고 생산에 참여한다. 자본주의는 영국의 모직물 산업을 중심으로 싹트기 시작했고, 18세기 후반부터 시작된 산업혁 명을 거치면서 급속히 발전했다. 19세기에는 유럽과 미국 등으로 확산되었다.

제임스 와트의 증기기관

증기기관은 물을 끓일 때 나오는 수증기를 이용해 기계를 움직이게 하는 장치다. 그 런데 증기를 만들려면 석탄을 때서 물을 끓여야 했기 때문에 증기기관이 곳곳에 쓰 이면서 석탄 공업과 철강 공업도 덩달아 발달했다. 또 기계를 만들려면 철이 많이 필요했기 때문에 철강 산업도 함께 발달했다.

증기기관으로 기계를 돌려 한꺼번에 많은 물건을 만들 수 있게 되자 자본가들은 큰 공장을 지어 더 많은 물건을 생산해냈다. 그러다 보니 많은 원료와 제품을 한꺼번에 멀리까지 실어날라야 했고 그 결과 증기로 움직이는 증기선과 증기기관차가 발명되 었다.

젠트리

젠트리(Gentry)는 영국에서 귀족으로서의 지위는 없었으나 가문의 휘장(신분이나 직무, 명예 따위를 나타내기 위해 옷이나 모자에 다는 표)을 사용할 수 있도록 허용 받은 유산 계층 을 가리키는 말이다. 16세기 이후 귀족이 몰락하면서 주요한 세력으로 성장했다. 지주·부유한 상인·전문직 종사자 등이 이에 해당하며 영국의 자본주의와 사회발전에 근간이 되었다. 신사를 뜻하는 영어 단어 '젠틀맨(Gentleman)'이 여기서 유래되었다.

프롤레타리아

프롤레타리아는 '생산수단을 소유하지 않고 자신의 노동력을 자본가에게 팔아 생활하는 노동자'를 뜻한다. 여기서 말하는 생산수단은 공장, 원재료, 기계, 토지, 건물, 교통수단 등 인간이 어떤 물건이나 재화를 만들기 위한 수단을 총칭한다. 이는 라틴어 '프롤레타리우스(Proletárius)'에서 유래되었는데, 후기 로마시대에는 가진 것 없는 최하층민 계급을 일컫는 말이었다.

카를 마르크스와 프리드리히 엥겔스는 1847년 『공산당선언』을 통해 '만국의 노동자여, 단결하라!'라는 메시지를 남겼다. 즉 프롤레타리아가 혁명을 일으켜 새로운 사회를 만들어야 한다는 것이다. 이 『공산당선언』에 영향을 받은 레닌이 러시아에서 10월 혁명을 일으켜 공산주의가 탄생했다.

빅토리아 여왕 1819~1901 [재위기간] 1837~1901	영국의 여왕. 빅토리아는 인도의 여제라는 칭호를 갖고 있다. 빅토리아 여왕은 영국 역사상 가장 오랜 기간 동안 통치했던 군주로, 1837년부터 1901년 여왕이 죽을 때까지 64년간 재임했다. 이 기간 동안 영국은 크리미아전쟁과 아편전쟁에서 승리를 거뒀고, 세포이 반란도 무난히 진압했다. 이와 더불어 산업혁명으로 경제발전을 이루고 참정권 확대와 국민 교육의 보급 등 영국을 최고 번영기로 이끌었다. 이 때문에 그녀의 통치 기간을 '빅토리아 시대'로 통칭하며 '해가 지지 않는 나라'라 했다.
카를 마르크스 1818~1883	혁명적 사회주의를 창시한 독일의 사상가. 1848년 그는 자신과 같은 생각을 가진 프리드리히 엥겔스와 함께 노동계급에 의한 혁명을 요구하는 『공산당선언』을 썼다. 그 후 그는 체포를 피해 영국 런던에 정착한다. 그의 사상은 공산주의자들만이 아니라 전 세계에 막대한 영향을 주었다.
프리드리히 엥겔스 1820~1895	독일의 사회주의 철학자. 카를 마르크스의 가장 가까운 친구이자 후원자로 마르크스와 함께 현대 공산주의 이론을 세웠다. 1848년 발표한 『공산당선언』을 함께 집필했으며, 마르크스가 죽은 뒤 『자본론』 제2, 3권을 보충·편집했다. 엥겔스는 부유하고 신앙적인 환경에서 어린 시절을 보냈으나 헤겔 사상에 심취해서 무신론자와 공산주의자가 되었다.
찰리 채플린 1889~1977	산업혁명으로 시작된 기계화와 자동화는 대량생산을 가능하게 했으며, 눈부신 경제성장을 가져왔다. 하지만 노동자의 일상은 요란하게 돌아가는 기계에 맞추어져야만 했다. 영화감독이자 배우였던 찰리 채플린은 그의 무성영화 〈모던 타임즈〉에서 공장의 켄베이어 벨트에 매달려 나사 조이는 일을 반복하는 노동자로 출연한다. 그는 이 작품을 통해 기계의 부속품과 같은 역할을 하는 공장 노동자들의 인간성 상실과 자본주의의 문제점을 신랄하게 풍자했다.

산업혁명 시대의 발명가들

제임스 와트
영국
1736~1819

새로운 증기기관을 발명한 영국의 기술자. 구식 증기기관을 수리하는 동안 증기를 농축할 수 있는 압축장치를 따로 설치하면 증기기관의 성능이 훨씬 좋아진다는 것을 깨닫는다. 그리고 성능 개선을 위한 연구를 거듭해 1769년 열효율을 크게 높인 증기기관을 발명해 특허를 받는다. 그가 만든 증기기관은 훗날 많이 개량되지만, 산업혁명의 주역이 된 기계들을 움직였다.

영국과학진흥협회는 제임스 와트의 공적을 기려 1889년 '와트(Watt)'를 일률과 동력 단위로 채택했고, 1960년 제11차 도량형총회에서 국제단위계의 하나로 채택되었다. 그의 증기기관은 기술혁신이 세상을 크게 바꾼 대표적 사례들 가운데 하나.

로버트 풀턴
미국
1765~1815

증기선을 이용해서 상업적으로 성공한 최초의 인물이다. 원래 화가로 활동하던 그는 영국에 머무르는 동안 방적기와 증기기관을 보고 기계의 발명에 관심을 가졌고 세계 최초의 실용적 증기선인 클러먼트호를 만들었다. 그가 만든 클러먼트호는 허드슨강 위를 항해하며 뉴욕에서 올버니까지 약 200킬로미터에 걸쳐 사람과 물자를 수송했다. 당시 다른 배로 이 거리를 오가려면 96시간이나 걸렸는데 클러먼트호는 3시간밖에 걸리지 않아 사람들을 놀라게 했다. 풀턴이 만든 증기선으로 강이나 바닷길을 통한 항해와 무역이 더 빨라졌고 산업혁명은 세계로 더 널리 퍼졌다.

조지 스티븐슨
영국
1781~1848

철도의 아버지. 탄광촌의 가난한 집에서 태어나 탄광촌에서 일했던 조지 스티븐슨은 열심히 기계를 연구해 와트의 엔진을 바퀴에 달아 1814년 석탄을 실어 나르는 증기기관차를 발명했다. 그는 1824년 스톡턴과 달링턴 사이에 철도를 설치해 '로커모션호'를 달리게 함으로써 철도 수송의 시대를 열었다. 또 1829년에는 리버풀과 맨체스터 사이에 철도를 놓아 증기기관차인 '로켓호'를 운행시켰다. 그가 발명한 증기기관차는 영국의 산업혁명에 크게 이바지했을 뿐만 아니라 세계의 교통수단에도 혁명을 일으켰다.

『올리버 트위스트』 쟁점과 토론

브라운로는 올리버 트위스트를
도와주어야 한다

▎등장인물 소개

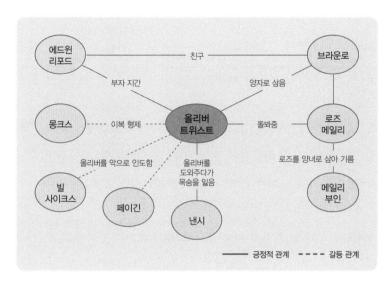

에드윈
리포드 ——————— 친구 ——————— 브라운로

부자 지간 · 양자로 삼음

몽크스 ----- 이복 형제 올리버
트위스트 · 돌봐줌 · 로즈
메일리

올리버를 악으로 인도함 · 올리버를
도와주다가
목숨을 잃음 · 로즈를 양녀로 삼아 기름

빌
사이크스 · 페이긴 · 낸시 · 메일리
부인

—— 긍정적 관계 ---- 갈등 관계

올리버 트위스트 작품의 주인공으로 태어나자마자 엄마를 잃고 불쌍한 고아로 자란다. 교구에서 운영하는 보육원에서 지내다가 죽을 한 그릇 더 먹고 싶다는 말을 한 죄로, 장의사 도제로 팔려간다. 평소 착하고 순수하지만 돌아가신 어머니를 욕하는 말에는 분노를 참지 않는다. 이후, 탈주하여 런던으로 떠났다가 페이긴의 절도단에서 생활하게 된 올리버는 사이크스 일행의 도둑질에 가담했다가 총상을 입는다. 이때 올리버를 도와준 사람들 덕분에 출생의 비밀을 알게 되고, 브라운로의 보살핌 속에서 착한 청년으로 성장한다.

아그네스 플레밍 올리버의 어머니로, 올리버의 아버지와 결혼식을 올리기 전에 객지로 떠났다가 출산 직후 사망한다. 올리버의 출신에 대한 증표로 펜던트와 편지를 남겨두었으나, 올리버의 이복형인 몽크스의 사주를 받은 범블에 의해 증표를 잃어버린다. 훗날 로즈의 친언니라는 것이 밝혀진다.

범블 교구의 하급 관리자로, 고아들을 돌보는 일을 맡고 있다. 몽크스의 의뢰를 받아 아내와 함께 올리버의 어머니에 대한 흔적을 은폐한다.

잭 도킨스 장의사에게서 도망쳐 런던으로 간 올리버에게 도움의 손길을 내미는 아이. 올리버와 같은 또래이지만 어른용 외투를 입고서 다 큰 어른처럼 행동한다. 소매치기 솜씨가 좋아서 미꾸라지라는 별명을 가지고 있다.

페이긴 도킨스를 포함해 여러 명의 꼬마 소매치기를 데리고 있는 유대인 장물아비. 런던으로 도망쳐 온 올리버에게 잠자리를 제공하지만, 그를 악의 세계로 인도한다. 사이크스가 죽은 후에 그의 죄가 드러나 교수형에 처해진다.

빌 사이크스 페이긴과 함께 일하며, 피도 눈물도 없는 난폭한 성격을 가졌다. 후에 낸시가 올리브를 도와주었다는 것을 알고 그녀를 폭행하고 살해하는데, 자신 또한 낸시에 대한 공포심으로 말미암아 목숨을 잃는다.

낸시 페이긴의 밑에서 일하며 사이크스를 가까이에서 돌보는 아가씨. 페이긴의 지시에 의해 올리버의 누나로 변장해 그를 다시 페이긴에게 데려온다. 하지만 올리버의 처지를 안타까워하여 페이긴과 사이크스 앞에서 그를 두둔한다. 올리버를 도와준 것이 들통나 사이크스에 의해 목숨을 잃는다.

로즈 메일리 올리버를 돌보아주는 착한 아가씨다. 친부모가 누군지 모르고 메일리 부인의 양녀로 자랐다. 메일리 부인의 아들인 해리에게 청혼을 받지만, 자신이 고아라는 사실이 상대에게 흠이 될까 두려워 청혼을 거절한다. 훗날 출생의 비밀이 밝혀지고, 해리와 결혼한다.

메일리 부인 도둑질을 시도하다가 총상을 입은 올리버를 간호해준다. 로즈를 양녀로 삼아 애정으로 길러왔다.

브라운로 소매치기 범죄에 휘말린 올리버를 구조해 집으로 데려온 후, 그를 치료하고 보살펴준다. 페이긴 일당의 음모로 올리버와 헤어지게 된다. 이후 다시 만났을 때 자신이 올리버의 아버지와 절친한 친구였다는 것이 밝혀져, 올리버를 양자로 삼는다.

몽크스 첫 번째 아내 사이에서 낳은 아들로, 올리버의 이복형이다. 아버지가 자신과 어머니에게는 재산을 물려주지 않고, 올리버와 올리버의 어머니에게만 재산을 상속한 것을 알고 분노한다. 재산을 갈취하고 올리버의 인생을 괴롭히는 악질이지만, 올리버는 그를 용서하고 남은 유산의 반을 나눠준다. 그러나 이내 유산을 탕진한 후 범죄를 저지르고, 감옥에서 생을 마감한다.

논제	브라운로는 올리버 트위스트를 도와주어야 한다.
추가 토론 논제	1. 국가는 어린이를 교육시키는 것에 예산을 투자해야 한다. 2. 국가는 올리버의 양육을 책임져야 한다. 3. 빈민구제소 아이들에게 직업교육을 시켜야 한다.

내용 요약	발단	올리버는 빈민구제소에서 태어난 아이로, 태어나자마자 어머니는 숨을 거두었고, 아버지는 이름도 모른다. 고아원으로 보내진 후 배고픔과 추위에 시달리며 지내던 올리버는 제비뽑기에 져서 죽을 더 달라고 요구했다가 미움을 산다. 이 일로 고아원에서 쫓겨나 장의사 도제로 일하는데, 학대를 견디지 못하고 도망쳐 무작정 런던으로 향한다.
	전개	런던을 헤매던 올리버는 페이긴이 이끄는 소매치기 무리에 들어간다. 어느 날 페이긴 부하의 소매치기에 따라갔다가 경찰에 체포되는데, 다행히도 무죄임이 밝혀져 풀려난다. 이 일로 친절한 노신사 브라운로의 보살핌을 받는다.
	위기	또다시 페이긴의 무리에게로 돌아간 뒤 부잣집을 터는 일에 끌려갔다가 총상을 입는다. 일당은 올리버를 들판에 버려두고 도망가고, 올리버는 도둑질을 하러 갔던 집의 주인인 메일리 부인과 로즈의 도움을 받아 그 집에 머물며 따뜻한 보살핌을 받는다. 올리버는 자신을 오해하고 있을 브라운로를 찾아가 사과하려 하지만, 그는 이미 서인도제도로 떠나고 없었다.
	절정	페이긴의 부하 중 한 명인 낸시는 페이긴과 몽크스가 나누는 이야기를 듣는다. 몽크스는 올리버의 이복형이며 유산을 가로채기 위해 페이긴에게 사주해 올리버를 도둑으로 만들려 했던 것이다. 또한 몽크스는 올리버의 출생에 대한 비밀을 없애기 위해 빈민구제소 소장인 범블을 매수하기까지 한다. 그러나 낸시가 그들의 음모를 로즈에게 밝힌다. 올리버와 로즈는 브라운로를 찾아가 그간의 사정을 이야기한다. 브라운로가 낸시를 만난 날, 페이긴의 부하에게 그 모습을 들킨 낸시는 사이크스에게 죽임을 당한다.
	결말	브라운로는 몽크스에게서 자백을 받아내고, 올리버를 둘러싼 출생의 비밀과 로즈가 올리버의 이모라는 사실이 밝혀진다. 또한 브라운로의 오랜 친구가 바로 올리버의 아버지라는 것도 밝혀진다. 사

		이크스는 경찰에 쫓기다가 밧줄에 목이 걸려 죽고 만다. 이후 로즈와 해리는 결혼을 하고, 올리버는 브라운로의 양자가 되어 착하고 훌륭한 청년으로 성장한다.	
생각 더하기		1. 낸시가 올리버 트위스트를 도와주지 않았다면 어떻게 되었을까? 2. 범블은 빈민구제 담당 사무관을 맡을 자격이 있었을까? 3. 브라운로는 왜 올리버를 두 번이나 도와주었을까?	
쟁점 찾기		**찬성**	**반대**
		1. 브라운로는 경제적 여유가 있다. 2. 브라운로는 도덕적 의무감을 실천해야 한다. 3. 브라운로는 올리버에게 측은한 마음을 갖고 있다.	1. 올리버를 도와주는 것은 브라운로의 선택이다. 2. 올리버 트위스트 이외에도 도움이 필요한 아이들은 많다. 3. 브라운로는 올리버를 도와줄 경제력이 있다.

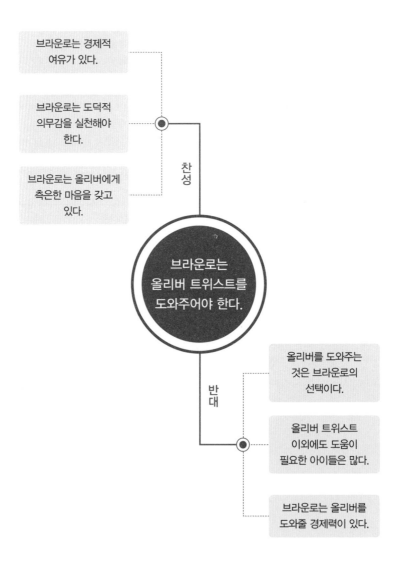

브라운로는 경제적 여유가 있다.

브라운로는 도덕적 의무감을 실천해야 한다.

브라운로는 올리버에게 측은한 마음을 갖고 있다.

찬성

브라운로는 올리버 트위스트를 도와주어야 한다.

반대

올리버를 도와주는 것은 브라운로의 선택이다.

올리버 트위스트 이외에도 도움이 필요한 아이들은 많다.

브라운로는 올리버를 도와줄 경제력이 있다.

📖 토론 요약서

논제	브라운로는 올리버 트위스트를 도와주어야 한다. (단, 올리버가 친구의 아들이 아닌 구빈원 출신 아동인 것으로 한정한다.)	
용어 정의	• 브라운로 : 정중해 보이는 인물로, 인정 많은 노신사. • 올리버 트위스트를 돕다 : 올리버의 후견인이 되어 성인이 될 때까지 물심양면으로 지원하는 것을 뜻함.	
	찬성	**반대**
쟁점 1	브라운로는 경제적 여유가 있다.	아이들을 도와주는 국가기관이 있다.
근거	올리버는 태어나자마자 고아원으로 보내져 학대를 받으며 자란다. 구빈원에 간 후에는 학대와 구박이 더 심해진다. 견디다 못해 도망친 올리버는 브라운로의 물건을 훔친 도둑으로 몰려 시민의 주먹에 맞아 쓰러진다. 브라운로는 올리버를 자신의 집으로 데려가 치료해준다. 이런 상황에 처한 올리버를 도와줄 사람은 인정 많은 브라운로밖에 없다.	국가에서는 이미 도움이 필요한 아이들을 수용하기 위해 빈민구제소와 고아원 등 여러 기관을 운영한다. 국가는 아이들에게 재워주고 먹여주는 것 이외에 직업교육도 제공한다. 올리버도 장의사 소워베리의 집에 보내져 정식 제자가 된다. 이렇게 아이들을 보살펴주는 기관과 제도가 이미 존재하므로, 브라운로가 올리버를 도와주지 않아도 된다.
쟁점 2	브라운로는 도덕적 의무감을 실천해야 한다.	올리버 트위스트 이외에도 도움이 필요한 아이들이 많다.
근거	부자로서의 도덕적 의무감이란 상류층에 맞는 양심과 행동을 이르는 말이다. 브라운로의 인품이나 경제적 수준을 보면 그가 상류층의 사람이라는 것을 알 수 있다. 왜곡되고 삐뚤어진 사람이 많은 사회에서 브라운로가 올리버에게 도덕적 의무를 실천한다면 악의 구렁텅이에 빠졌던 올리버를 구할 수 있다.	올리버가 태어나자마자 보내진 고아원에는 가난하고 돌봐줄 사람이 없는 아이들이 있었다. 아이들은 영양실조로 야위었다. 빈민구제소에 있는 아이들 또한 모두 춥고 배고픈 비참한 생활을 했다. 경제적으로 부유하며 인심이 많은 브라운로가 올리버의 후견인이 되는 것보다 구빈원에 있는 많은 아이들을 적게라도 돕는 것이 더 효율적이다.

CHAPTER **04** 올리버 트위스트 | 찰스 디킨스   145

쟁점 3	브라운로는 올리버를 도울 수 있는 경제력이 있다.	올리버를 도와주는 것은 브라운로의 선택이다.
근거	잘 꾸며진 대저택에 살고 있는 브라운로는 수석 가정부와 하인들을 두고 있으며 책을 즐겨 살 만큼 경제적인 여유가 있다. 그가 길거리에서 처음 만난 고아 소년에게 선뜻 선물을 한 것도 그만큼 경제적 여유가 있기에 가능했다. 만약 그가 올리버를 도와준다면 올리버는 브라운로처럼 훌륭한 청년으로 성장할 것이다.	브라운로가 올리버를 처음 만난 날, 그는 올리버를 도와주기 위해 자진해서 경찰서에 간다. 그리고 경찰서장에게 상황을 설명하고 다친 올리버를 데려다가 치료해준다. 이처럼 브라운로는 선의지가 있는 노신사다. 그렇다고 해서 브라운로에게 올리버의 후견인을 강요할 수는 없다. 선행은 개인의 선택이지 강제적이거나 강압적일 수 없기 때문이다.

▌논의 배경

고아인 올리버 트위스트는 육체적 노동과 배고픔에 시달렸다. 이때 노신사 브라운로가 올리버 트위스트에게 다가와 관심과 사랑을 베푼다. 그가 베푼 인정 덕분에 올리버 트위스트는 삶의 희망과 선한 용기를 되찾게 된다. 따라서 브라운로가 단지 일회성 선행이 아닌 올리버 트위스트의 후견인이 되어서 그를 도와주어야 하는지 토론해보고자 한다.

▌용어 정의

- **브라운로** : 정중해 보이는 인물로, 인정 많은 노신사.
- **올리버 트위스트를 돕다** : 올리버의 후견인이 되어 성인이 될 때까지 물심양면으로 지원하는 것을 뜻함.

쟁점 1 브라운로는 인정이 많다.

올리버의 어머니 아그네스는 구빈원에서 올리버를 낳은 직후 세상을 떠난다. 죽는 순간까지 올리버를 걱정하며 시설기관의 자비를 바라지만 이곳은 자비와 무관하다. 부랑자 시설의 고아, 굶주림에 허덕이고 매질당할 아이라는 꼬리표를 달고 태어난 올리버는 고아원으로 보내진다. 그 후 9년간 아이로서 감당하기 힘든 온갖 학대를 받고 구빈원으로 돌아오지만 학대와 구박은 오히려 더 심하다. 견디다 못해 도망친 올리버는 길에서 만난 페이긴 일당과 같이 있다가 브라운로의 물건을 훔친 도둑으로 몰려 시민의 주먹에 맞아 쓰러진다. 착한 성품을 가진 브라운로는 아무도 관심 갖지 않는 불쌍한 올리버를 자신의 집으로 데려가 정성껏 치료해준다. 이런 상황에 처한 올리버를 도와줄 사람은 도량이 넓고 인정 많은 브라운로밖에 없다.

쟁점 2 브라운로는 도덕적 의무감을 실천해야 한다.

부자로서의 도덕적 의무감이란 상류층에 맞는 양심과 행동을 이르는 말이다. 브라운로의 인품이나 경제적 수준을 보면 그가 상류층의 사람이라는 것을 알 수 있다. 브라운로는 올리버가 책방 앞에서 누명을 쓰고 경찰서로 끌려가려고 할 때 경찰관에게 "그 소년을 함부로 대하지 마시오"라고 말한다. 그리고 경찰서까지 따라와서 험악하게 생긴 경찰서장에게 "아이가 상처를 입었소. 아플까 봐 걱정이오"라고 말하며 소년이 공범일 수는 있어도 도둑은 아닌 것 같으니 법의 관대함을 보여달라고 부탁한다. 경찰서장에게 자신의 의견을 당당히 말할 수 있는 사람이라면 사회적 지위가 있다는 것을 알 수 있다. 왜곡되고 삐뚤어져 악을 가진 사람이 많은 사회에서 브라운로가 올리버에게 도덕적 의무감을 실천한다면 악의 구렁텅이에 빠진 올리버를 구할 수 있다.

쟁점 3 브라운로는 올리버를 도울 수 있는 경제력이 있다.

브라운로는 금테 안경을 쓰고 검은 벨벳 깃이 달린 코트를 입고 다닌다. 또 책방에서 책을 즐겨 살 만큼 경제적 여유가 있다. 브라운로는 올리버가 경찰서에서 쓰러졌을 때 마차를 불러 올리버를 태운

후 자신의 집으로 데리고 간다. 잘 꾸며진 대저택에 살고 있는 브라운로는 수석 가정부와 하인들에게 올리버를 돌보게 한다. 그리고 넝마장수나 사갈 법한 옷을 입고 다니는 올리버에게 새 옷, 신발, 모자를 선물한다. 길거리에서 처음 만난 고아 소년에게 선뜻 선물을 한다는 것은 브라운로가 그만큼 경제적 여유가 있다는 것을 시사한다. 만약 브라운로가 올리버를 도와준다면 고아인 올리버는 몽크스와 페이긴처럼 사악하고 방탕한 사람이 아닌, 브라운로처럼 착한 성품을 간직한 채 훌륭한 청년으로 성장할 것이다.

📖 반대 측 입론서

▌논의 배경

올리버 트위스트는 구빈원에서 태어난 후 고아원으로 옮겨졌다. 그가 살았던 시대는 거리에 부랑자가 넘쳤고 국가가 운영하는 시설에는 고아들이 넘쳐났다. 국가에서는 빈민을 구제하기 위한 구빈법을 내놓았지만 범죄로 인한 사회문제는 줄어들지 않는다. 국가도 해결하지 못하는 빈민문제를 브라운로가 단지 경제적 여유가 있다는 이유로 후견인이 되어서 끝까지 도와주어야 하는지 토론해보고자 한다.

▌용어 정의

- **브라운로** : 정중해 보이는 인물로, 인정 많은 노신사.
- **올리버 트위스트를 돕다** : 올리버의 후견인이 되어 성인이 될 때까지 물심양면으로 지원하는 것을 뜻함.

> 쟁점 1 **아이들을 도와주는 국가기관이 있다.**

빈민구제소와 고아원 등 국가에서는 이미 도움이 필요한 아이들을 수용하기 위해 여러 기관을 세워 운영하고 있다. 한 신사가 올리버에게 "넌 아버지도 어머니도 없어서 시의 보살핌을 받고 자랐으며, 이제 웬만한 일을 할 수 있을 만큼 컸으니 뭐든 배워야 한다. 이곳에서 유용한 기술을 배워라"라고 말한 것에서 알 수 있듯이 국가는 아이들에게 재워주고 먹여주는 것 이외에 직업교육도 제공한다.

올리버는 장의사 소위베리의 집으로 팔려가는 것을 원치 않았으나 이내 장의사의 정식 제자가 되어 장례 일에 익숙해진다. 올리버가 일에 적응하고, 마을 사람들도 올리버를 좋아하게 되자 소위베리는 올리버를 기특하게 여기며 귀여워한다. 이렇게 아이들이 자라 사회에서 역할을 할 수 있을 때까지 보살펴주는 기관과 제도가 이미 존재하므로, 브라운로가 올리버를 도와주지 않아도 된다.

쟁점 2 올리버 트위스트 이외에도 도움이 필요한 아이들은 많다.

올리버가 태어나자마자 보내진 고아원에는 가난하고 돌봐줄 사람이 없는 30명 정도의 아이들이 있다. 아이들은 영양가가 거의 없는 음식을 새 모이만큼밖에 먹지 못해서 영양실조로 여위었고 얼굴은 핏기 없이 창백했다. 빈민구제소에 있는 아이들 또한 모두 춥고 배고픈 비참한 생활을 했다. 구제소 관리소장은 아이들에게 달랑 죽한 사발을 한 끼 식사로 제공했다. 굶주림과 배고픔에 내몰린 구빈원 아이들은 음식을 제대로 먹지 못해 옆에서 자는 아이를 잡아먹게 될지도 모른다는 생각까지 한다. 경제적으로 부유하며 인정이 많은 브라운로가 올리버의 후견인이 되는 것보다 구빈원에 있는 많은 아이들을 조금이라도 돕는 것이 더 효율적이다. 보호가 필요한 많은 아이들을 도와줌으로써 보다 나은 사회를 만들 수 있다.

쟁점 3 올리버를 도와주는 것은 브라운로의 선택이다.

올리버는 고아원과 구빈원에서 도망쳐 런던에 온 후 범죄자들의 세계에 빠져 페이긴의 소굴에서 생활한다. 브라운로가 올리버를 처음 만난 날, 그는 올리버를 도와주기 위해 자진해서 경찰서에 간다. 그리고 올리버에게 안타까운 상황이 생기지 않도록 경찰서장에게 상황을 설명하고, 다친 올리버를 데려다가 치료해준다. 이처럼 브라운로는 선의지가 있는 노신사다. 그렇다고 해서 브라운로에게 올리버의 후견인을 강요할 수는 없다. 선행은 개인의 선택이지 강제적이거나 강압적일 수 없기 때문이다. 오히려 자발적인 선행이 그 행위를 지속시킬 수 있으며 순수한 동기가 된다. 따라서 브라운로가 책임감을 느끼는 자선이 아닌 부담스럽지 않은 범위 내에서 자선을 하는 것이 보다 바람직하다.

참고문헌

조무석, 「여성작가 메리 셸리와 『프랑켄슈타인』의 재해석」, 『한국여성학』 제524호, 한국여
    성학회, 1991.
황보종우, 『세계사 사전』, 청아출판사, 2004.
박규상 외 2인, 『세계사 용어사전』, 웅진씽크빅, 2006.
찰스 디킨스, 이승수 옮김, 『올리버 트위스트』, 대교출판, 2007.
찰스 디킨스, 이미정 옮김, 『올리버 트위스트』, 교원출판, 2007.
닐 그랜트, 김석희 옮김, 『옥스퍼드 세계의 역사』, 랜덤하우스, 2008.
초등역사 모임, 『세계사 이야기 2』, 늘푸른 어린이, 2008.
이근호·신선희, 『이야기로 엮은 한국사·세계사 비교 연표』, 청아출판사, 2012.
찰스 디킨스, 한상숙 옮김, 『올리버 트위스트』, 삼성출판사, 2013.
믹 매닝, 브리타 그랜스트룀, 장미란 옮김, 『찰스 디킨스』, 시공사, 2011.
김화자, 「찰스 디킨스 소설에 나타난 빅토리아 시대의 남성과 여성의 이미지」, 인하대학교
    대학원 석사논문, 2014.
김현수, 『이야기 영국사』, 청아출판사, 2017.
신현수, 『통통 세계사 4』, 휴이넘, 2017.
송동훈, 『송동훈의 그랜드 투어』, 김영사, 2018.

CHAPTER **05**

레 미제라블

Les Misérables

● 빅토르 위고 ●

🎀 작품 선정 이유

『레 미제라블(Les Miserable)』은 '불쌍한 사람들'이라는 뜻으로 민중에 대한 작가의 관심과 함께 사회 개혁 의지를 보여주는 사회소설이다. 유럽의 워털루 전쟁, 프랑스 왕정복고 시대, 빈 체제 밑에서 자유주의를 억압한 샤를 10세의 몰락과 '7월 시민혁명'을 소재로 하고 있다.

이 혁명의 정신인 자유·평등·박애의 이념을 통해 시민사회가 형성되었으며, 전 세계에 인권에 대한 의식 전환을 불러왔다. 자유롭고 평등한 사회를 건설하기 위해 고군분투했던 프랑스 시민혁명을 통해 민주주의의 역사를 배워보고자 이 작품을 선정했다.

| 📖 수록교과서 | 고등학교 국어, 금성출판사, 류수열 외 10인, 2018

빅토르 위고

Victor Hugo

　낭만파 시인이자 극작가, 소설가로 유명한 빅토르 위고(1802~1885)
는 1802년 2월 26일 프랑스 브장송에서 태어났다. 그의 아버지는 나
폴레옹 휘하의 장군이었고, 어머니는 왕당파 집안 출신이었다. 정치
적인 입장이 반대되었던 그의 부모는 사이가 좋지 않아 결국 헤어졌
다. 아버지를 따라 이탈리아, 스페인 등지에서 어린 시절을 보냈던
위고는 열 살이 되던 해부터 어머니를 따라 파리로 돌아왔다. 문학에
관심이 많았던 위고는 군인이 되기를 원했던 아버지의 뜻을 따르지
않고 문학가의 길을 택했다. 스무 살이 되던 1822년에 첫 시집『오드』
를, 1831년에는 불후의 걸작으로 꼽히는『노트르담 드 파리』를 발표
했다.

　18~19세기 유럽에서는 각종 변화가 일어났다. 그중 프랑스는

1789년 '프랑스 대혁명' 이후 정치적 격변기를 지나고 있었다. 나폴레옹의 집권과 왕정복고, 수차례의 혁명과 쿠데타가 있었으며 왕당파와 공화당파의 끝없는 싸움이 계속되었다.

어머니로 인해 왕당파에 대한 충성심을 가졌던 위고는 1825년 샤를 10세가 즉위할 때 왕정을 찬양하는 시를 쓴다. 그러나 샤를 10세의 철권통치에 실망한 위고는 왕당파에서 멀어진다. 1830년 '7월 혁명'을 전후하여 공화당파가 된 위고는 가난하고 억눌린 사람들의 편에 서서 자유민주주의를 위해 싸웠다.

빅토르 위고는 1851년 나폴레옹 3세가 민주주의를 배반하고 쿠데타를 일으키자 그를 비판하다가 19년 동안의 망명생활을 시작한다. 이때 여러 편의 시집과 소설을 썼는데, 그중 대표적인 작품이 장편소설『레 미제라블』이다. '레 미제라블(Les Misérables)'은 '불쌍한 사람들'이라는 뜻이다. 이 작품에서 위고는 프랑스 왕정복고 시대의 혼란 속에서 불행을 겪었던 사람들에 대한 인간애를 그렸다.

1871년 민주정부가 들어선 뒤에야 프랑스로 돌아온 위고는 국회의원이 되어 정치에 관여한다. 1885년 그가 죽었을 때, 프랑스 정부는 그의 장례를 노트르담 성당에서 국장으로 치렀고, 200만 명이 넘는 인파가 그를 추모했다.

【시대사 연표】

세계사	한국사
1776년 미국, 독립선언	1776년 규장각 완성
1789년 프랑스 대혁명, 인권선언	1784년 이승훈, 천주교 전도
1793년 루이 16세 처형	1801년 신유박해
1799년 나폴레옹, 쿠데타 성공, 통령 정부 세움	공노비 폐지
1804년 나폴레옹 1세 즉위, 법전 제정	1805년 세도정치 시작
1806년 신성로마제국 멸망	1811년 홍경래의 난
1812년 나폴레옹, 러시아 원정 실패	1818년 정약용, 『목민심서』 저술
1815년 나폴레옹, 워털루 전투 패배,	1861년 김정호, 대동여지도 제작
세인트헬레나 섬 유배	1863년 고종 즉위
1830년 프랑스, 7월 혁명	흥선대원군 집권
1840년 청·영국, 아편전쟁(~1842년)	1866년 병인박해, 병인양요
1848년 프랑스, 2월 혁명	1871년 신미양요
1851년 루이 나폴레옹, 프랑스 황제 즉위	1876년 강화도 조약
1861년 미국, 남북전쟁(~1865년)	1882년 임오군란
1862년 빅토르 위고 『레 미제라블』 출간 ◀	1894년 동학농민운동
1863년 미국, 링컨 대통령 노예 해방 선언	갑오개혁
1868년 일본, 메이지유신	1895년 을미사변
1899년 네덜란드, 헤이그 만국평화회의	1897년 대한제국 성립
1914년 제1차 세계대전 시작	1904년 러일전쟁 발발
	1905년 을사조약 체결
	1909년 안중근, 이토 히로부미 처단
	1910년 국권피탈
	1919년 3·1 운동

프랑스대혁명 이후 41년 만에
다시 찾아온 7월 혁명

이 작품은 워털루 전쟁, 왕정복고, 시민혁명 등 '격정적인 19세기 프랑스'라는 역사적 배경을 바탕으로 쓰인 소설이다.

나폴레옹이 전쟁에서 패배한 뒤, 대프랑스 전쟁을 이끌었던 오스트리아, 프로이센, 러시아, 영국 등 유럽의 열강들은 오스트리아의 수도 빈에 모여 전후 처리를 위한 회의(1814~1815)를 진행했다. 빈 회의를 통해 성립된 '빈 체제'는 절대왕정(구체제)을 유지하고 프랑스 혁명의 이념인 자유와 평등을 말살하고자 했다. 이로 인해 나폴레옹에 의해 폐위되었던 왕이나 왕조가 모두 부활되었다.

빈 체제에 따라 1815년 즉위한 루이 18세의 자유 박탈은 그다지 심한 수준은 아니었다. 그러나 1825년 왕위에 오른 샤를 10세는 구제도로 돌아가고자 하는 열망이 강했다. 그는 언론을 탄압하고, 의

회를 해산시켰으며, 선거 자격을 제한
하는 등 귀족들의 특권을 부활시켰다.
이러한 상황은 시민들의 분노를 일으
켰고 1830년에 실시된 총선거에서는
시민의 대표들에게 표를 몰아주었다.
이에 샤를 10세는 절대군주처럼 행동
하며 7월 칙령을 발표해 의회를 해산해
버렸다.

　결국 분노한 시민들은 거리로 뛰쳐나왔다. 독재자 샤를 10세를
타도하기 위한 시민군과 이를 막고자 하는 정부군은 치열한 시가전
을 벌였다. 결국 이 전투에서 시민군이 다시 승리했다. 1789년 프랑
스 대혁명의 영광이 41년 만에 되살아난 것이다. 샤를 10세를 쫓아
내는 데 성공한 이 시가전은 훗날 '영광의 3일'이라고 불리는데, 이
를 7월 혁명이라고 한다. 1830년 프랑스에 다시 찾아온 7월 혁명이
이 소설의 시대적 배경이다.

2월 혁명
일정한 재산을 가진 상층 시민에게만 선거권을 주었던 7월 왕정에 반대하는 시민과 노동자들이 주도한 혁명이다. 그들을 폭력으로 진압하자 시민과 노동자는 루이 필리프를 몰아냈고 1848년 2월 프랑스 제2공화국이 성립되었다.

7월 혁명
1830년 7월 프랑스에서 일어난 자유주의적인 정치개혁 혁명이다. 빈 체제 이후 왕정복고를 주장하는 샤를 10세에 분노한 파리 시민들이 혁명을 일으켜 샤를 10세를 몰아내고 루이 필리프를 추대하고 헌법을 제정해 입헌군주제를 실시한다.

공포정치
정권을 유지하기 위해 대중에게 공포감을 주는 정치를 말한다. 1793년 로베스피에르가 이끄는 과격한 정부가 권력을 잡고, '혁명의 적'을 탄압하는 공포정치를 펼쳤다.

공화당파
나폴레옹을 따르는 젊은이들로 구성되었다. 공화당파는 프랑스의 번영과 국민의 행복을 위해 새 정부를 세워야 한다고 주장했다. 루이 18세가 죽고, 샤를 10세와 루이 필리프가 왕위 자리를 계승하는 등 세월이 흘러도 공화당파와 왕당파의 싸움은 계속되었다.

구제도
1789년 프랑스 대혁명 이전의 사회를 총괄하는 제도를 말한다. 프랑스에서는 성직자와 귀족, 평민으로 구성되는 삼부회가 있었다. 전 인구의 2퍼센트에 지나지 않는 성직자와 귀족이 프랑스 국토 중 3분의 1 이상의 넓은 토지를 소유하고 절대왕권에 기생하면서 관직을 독점했다. 구제도는 프랑스 혁명의 촉발점이 되었다.

국민의회
프랑스 혁명 당시 성립된 최초의 근대적 의회이다.

빈 체제
프랑스와 러시아의 전쟁이 끝난 후, 빈에서 개최된 국제회의 이후에 유럽 열강들이 설립한 협력체제를 말한다. 나폴레옹이 전쟁에서 패배한 후, 유럽의 절대군주들은 유럽 사회를 나폴레옹 전쟁 이전의 상태로 되돌림으로써 기존에 누려왔던 기득권의 부활을 목적으로 '빈 체제'를 형성한다. 당시 프랑스 전쟁에 대항해 오스트리아, 프로이센, 러시아, 영국 등 유럽 열강들은 오스트리아 수도 빈에 모여 빈 회의를 개최하고, 절대왕정의 복고를 꾀한다. 또한 구체제를 유지하고자 프랑스 혁명 이후에 나타난 자유주의와 민족주의를 억압했다.

삼부회
제1신분은 성직자, 제2신분은 귀족, 제3신분은 노동자나 상민 등 평민 출신으로 구성된 프랑스의 신분제 의회를 말한다.

왕당파
프랑스 왕국과 부르봉 왕가를 지지하는 세력. 1815년 나폴레옹 전쟁이 끝난 후 부르봉 왕정복고로 다시 정권을 잡았다.

워털루 전쟁
1815년 6월 재집권한 나폴레옹 1세가 이끈 프랑스군이 영국, 프로이센 연합군과 벨기에 워털루에서 벌인 전투로, 프랑스군이 패배해 나폴레옹 1세의 지배가 끝난다.

입헌군주제
군주의 권력이 헌법에 의해 일정한 제약을 받는 정치체제. 시민혁명 이후 왕권을 제한하고자 하는 시민들의 투쟁으로 왕권과 의회가 공존·타협하는 입헌군주제가 출현했다.

프랑스 혁명
구제도의 모순으로 인해 불만이 커진 제3신분은 국민의회를 구성해 새로운 헌법 제정을 요구했다. 그러나 왕은 이를 무력으로 제압하고자 했고, 이에 분노한 파리 시민들은 바스티유 감옥을 공격한다. 전국으로 확산된 혁명으로 1789년 7월 입헌군주제와 입법의회가 구성되었다.

프랑스 왕조 계보(부르봉 왕가~현재)

부르봉 왕가(1589~1792) - 제1공화정(1792~1804) - 제1제정(1804~1815) - 부르봉 왕가(1815~1830) - 오를레앙 왕가(1830~1848) - 제2공화정(1848~1852) - 제2제정(1852~1870) - 제3공화정(1870~1940) - 임시정부(1944~1946) - 제4공화정(1946~1958) - 제5공화정(1958~현재)

루이 16세
1754~1793
[재위기간]
1774~1792

루이 15세의 둘째 손자로, 1761년에 형이자 황태자인 루이 조세프 자비에가 사망하고, 1765년 부친인 세자 루이 페르디낭이 사망하자 1774년에 즉위했다. 루이 16세는 악화된 재정문제 해결을 위해 면세특권을 가진 성직자와 귀족에게서 세금을 거두어들이려 했으나 거센 반발에 부딪친다. 당시 국왕이 새로운 세금을 부과하기 위해서는 삼부회가 필요했다. 삼부회에서 귀족과 제3신분 간에 의견 대립이 발생하자 이를 무력으로 진압했다. 이에 분노한 시민들이 바스티유 감옥을 습격하고 이내 프랑스 혁명이 시작된다. 혁명이 진행되면서 입법의회를 대신해 국민공회가 새롭게 구성되었다. 또한 왕정을 폐지하고 공화정을 선포했으며 루이 16세를 처형했다.

루이 18세
1755~1824
[재위기간]
1815~1824

루이 15세의 손자이자 루이 16세의 동생으로 빈 체제에 따라 1815년 왕으로 즉위했으며 왕정으로 돌아가고자 했다. 프랑스 대혁명에 의한 제1공화정과 뒤이은 나폴레옹의 제1제정 기간 동안 러시아, 프로이센, 영국 등에서 망명생활을 했다. 1814년 나폴레옹이 엘바 섬으로 추방되자 귀국해 왕위에 올라 입헌군주정 체제를 구축했다. 1815년 3월 나폴레옹의 파리 진군 이후 탈출했던 그는 나폴레옹이 워털루 전쟁에서 패하자 파리로 돌아와 그해 7월 8일 다시 왕위에 올랐다. 그에게는 자식이 없었기 때문에 왕위는 동생 샤를 10세에게 돌아갔다.

샤를 10세
1757~1836
[재위기간]
1824~1830

루이 15세의 손자이자 루이 16세의 동생이다. 나폴레옹이 패전한 후, 빈 체제에 의해 프랑스는 다시 왕정이 실시되었다. 형 루이 18세가 자식 없이 사망하자 왕위에 오른 그는 의회를 해산하고 언론을 탄압하는 등 절대왕정으로 돌아가고자 했다. 샤를 10세의 왕정복고 운동에 화가 난 파리 시민들은 혁명을 일으켜 그를 쫓아내고 헌법을 제정해 입헌군주제를 실시했다. 이후 유럽 전역에서 망명생활을 하다가 1836년 오스트리아에서 사망했다.

로베스피에르
1758~1794

프랑스 대혁명 당시 급진파의 지도자로 공포정치를 펼쳤다. 루이 16세와 반대파 수천 명을 단두대에 올렸을 만큼 냉정한 인물이다. 로베스피에르는 귀족의 특권을 폐지하고 보통선거를 실시하는 '자코뱅 헌법'을 만들 정도로 청렴했다. 그러나 그의 집권기간은 3개월을 채 넘기지 못했다. 1794년 의회에 의해 숙청되고 그 또한 단두대에서 삶을 마감했다.

나폴레옹 1769~1821 [재위기간] 1804~1815	프랑스의 군인이자, 제1통령이며 스스로 황제가 되었다. 본명은 나폴레옹 보나파르트. 1790년대에 뛰어난 장군이었던 그는 프랑스 통치자가 되고, 1805년에 황제의 자리에 올랐다. 역사상 최후의 위대한 정복자로서 유럽의 여러 나라를 침략하며 세력을 팽창했다. 그러나 러시아 원정의 실패로 엘바 섬에, 워털루 전투 패배로 세인트헬레나 섬에 유배되었다. 나폴레옹은 많은 사람을 죽인 인물이지만, 유럽인들에게 프랑스 혁명의 자유사상을 전파하는 역할을 했다.
루이 필리프 1773~1850 [재위기간] 1830~1848	7월 혁명 이후 루이 필리프는 '시민의 왕'으로 추대되었다. 이후 프랑스에서는 산업혁명이 진행되어 산업 부르주아와 노동자 계급이 성장했다. 이들은 자신들의 권리를 대변해줄 대표를 의회로 보내기 위해 선거권을 요구했다. 그러나 루이 필리프는 상층 부르주아에게만 선거권을 주었으며, 이에 항의하는 사람들을 폭력으로 진압했다. 불만이 고조된 파리 시민들은 혁명을 일으켜 그를 몰아내고 공화정을 세웠다. 루이 필리프는 1850년 8월 26일에 생을 마감했다.
나폴레옹 3세 1808~1873 [재위기간] 1852~1870	나폴레옹 1세의 조카로, 루이 보나파르트의 아들이다. 1848년 2월 혁명으로 공화정이 들어섰을 때 프랑스 대통령으로 선출되었다. 1851년 12월 나폴레옹 3세는 쿠데타를 일으켜 의회를 해산하고 헌법을 고쳐 공화정 체제를 붕괴시켰다. 1852년 12월 황제가 되어 제2제국을 선포했다. 그는 자유주의적인 통치를 시행하고, 다른 나라의 자유주의 운동을 지원했지만, 1870~1871년에 프로이센과의 전쟁에서 참패함으로써 그의 제국은 무너졌다.

Les
Misérables

장 발장을 놓아준
자베르 경감의 행동은 옳다

▌등장인물 소개

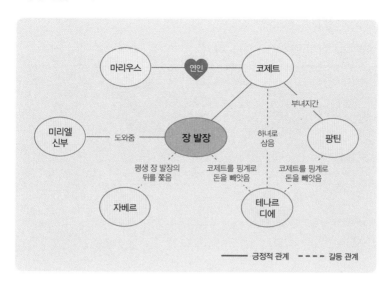

장 발장 빵 한 조각을 훔쳤다가 19년간 감옥살이를 한다. 미리엘 신부의 자비를 통해 어려운 사람들을 도와주는 따뜻한 사람으로 다시 태어난다. 고아가 된 코제트를 친딸처럼 돌본다.

자베르 장 발장을 쫓는 형사이다. 장 발장에 대한 의심을 거두지 않으며 자신의 임무에 충실하다.

미리엘 신부 장 발장에게 자비와 사랑을 베푸는 온화한 신부이다.

코제트 팡틴의 딸이며, 테나르디에에게 맡겨져 하녀 생활을 한다. 장 발장의 도움으로 구출되어 그의 보살핌을 받는다.

팡틴 딸 코제트를 지극히 사랑하는 여인으로, 가난하고 고생스러운 삶을 살다가 병에 걸려 죽는다.

테나르디에 팡틴의 딸 코제트를 맡아주는 여관 주인이다. 코제트를 핑계로 팡틴에게 돈을 뜯어내며, 돈을 위해서 수단과 방법을 가리지 않는 비열한 인물이다.

마리우스 혁명 단원으로 활동하는 청년으로, 코제트를 사랑한다.

논제	장 발장을 놓아준 자베르 경감의 행동은 옳다.
추가 토론 논제	1. 생계형 범죄는 정상 참작이 필요하다. 2. 장 발장이 받은 형량은 적절하다. 3. 장 발장을 용서해준 미하엘 신부의 행동은 옳다.

내용 요약	발단	장 발장은 굶주린 일곱 조카들을 위해 빵을 훔친 죄로 19년간 죄수 생활을 한다.
	전개	장 발장은 과거를 잊고 사회에 적응하려 했지만, 사회를 원망하는 마음 때문에 다시 타락의 길로 들어선다. 그러나 은촛대를 훔친 자신을 용서해준 미리엘 신부 덕분에 새로운 삶을 살기로 결심한다.
	위기	장 발장은 '마들렌'이란 이름으로 새 인생을 시작한다. 그는 공장의 사장으로, 그리고 도시의 시장으로서 많은 사람의 존경을 받는다. 하지만 자베르 경감에게 장 발장이 아니냐는 의심을 받고 위기에 처한다. 이 소용돌이 속에서 그는 자신의 공장에서 일하다가 불행을 맞이한 팡틴과의 약속을 지키기 위해 다시금 도망자가 된다.
	절정	장 발장은 팡틴과 약속한 대로 그녀의 딸 코제트를 보살핀다. 코제트는 혁명을 꿈꾸는 청년 마리우스와 사랑에 빠지지만 혼란의 시대는 이들의 사랑을 쉬이 허락하지 않는다.
	결말	그 무렵 시민혁명이 일어난다. 장 발장은 혁명군에 가담했다가 부상을 입은 마리우스를 구해주고, 마리우스와 코제트의 결혼을 허락한다. 이후 장 발장은 자신의 모든 재산을 코제트에게 물려주고 숨을 거둔다.

생각 더하기	1. 장 발장이 탈옥하지 않고 주어진 형량대로 복역했다면 어떻게 되었을까? 2. 가난은 개인의 책임인가, 국가의 책임인가? 3. 미리엘 주교는 왜 은그릇을 훔쳐간 장 발장에게 은촛대까지 주었을까?

	찬성	반대
쟁점 찾기	1. 장 발장은 잘못을 뉘우치고 주변 사람들에게 선행을 베풀었다. 2. 장 발장이 자베르를 살려주었다. 3. 자베르는 장 발장을 존경하게 되었다.	1. 장 발장은 잘못에 대한 죗값을 제대로 치르지 않았다. 2. 자베르가 자신의 직무를 다하지 않았다. 3. 자베르는 평생 장 발장을 뒤쫓았다.

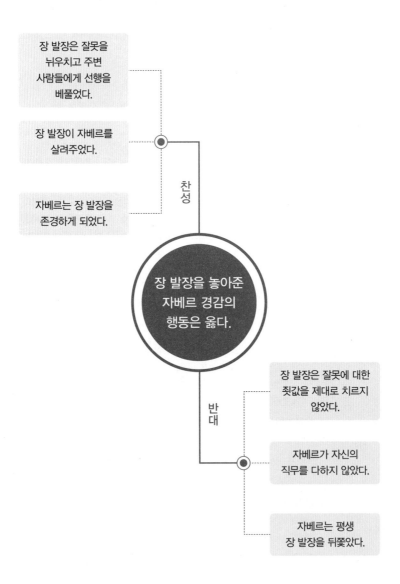

장 발장은 잘못을
뉘우치고 주변
사람들에게 선행을
베풀었다.

장 발장이 자베르를
살려주었다.

자베르는 장 발장을
존경하게 되었다.

찬성

장 발장을 놓아준
자베르 경감의
행동은 옳다.

반대

장 발장은 잘못에 대한
죗값을 제대로 치르지
않았다.

자베르가 자신의
직무를 다하지 않았다.

자베르는 평생
장 발장을 뒤쫓았다.

논제	장 발장을 놓아준 자베르 경감의 행동은 옳다.	
용어 정의	자베르 경감의 행동 : 범죄자 장 발장을 체포할 수 있는 상황에서 그를 살려준 것을 뜻함.	
	찬성	반대
쟁점 1	장 발장은 잘못을 뉘우치고 주변 사람들에게 선행을 베풀었다.	장 발장은 잘못에 대한 죗값을 제대로 치르지 않았다.
근거	미리엘 신부의 도움을 받은 장 발장은 주교처럼 성스러운 삶을 살고자 노력한다. 출소 후 몽트뢰유에서 사업가로 크게 성공한 그는 가난한 사람들을 돕기 위해 애쓴다. 시내 병원 시설을 위해 돈을 기부했고 학교와 보육원을 세웠으며, 병든 노동자를 위해 구제기금을 모으기도 했다. 이 지역 사람들은 장 발장을 존경하고 사랑한다.	장 발장은 빵을 훔치다 가택 침입 및 절도죄로 체포된다. 그리고 출소 후에도 몇 번이나 범죄를 저지른다. 갈 곳 없는 장 발장에게 호의를 베푼 미리엘 주교의 은그릇을 훔치고, 어린 아이인 프티 제르베의 돈을 훔친다. 심지어 전과자라는 과거를 숨기기 위해서 신분을 위조한다. 자베르는 장 발장이 저지른 잘못에 대한 죗값을 치르게 하기 위해 범법자인 장 발장을 쫓은 것이다.
쟁점 2	장 발장이 자베르를 살려주었다.	자베르가 자신의 직무를 다하지 않았다.
근거	장 발장과 자베르는 혁명 전야에서 다시 마주친다. 자베르는 혁명 당시 신분을 속이고 밀정을 하다가 혁명 단원에게 들켜 총살당할 위기에 처한다. 그때 장 발장이 위기에 처한 자베르를 발견하고 그의 목숨을 구한다. 그가 자베르를 살려준 것은 사랑과 관용을 실천하기 위함이었다. 이제 자베르 또한 장 발장에게 관용을 베풀어 자유를 허락해야 한다.	자베르는 범죄로부터 국민을 보호하고 범죄를 예방하기 위해 최선을 다해야 한다는 경찰관의 직무를 명확히 이해하고 있었다. 그는 성품이 착하고 성실하며 직업 정신이 투철했다. 그리고 국가의 법을 어기고 범죄를 저지른 사람들을 경멸했으며 절대로 용서하는 법이 없었다. 자베르가 총경으로서 자신의 역할을 다하기 위해서는 장 발장을 체포해야 한다.

쟁점 3	자베르는 장 발장을 존경하게 되었다.	자베르는 평생 장 발장을 뒤쫓았다.
근거	장 발장은 타고난 천성이 성실하고 지혜로웠다. 팡틴을 위해 그녀의 딸 코제트를 데려다 키우고, 샹마티유라는 가엾은 사나이를 구하기 위해 감옥에 갇힐 것을 알면서도 자신의 신분을 밝힌다. 또한 마리우스를 구하기 위해 찾은 바리케이드에서 자신을 쫓는 자베르에게 이미 붙잡힌 몸이니, 마리우스를 집에 데려다준 후 자신을 체포해줄 것을 부탁한다. 자베르는 동정심이 많고 선량한 장 발장을 보며 거룩함을 느끼고 존경하게 된다.	탈옥수 장 발장은 여러 번 절도죄를 지어 오래전부터 당국이 수배 중이었다. 이 사실을 알았던 자베르는 마들렌이라는 이름으로 신분을 세탁하고 시장으로 지내는 장 발장을 고발한다. 또다시 감옥에 잡혀 들어간 장 발장은 탈옥을 감행했다. 자베르는 경찰로서 사명감을 가지고 장 발장을 벌주기 위해 그를 쫓는다. 자베르는 자신의 경찰 생활 내내 장 발장이라는 위험인물을 뒤쫓았다.

▌논의 배경

빵 한 조각을 훔친 죄로 19년이나 수감되었다가 출소한 장 발장은 미리엘 주교에 의해 양심을 일깨운다. 그리고 '다시 태어난 삶'을 살면서 많은 선행을 베풀었다. 장 발장의 이런 행동은 몽트뢰유의 많은 사람들에게 감동을 주었고 급기야 존경과 사랑을 받았다. 선행을 베풀며 양심을 지키기 위해 노력했던 장 발장에게 감동한 자베르는 힘겨운 고뇌를 하지만 결국 그를 놓아준다. 따라서 장 발장을 놓아준 자베르 경감의 행동에 대해 토론하는 시간을 갖고자 한다.

▌용어 정의

- **자베르 경감의 행동** : 범죄자 장 발장을 체포할 수 있는 상황에서 그를 살려준 것을 뜻함.

쟁점 1 **장 발장은 잘못을 뉘우치고 주변 사람들에게 선행을 베풀었다.**

미리엘 신부에 의해 다시 태어난 장 발장은 주교처럼 성스러운 삶을 살고자 노력했다. 장 발장은 감옥에서 출소한 후 몽트뢰유에서 사업가로 크게 성공한다. 그는 굶주린 사람들이 자신을 찾아오면 서슴지 않고 일자리와 빵을 주었다. 장 발장은 성공한 사업가였음에도 극도로 검소한 생활을 하면서 배가 고파서 빵을 훔치는 사람이 없도록 세심하게 마을 사람들을 보살폈다. 사업가로서 돈만을 목적으로

하지 않았던 장 발장은 이미 시와 가난한 사람들을 위해 100만 프랑 이상을 썼다. 또 시내 병원 시설을 위해 돈을 기부했고 학교를 두 개나 세웠으며, 보육원은 물론 늙고 병든 노동자를 위해 구제기금을 모으기도 했다. 이 지방 141개 마을 가난한 사람들은 모두 그에게 은혜를 입었다. 이 지역 사람들은 그들에게 아버지 같은 존재가 돼 주었던 장 발장을 존경하고 사랑했다. 장 발장은 이렇게 과거의 잘못을 속죄하고 양심의 가책을 느껴 진심을 다해 사회에 헌신했다.

쟁점 2　장 발장이 자베르를 살려주었다.

　존경받는 시장에서 탈주자가 되어 숨어 살던 장 발장은 혁명 전야에서 자베르를 다시 만난다. 자베르는 혁명 당시 신분을 속이고 밀정을 하다가 혁명 단원에게 들켜 바리케이드가 점령되기 직전에 총살당할 위기에 처한다. 그때 마리우스를 구하기 위해 바리케이드를 찾은 장 발장은 위기에 처한 자베르를 발견한다. 그리고 혁명 단원들에게 자신이 자베르를 처치하겠다고 이야기한다. 잠시 후 장 발장은 아무도 보이지 않는 곳으로 자베르를 데려간 후 "바다가 땅보다 더 넓고 하늘은 그보다 더 넓소. 그러나 하늘보다 더 넓은 것이 있지요. 그것은 바로 용서라는 관대한 마음이오. 이제 당신은 자유요"라고 말하며 자베르를 풀어준다. 그가 자베르를 살려준 것은 사랑과 관용을 실천하기 위함이었다. 자베르 또한 장 발장에게 사랑과 관용을 베풀어 자유를 허락해야 한다.

자베르는 장 발장을 존경하게 되었다.

장 발장은 타고난 천성이 성실했으며 지혜가 있는 사람이었다. 인생의 밑바닥에서 외롭게 죽은 팡틴을 위해 그녀의 딸 코제트를 데려다 키우고, 생명의 위험을 무릅쓰고 마차에 깔린 포슐르방을 구해냈다. 그리고 상마티유라는 가엾은 사나이를 구하기 위해 감옥에 갇힐 것을 알면서도 자신의 신분을 밝힌다. 장 발장은 양심을 지키기 위해 모든 것을 포기했다. 또한 장 발장은 마리우스를 구하기 위해 죽음이 난무하는 바리케이드로 향한다. 그리고 자신을 쫓는 자베르에게 이미 붙잡힌 몸이니, 마리우스를 집에 데려다준 후 자신을 체포해줄 것을 부탁한다. 동정심이 많고 선량하며 불행한 자를 도울 줄 아는 장 발장은 인간이라기보다 천사에 가까운 전과자였다. 자베르는 그런 장 발장을 보며 거룩함을 느꼈다. 자베르는 영혼까지 장 발장을 존경하게 되었다.

▌ 논의 배경

　장 발장은 19년의 옥고를 치르고 출소했다. 그의 신분증명서에는 '위험한 자'라는 글씨가 새겨져 있었다. 출소 후 자신이 저지른 죄의 뉘우침보다 형벌의 가혹함과 사회에 대한 분노만 느꼈던 장 발장은 자신의 신분증명서를 찢어버리고 신분을 위조한 후 숨어 산다. 이후 자베르를 피해 다니며 성공한 사업가가 되어 자비와 선행을 베푼다. 순간적인 판단으로 평생을 뒤쫓았던 장 발장을 놓아준 자베르 경감의 행동이 옳은지 토론하는 시간을 갖고자 한다.

▌ 용어 정의

• **자베르 경감의 행동** : 범죄자 장 발장을 체포할 수 있는 상황에서 그를 살려준 것을 뜻함.

　쟁점 1　**장 발장은 잘못에 대한 죗값을 제대로 치르지 않았다.**

　장 발장은 빵을 훔치다 가택침입 절도죄로 체포되었다. 그는 5년 징역을 언도받아 교도소에 수감되었다. 그리고 네 번의 탈옥 기도로 14년의 형이 더 추가되어 19년 만에 출소한다. 미리엘 주교는 출소한 후 갈 곳 없는 그에게 호의를 베푼다. 하지만 그는 미리엘 주교가 소중히 여기던 200프랑이 넘는 은그릇을 훔친다. 빠르게 사제관을 도망쳐 나온 장 발장은 프티 제르베의 40수은화까지 훔친다. 또 장 발장은 돈을 돌려달라며 흐느껴 우는 소년에게 "어서 썩 꺼지지 못해!"라며 고함을 칠뿐 돈을 돌려주지 않는다. 이후 장 발장은 몽트뢰유에 정착한다. 그리고 전과자라는 과거를 숨기기 위해서 마들렌으로 신분을 위조하고 살아간다. 성공한 사업가로 변신한 장 발장은 마을 사람들에게 자선을 많이 베푼다. 하지만 자선을 베풀었다고 해서 죄가 없어지는 것은 아니다. 자베르는 장 발장이 저지른 잘못에 대한 죗값을 치르게 하기 위해 범법자인 장 발장을 쫓은 것이다.

쟁점 2 **자베르가 자신의 직무를 다하지 않았다.**

민중의 지팡이라 불리는 경찰관은 범죄로부터 국민의 생명과 신체, 재산을 보호하고 범죄를 예방하기 위해 최선을 다해야 한다. 경찰관의 직무를 명확히 이해했던 자베르는 착한 성품을 가지고 있었지만 경찰관으로서는 잔인할 정도로 성실하며 직업 정신이 투철했다. 그는 권력에 대한 존경과 반역에 대한 증오를 갖고 있었다. 그에게 반역이란 도둑질이나 살인, 그 밖의 다른 모든 범죄를 말하는 것이다. 자베르는 국가의 법을 어기고 범죄를 저지른 사람들을 경멸하고 미워했다. 그리고 절대로 용서하는 법이 없었으며 타협도 없었다. 그는 자신의 아버지라도 형무소에서 탈옥을 했다면 체포했을 것이고 어머니라도 법을 어기면 고발한 정도로 강직한 경찰관이다. 자베르가 총경으로서 책임을 다하기 위해서는 장 발장을 체포해야 한다.

쟁점 3 **자베르는 평생 장 발장을 뒤쫓았다.**

탈옥수 장 발장은 마들렌으로 신분을 위조한 후 사람들의 존경을 받으며 살아간다. 하지만 그는 오래전부터 당국에 수배 중이었으며 여러 번 강도짓을 했다. 이런 사실을 알았던 자베르는 마들렌이라는 이름으로 신분을 세탁한 채 시장으로 지내는 장 발장을 고발한다. 장 발장은 처음 감옥에 들어갔을 때에 여러 번의 탈옥으로 복역 기간이 14년이나 늘었음에도 또다시 탈옥을 감행했다. 자베르는 경찰로서 사명감을 가지고 장 발장을 벌주기 위해 거지로 변장하고 그를 쫓는다. 포위당한 장 발장을 눈앞에서 아쉽게 놓친 자베르는 그를 잡기 위해 고군분투한다. 얼마 뒤 혁명 단원들 사이에서 장 발장과 마주친 자베르는 그를 보자마자 경시청으로 향했고, 국장에게 지금까지 있었던 일을 보고한 후, 절도범이자 탈옥범인 장 발장을 쫓기 위해 그를 따라간다. 자베르는 자신의 경찰 생활 내내 장 발장이라는 위험인물을 뒤쫓았으므로 반드시 체포해야 한다.

📚 참고문헌

김영철, 「소설 『레 미제라블』을 읽고 나서 : 한 교육학적 독후감」, 『한국교육인류학회』 제5권
　　　제2호, 2002.
황보종우, 『세계사 사전』, 청아출판사, 2004.
박규상 외 2인, 『세계사 용어사전』, 웅진씽크빅, 2006.
빅토르 위고, 장본진 옮김, 『레 미제라블』, 다락원, 2007.
닐 그랜트, 김석희 옮김, 『옥스퍼드 세계의 역사』, 랜덤하우스, 2008.
초등역사 모임, 『세계사 이야기 2』, 늘푸른 어린이, 2008.
이근호·신선희, 『이야기로 엮은 한국사·세계사 비교 연표』, 청아출판사, 2012.
신현수, 『통통 세계사 4』, 휴이넘, 2017.
송동훈, 『송동훈의 그랜드 투어』, 김영사, 2018.
빅토르 위고, 나혜란 옮김, 『레 미제라블』, 밀리언셀러, 2019.
이문기 외 18명, 『중학교 역사 ②』, 동아출판, 2019.

CHAPTER 06

인형의 집
Et dukkehjem

● 헨리크 입센 ●

작품 선정 이유

헨리크 입센이 지인 이야기를 소재로 쓴 소설 『인형의 집』은 19세기 문제가 되고 있던 여성의 사회적 지위와 결혼 관계에 대한 불평등을 잘 보여준다. 결혼 생활 속에서 내적 자유나 자아실현은 말할 것도 없고 결혼 생활의 불합리함과 인간으로서 존중받지 못하는 여성의 사회적·문화적 환경을 소재로 하고 있다.

사회문제와 관습에 따른 영향으로 학습, 취업, 결혼, 가정생활, 소비 등의 활동에서 남성과는 다르게 가부장제 문화에 구속받아온 여성의 삶에 대해 생각해보고, 최근 우리 사회에 이슈가 되고 있는 페미니즘의 역사를 알아보고자 이 작품을 선정했다.

| 수록교과서 | 고등학교 문학, 천재교과서, 김동환 외, 2015

헨리크 입센

Henrik Ibsen

헨리크 입센(1828~1906)은 1828년 3월 20일, 노르웨이 남부의 항구 도시인 텔레마르크주 시엔에서 태어났다. 부유한 상인이었던 그의 아버지의 사업이 실패하는 사람에 경제적 어려움을 겪으며 자랐다. 입센은 15세가 되던 1844년부터 그림스타드 마을에서 6년간 약사 보조로 일하며 의사가 되고자 외과 대학에 진학했으나 결국 꿈을 이루지 못했다. 대학 진학을 준비하는 과정에서 1850년에 첫 작품 『카탈리나』를 발표했으나 그다지 인기를 끌지 못했다. 그러나 이듬해에 발표한 『전사의 무덤』이라는 희곡이 국립극장에 상연된 것이 계기가 되어 본격적인 작가의 길을 걸었다.

1851년 음악가 O. B. 불에 의해 베르겐에서 개관한 국민극장의 전속 작가 겸 무대감독으로 초청받아 일하면서 무대 기법을 연구했는데, 이것이 극작가로 성공하는 밑거름이 되었다. 1857년에는 수도 크리스티아니아(현재의 오슬로)에 있는 노르웨이 극장의 지배인으로 직장을 옮겼으나, 경영난으로 5년 만에 문을 닫았다. 그즈음에 발표했던『사랑의 희극』과『왕위를 노리는 자』라는 작품이 관심을 끌지 못하자 이탈리아로 가서 그리스·로마의 고대 미술을 접했다.

힘들었던 오랜 무명생활이 끝난 것은 1866년에 발표한『브랑』이 성공을 거두었을 때였다. 이 작품을 통해 노르웨이 최고의 극작가로 발돋움한 헨리크 입센은『사회의 기둥』,『인형의 집』,『유령』,『바다에서 온 부인』등의 작품을 잇달아 발표했다. 그중 1879년에 발표한『인형의 집』은 전 세계에 화제가 된 작품으로, 근대 사상과 여성해방 운동에 상당한 영향을 미쳤다. 헨리크 입센은 말년에 자신의 생애를 회상하는『건축자 솔네스』,『우리들 사자(死者)가 눈뜰 때』등의 작품을 완성한다.

근대극의 아버지라고 불리며 유럽의 위대한 극작가들 중 한 사람으로 알려진 헨리크 입센은 일생 동안 26편의 희곡과 시집 한 권을 완성했다. 그가 발표한 작품은 셰익스피어의 작품에 버금갈 만큼 상영되어왔다. 입센의 희곡이 지금까지도 많은 사랑을 받는 이유는 그가 작품을 통해 사회문제를 다루며 인간에 대한 현실적인 인식을 다룬 화제작을 집필했기 때문이다. 평생 극작가로서 수많은 걸작을 남긴 입센은 건강 악화로 1906년 5월 23일, 78세의 나이로 세상을 떠났다.

【시대사 연표】

세계사	한국사
1838년 영국, 차티스트 운동 발발	1839년 기해박해
1840년 아편전쟁(~1842년)	1860년 최제우, 동학 창시
1848년 프랑스, 7월 혁명	1861년 김정호, 『대동여지도』 제작
1851년 루이 나폴레옹, 쿠데타 발발	1862년 임술민란
1853년 크림전쟁	1863년 고종 즉위
1861년 미국, 남북전쟁	흥선대원군 집권
1863년 링컨, 노예 해방 선언	1865년 경복궁 중건(~1872년)
1868년 일본, 메이지유신 단행	1866년 병인양요
1869년 수에즈 운하 개통	제너럴셔먼호 불탐
1870년 프랑스와 프로이센 전쟁	1871년 신미양요
1879년 헨리크 입센 『인형의 집』 출간 ◀	1875년 운요호 사건
1882년 독일, 이탈리아, 오스트리아 삼국동맹	1876년 강화도 조약 체결
1894년 청일전쟁(~1895년)	1882년 임오군란
1902년 영일동맹	1884년 갑신정변
1904년 러일전쟁(~1905년)	우정국 총국
1907년 삼국협상, 만민평화회의	1894년 동학농민운동
1911년 중국, 신해혁명	갑오개혁
1912년 청 멸망	1895년 을미사변
중화민국의 성립	1896년 아관파천
1914년 제1차 세계대전 발발(~1918년)	1897년 대한제국 수립
1917년 러시아 혁명	1898년 만민공동회 개최
1919년 베르사유 조약	1904년 한일 의정서 체결
1920년 국제연맹 성립	1905년 을사조약
1929년 미국, 대공황 발생	1907년 고종 황제 퇴위
1933년 미국, 뉴딜정책 실시	1910년 국권피탈
독일, 히틀러 집권	1919년 3·1 운동
	대한민국 임시정부 수립
	1932년 이봉창, 윤봉길 의거

『인형의 집』속 세계사 공부

최초의 페미니즘 희곡,
여성의 주체적 자아를 찾아서

이 작품의 주인공 '노라'는 주체적인 자아를 찾아가는 여성을 상징하는 이름이 되었으며, 『인형의 집』은 근대 사상과 여성해방운동에 큰 영향을 끼쳤다.

작품 속 노라의 남편 헬메르는 자신의 아내를 '종달새', '다람쥐'라 부르며 남편에게 의존하는 나약한 존재로 인식하고 성인으로서 아내의 인격을 조금도 존중하지 않는다. 헬메르는 어린아이에게 하듯 노라에게 과자 먹는 것을 금지하며, 우체통 열쇠도 주지 않는 등 성인으로서 인권과 결정권을 박탈한다. 이처럼 19세기 유럽에서는 여성이 남성에게 종속된 삶을 사는 것을 당연시했다. 여성은 법적으로 어린아이와 다를 바가 없었으며 보호자인 남편의 허락 없이는 혼자 할 수 있는 것이 없었다. 여성의 모든 재산권 및 법적 권리 또한 남편에게 귀속되었으며 아내는 남편의 후견에 종속되는 미성년에 머물러야 했다.

　작품 속 노라가 아버지의 서명을 위조해 몰래 돈을 빌렸던 이유는 당시 유럽이 법적으로 남편이나 아버지의 동의 서명 없이는 여성에게 돈을 빌려주지 않았기 때문이다. 남성 위주의 사회에서 남성이 만든 법은 여성을 남성과 같은 사회인이나 성인으로 살아가지 못하게 만들었다. 이렇듯 당시 여성의 권위는 절대적으로 낮았으며, 모든 사회는 남성 중심으로 돌아갔다. 사회는 단지 여성에게 '아내', '어머니'로서의 책임과 의무만 강요했을 뿐 그 어떤 권리도 허락하지 않았다. 여성의 사회적인 역할은 그저 아내와 어머니로서 육아와 가사노동이 전부였다. 특히 인간의 기본권인 참정권이 여성에게 허락되지 않은 것은 당연한 일이었다.

　노라는 지금껏 자신이 겪은 불합리함에 대항하는 인물로, 여성의 권리와 자유를 억압하는 사회 속에서 남편의 인형으로 살아왔던 '인형의 집'을 과감하게 탈출해 자유를 찾고자 했다. 『인형의 집』이 오늘날 페미니즘의 시초로 알려져 있지만 헨리크 입센이 여성해방운동의 목적으로 집필했던 것은 아니다. 『인형의 집』은 그가 알고 지냈던 작가 라우라 킬레르가 경험한 실제 사건을 모티브로 한다. 라우라 킬레르는 폐렴에 걸린 남편을 위해 휴양을 떠나고자 돈을 빌렸지만, 어려움에 처하게 되자 어쩔 수 없이 수표를 위조하게 된다. 그런데 이 사건이 밝혀지자 남편인 빅토르 킬레르는 자신의 명예를 훼손했다는 이유로 이혼을 요구하고 양육권을 빼앗았다. 라우라의 경험은 『인형의 집』 줄거리와 비슷하지만 그 결말은 완전히 다르다. 라우라는 이혼을 당하고 정신적인 충격으로 고통받는 반면 노라는 그 사건을 계기로 각성하고 독립한다.

입센이 여성해방운동을 염두에 두고 작품을 집필한 것은 아니지만,『인형의 집』을 통해 당시 사회가 여성에게 강요하는 것이 얼마나 많은지 보여줌으로써 직·간접적으로 여성해방운동에 영향을 미쳤다. 이후 '노라이즘'이라는 단어가 생길 정도로 입센이 그려낸 노라라는 인물은 세계적인 파급력을 가졌으며 그저 아내와 어머니로서의 의무만 수행하는 것이 아닌, 주체적인 인간으로 살아갈 권리를 쟁취하기 위해 싸우는 여성을 상징했다.

여성의 인권은 수많은 노라들의 투쟁이 있었기에 현재와 같이 발전할 수 있었다. 남성은 완전한 시민권을 당연하게 얻었으나, 여성은 그 시민권을 획득하기 위해 사회의 억압과 투쟁해야 했다. 오랜 기간 여성의 낮은 인권과 사회적 지위를 암묵적으로 묵인해왔던 침묵의 카르텔을 깬 것은 여성해방, 노동해방을 요구하던 여성들의 끊임없는 노력 덕분이다. 이런 노력은 오늘날 성 평등 운동(페미니즘)으로 이어지고 있다.

📖 작품을 이해하기 위한 용어 사전

노라이즘
노라이즘(Noraism)은 『인형의 집』의 주인공 '노라(Nora)'에서 유래된 신조어로 '인습에 반항하며 인간으로서 여성의 독립된 지위를 확립하려는 주의'를 말한다.

서프러제트
서프러제트는 19세기 후반부터 20세기 초반까지 여성 참정권 운동에 참여한 사람들을 일컫는 말이다. 좁은 의미로는 영국의 여성사회정치연합 등에 소속되어 투쟁하던 활동가들을 말한다. 서프러제트(Suffragette)란 단어는 '참정권'을 뜻하는 영어 '서프러지(Suffrage)'에 여성 이름에 사용되던 어미 'ette'를 붙여 만든 것이다. 이른바, '참정권을 달라고 주장하는 여자들'이란 뜻인 셈이다. 본래 영국 언론에서 여성 참정권 운동가들을 비난하기 위해 만들어 사용했으나, 참정권 운동가들이 이 단어를 오히려 받아들이면서 20세기 초 활동한 여성 참정권 운동가들을 상징하는 단어가 되었다.

세계 여성의 날
여성의 지위 향상을 위해 유엔에서 정한 기념일. 1908년 3월 8일 미국의 여성 노동자들이 근로여건 개선과 참정권 보장을 요구하며 시위를 벌인 것이 계기가 되었다. 1911년 유럽에서 첫 행사가 개최된 이후 전 세계로 확산됐고 유엔에서 1975년을 '세계 여성의 해'로 지정하고 1977년 3월 8일을 특정해 '세계 여성의 날'로 공식화함으로써 기념하게 되었다.

신여성
개항기 이후 일제강점기까지 신식교육을 받은 여성. 신여성들은 경제적 독립은 물론, 가정제도의 합리화 및 간소화를 주장하고, 남성 중심의 전통적 사상을 배격했으며 사회적으로 보다 철저한 책임과 의무를 다하려고 노력했다. 또한 조선의 여자라는 처지에서 당시의 상황을 똑바로 보고 자신의 할 바가 무엇인가를, 즉 자기의 사명이 무엇인가를 알고 실행하는 여성들을 말한다.

『여권통문』

『여권통문(女權通文)』은 1898년 9월 1일 한양 북촌에서 김소사와 이소사라는 이름조차 없는 두 여성을 필두로 300명의 여성들이 발표한 우리나라 최초의 여성인권 선언문이다. 이 선언문에는 여성의 참정권(정치권)·노동권(직업권)·교육권 등 여성의 권리에 대한 주장을 담고 있다. 이날 발표한 『여권통문』은 세계 여성의 날이 촉발된 1908년 미국 여성 노동자들의 시위보다 10년이나 앞섰으며, 우리나라 여성운동의 시작점이 되었다.

여성해방운동

남녀의 성의 차이에 의해 이미 만들어진 제도적인 차별과 그것을 지지하고 있는 사회의 통념이나 사람들의 의식을 바꾸려는 운동이다.

여성들의 참정권

1893년	뉴질랜드, 세계 최초로 여성 참정권 인정
1902년	호주, 여성 참정권 인정
1906년	핀란드, 여성에게도 투표권 부여
1920년	미국, 여성에게도 투표권 부여
1928년	영국, 여성에게도 투표권 부여
1945년	대한민국, 이탈리아, 일본, 여성에게도 투표권 부여
1946년	프랑스, 여성에게도 투표권 부여

『이갈리아의 딸들』

노르웨이 작가 게르드 브란튼베르그의 장편소설로 남성과 여성의 위치가 반대로 뒤바뀐 가상세계를 그린 작품이다. 이곳에서는 남성이 가정을 지키고 모든 사회활동은 여성이 책임지고 있다. 현실세계에서는 아이를 낳는 것이 사회생활을 하며 불리한 요인이 되지만, 이 세계에서는 오히려 아이를 낳지 못하는 사람이 불완전한 것으로 인식되어 중요한 직책을 맡지 못한다. 이 소설은 남녀의 성 역할 체계를 뒤집어 바라보면서 성과 계급 문제, 동성애를 둘러싼 논의 등을 새로운 시각으로 보여준다.

전족

송나라 때부터 중국에는 '전족'이라는 몹쓸 풍습이 있었다. 전족은 어린 소녀나 여성의 발을 인위적으로 묶어 성장하지 못하게 하는 풍속이었는데, 이는 중국 미인의 절대 조건이었다. 이것은 10세기 초부터 20세기까지 거의 1,000년간 지속한 풍습으로 남성 중심의 사회에서 여성을 억압하기 위해 만든 잔인한 풍속이다. 전족으로 말미암아 당시 많은 여성들은 제대로 자라지 못한 발의 뼈가 심하게 뒤틀리고 근육이 오그라드는 등 병에 걸려 고통을 당하는 경우가 많았다.

차용증

남의 돈이나 물건을 빌린 것을 증명하는 문서이다.

침묵의 카르텔

사회집단이나 이해집단이 불리한 문제나 현상이 있을 경우 그 구성원들이 침묵하고 외면하는 것을 말한다.

최초의 미투(Me-Too) 운동

2016년 미국의 흑인 여성 사회운동가 타라나 버크에 의해 창시된 사회운동으로 미국 내 가장 약자인 유색인종 여성과 청소년의 피해를 알리기 위해 시작했다.

페미니즘

여성주의·여권주의·여권 해방주의 등으로 해석되는 '여성 인권 신장 운동'으로, 여성 인권의 평등성과 참정권을 주장하며 19세기부터 오늘날까지 이어지고 있는 성평등 이념을 뜻한다.
페미니즘(Feminism)은 '여성'이라는 뜻의 라틴어 'femina'에서 유래되었으며 1830년대 프랑스의 사회주의 사상가인 샤를 푸리에가 처음 사용한 것으로 알려져 있다. 19세기 중반 이후 프랑스 언론에서 '여성의 권리를 주장'한다는 의미로 사용하기 시작해 1890년대 여성의 참정권 획득을 위한 여권운동이 한창이던 영국과 미국으로 전해지면서 페미니즘 논의가 활발하게 전개되었다.

페미니즘의 역사

1세대 페미니즘	18세기 계몽주의에서 시작되었다. 계몽주의와 프랑스 혁명의 영향으로 발현된 이 시기 페미니즘 논의의 중점은 여성도 남성과 같은 동일한 이성을 가진 존재로서 그 가치를 동등하게 인정받아야 됨을 주장했다.
2세대 페미니즘	19세기 본격적으로 논의되기 시작했고, 특히 1960년대 사회주의 운동과 시민권 운동의 영향으로 가속화되었다. 보부아르는 여성성과 남성이 생물학적 특성으로 정해지는 것이 아니라 사회의 문화적 규범으로 만들어지는 것이라고 주장했다.
3세대 페미니즘	1970년대 초에 일어났다. 이 시기의 페미니즘은 남녀의 동일성, 평등성을 지향하기보다는 여성의 개별성과 특수성 등의 가치를 두고 여성 개개인의 정체성에 주목했다.

📝 작품의 시대를 이해하기 위한 세계사 인물 사전

여러 나라의 여성운동가들

 메리 울스턴크래프트 영국 1759~1797	메리 울스턴크래프트는 영국의 여성 인권운동에 관련해 1792년 『여성의 권리 옹호』라는 책에서 적극적으로 여성의 인권과 평등을 주장했다. 또한 기존 사회 관념에 도전하며, 여성의 교육적·사회적 평등을 주장했다.
 루이제 오토 페터스 독일 1819~1895	루이제 오토-페터스는 '신문 편집장은 여성이면 안 된다'는 법에 반기를 들고 여성해방의 출구를 만들고자 1849년에 '여성신문'을 창간했다. "여성들이 국가에 관한 일에 참여하는 것은 권리가 아니라 의무다"라고 주장한 그녀는 독일 여성운동의 주창자로 알려져 있다.
 올랭프 드 구즈 프랑스 1748~1793	올랭프 드 구즈는 프랑스의 시민운동가이다. 프랑스 혁명 시기에 여성에게도 참정권이 부여되어야 한다는 혁신적인 주장을 했다. 프랑스 대혁명 당시 발표된 〈인간과 시민의 권리 선언〉에 빗대어 1791년 〈여성과 시민의 권리 선언〉을 발표하며 여성 인권운동을 펼쳤다.
 알렉산드라 콜론타이 러시아 1872~1952	알렉산드라 콜론타이는 사회주의 여성운동의 핵심 인물이다. 1905년 러시아 혁명, 1917년 2월 혁명, 1917년 10월 혁명을 거치며, 여성 인권의 구체적 내용을 성취하려고 시도했다. 그러나 그녀의 주장은 레닌과 스탈린에 의해 무시당했고 조롱거리가 되었다. 하지만 여성해방을 이루려 한 그녀의 생각은 오늘날 여성문제를 풀어가는 데 많은 것을 시사해주고 있다.

히라쓰카 라이초 일본 1886~1971	히라쓰카 라이초는 근대 일본의 여성 인권운동가이다. 가부장적이고 남성 중심적인 사회에 반발해 여성들을 위한 잡지 『세이토』를 창간하고 새로운 여성관을 사회에 제시했다. 신여성 1세대 인물로 꼽히는 히라쓰카 라이초는 죽을 때까지 여성운동 및 반전 평화운동에 헌신했다.
추근 중국 1875~1907	추근은 중국 청나라 말기의 여성혁명가. 페미니스트로, 혁명가이자 시인이다. 추근은 여성의 피교육권을 위해 싸웠고, 전족에 반대했다. 그녀는 페미니즘 저널을 창간했고, 청 왕조에 맞서 투쟁했다. 그러나 결국 봉기에 실패해 1907년 31세의 나이에 처형당했다. 그녀는 당대 사건과 역사상의 여성 투사를 주제로 자주 시를 썼으며, 중국인들은 그녀를 국민적 영웅으로 추대했다.

『인형의 집』 쟁점과 토론

노라는 헬메르와의 결혼 생활을
계속 유지해야 한다

▌등장인물 소개

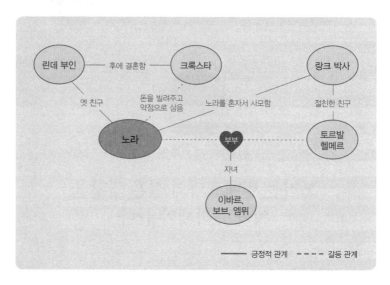

노라 이야기의 주인공이자 헬메르의 아내. 아픈 남편을 살리기 위해 서명을 위조해 돈을 빌렸는데, 이를 알게 된 남편은 자신의 명예와 체면만 걱정해 상처를 받는다. 가부장적이고 남성 중심적인 사회에서 여성의 권리와 자유를 찾아 '해방된 아내', '현명한 사람'으로 변해간다.

헬메르 노라의 남편. 변호사이자 은행장 취임을 앞두고 있다. 노라를 사랑하지만 그녀를 감독하고 가르치는 것이 남편의 당연한 역할이라고 생각한다. 노라를 사랑하지만 권위적이고 가부장적인 인물이기에 결정적인 순간에 위선적인 모습을 보인다.

보브, 엠뮈, 이바르 노라와 헬메르의 자녀들.

린데 부인 노라의 옛 친구로 오랫동안 연락이 단절되었다가 10년 만에 노라를 찾아온다. 크록스타가 노라의 약점을 폭로하려고 하자 그를 설득하고자 집으로 찾아간다. 하지만 이내 노라의 비밀을 헬메르에게 알려야겠다고 생각을 고쳐먹는다.

크록스타 노라의 약점을 빌미로 그녀를 위협하며 가정을 위험에 빠뜨리려고 한다. 헬메르에게 비도덕적인 사람이라는 평가를 받아서 해고당할 위기에 처한다.

랑크 박사 헬메르의 오랜 친구이며 노라와도 친분이 있다. 혼자서 노라를 사모한다.

안네 마리 노라가 어렸을 때부터 노라를 키워준 유모로, 노라의 세 아이를 돌본다.

헬레네 헬메르네 집에서 일하는 하녀이다.

논제	노라는 헬메르와의 결혼 생활을 계속 유지해야 한다.
추가 토론 논제	1. 헬메르는 노라에게 감사해야 한다. 2. 노라가 집을 나간 것은 잘한 일이다. 3. 노라는 책임감이 있다.
내용 요약	**발단** 세 아이의 어머니이자 사랑받는 아내인 노라는 남편 헬메르의 은행장 취임을 앞두고 들뜬 마음으로 크리스마스를 준비한다. 그러던 중 랑크 박사와 노라의 옛 친구 린데 부인이 찾아온다. **전개** 린데 부인은 남편과 사별한 후 일자리를 부탁하기 위해 들른 것이었다. 노라는 린데 부인과 이야기하다가 몇 년 전 남편 헬메르의 병을 치료하기 위해 필요한 요양 비용을 자신이 마련했다는 것을 이야기한다. 노라가 아버지의 명의를 빌려 대출을 받았으며 서명을 위조했고, 부업으로 돈을 벌어 남편 몰래 갚아왔다는 이야기를 실토한다. **위기** 헬메르는 노라의 부탁으로 린데 부인을 고용하는 대신 크록스타를 해고하는데, 헬메르의 부당한 해고에 크록스타는 분노한다. 크록스타는 과거에 노라가 아버지의 서명을 위조해 돈을 빌렸던 것을 알아채고 이를 약점으로 삼아 헬메르에게 노라의 비밀을 폭로하려 한다. 그 와중에 남편의 오랜 친구이자 의사인 랑크 박사는 노라에게 사랑을 고백한다. **절정** 마침내 노라의 비밀을 알게 된 헬메르는 노라를 비난하며 그녀에게 아이들을 교육시킬 자격이 없다고 질책한다. 그러나 린데 부인의 설득 덕분에 마음을 바꾼 크록스타가 차용증서를 돌려보낸 후, 불명예에서 해방되는 감격을 느낀 헬메르는 언제 그랬냐는 듯이 노라를 용서하고 다시 사랑하기로 마음을 돌린다. **결말** 순식간에 태도가 돌변하는 헬메르의 모습을 보고 자신의 결혼 생활이 단 한 번도 진실한 적이 없었다는 것을 느낀 노라는 남편이 단지 자신을 인형 다루듯 했다는 것을 깨닫는다. 그날 밤 노라는 헬메르의 반대를 무릅쓰고 가방을 싸서 집을 나온다. 한 남자의 아내 또는 어머니로서가 아닌 한 인간으로서의 자신을 찾고자 허위와 위선뿐인 '인형의 집'을 떠난다.

생각 더하기	1. 노라는 왜 남편에게 돈을 빌렸다는 것을 끝까지 숨기려고 했을까? 2. 노라가 집을 나간다는 것은 양육을 포기한다는 것일까? 3. 노라가 생각하는 자유란 무엇일까?	
	찬성	**반대**
쟁점 찾기	1. 헬메르가 자신의 잘못을 인정하고 사과했다. 2. 양육해야 할 아이들이 있다. 3. 당시 사회가 여성에게 주체적인 삶을 허락하지 않았다.	1. 노라를 완전한 인격체로 보지 않 는다. 2. 노라가 행복한 것이 우선이다. 3. 노라는 주체적이다.

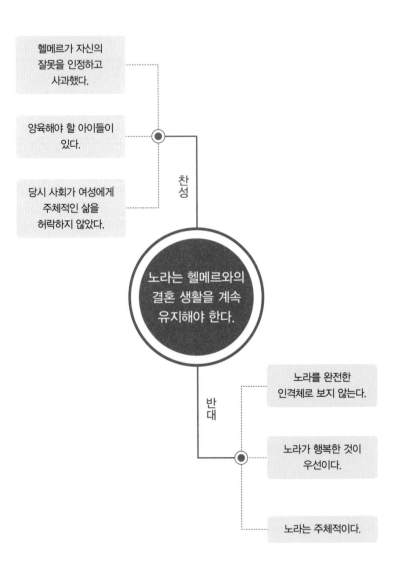

헬메르가 자신의 잘못을 인정하고 사과했다.

양육해야 할 아이들이 있다.

당시 사회가 여성에게 주체적인 삶을 허락하지 않았다.

찬성

노라는 헬메르와의 결혼 생활을 계속 유지해야 한다.

반대

노라를 완전한 인격체로 보지 않는다.

노라가 행복한 것이 우선이다.

노라는 주체적이다.

	📖 토론 요약서	

논제	노라는 헬메르와 결혼 생활을 계속 유지해야 한다.	
용어 정의	결혼 생활을 계속 유지 : 노라를 독립적인 인간으로 대하지 않는 헬메르를 이해하고 그를 남편이자 아이들의 아버지로 인정해 함께 생활하는 것을 뜻함.	
	찬성	**반대**
쟁점 1	헬메르가 자신의 잘못을 인정하고 사과했다.	노라를 완전한 인격체로 보지 않는다.
근거	노라는 헬메르가 병으로 눕게 되었을 때 돈을 빌리면서 차용증서에 아버지의 이름으로 허위 서명한다. 이 일은 부부의 관계를 악화시키는 원인이 된다. 헬메르가 이 일로 노라를 서운하게 했던 것은 노라가 저지른 일이 자신의 지위와 명예를 위협했기 때문이다. 사건이 해결된 후 헬메르는 노라에게 잘못을 인정하고 진심으로 사과한다.	헬메르가 노라를 종달새라고 부르는 것은 노라를 인형이나 애완동물과 같은 위치로 보는 태도에서 비롯된 것이다. 생활습관부터 사상까지 헬메르는 노라에게 자유를 주지 않았다. 그는 노라를 오직 자신의 부속품으로 간주했으며 가부장주의에 빠져 노라를 존중하지 않는다. 따라서 노라는 자신을 속박하는 헬메르에게서 벗어나 자유를 찾아야 한다.
쟁점 2	양육해야 할 아이들이 있다.	노라가 행복한 것이 우선이다.
근거	노라는 헬메르와의 결혼 생활을 통해 세 명의 자녀를 두었다. 노라는 외출했던 아이들이 집에 돌아오자 반겨주며 사랑이 가득한 얼굴로 아이들을 바라본다. 어린 시절 어머니가 아닌 유모의 손에 자란 노라는 아이들이 항상 엄마와 함께 있고 싶어 한다는 것을 절실히 느낀다. 노라에게 양육할 어린 세 자녀가 있기에 자신의 삶보다 아이를 먼저 생각해야 한다.	노라는 전형적인 가정주부로 남편과 아이들을 위해 자신의 청춘을 바쳤다. 그리고 병든 남편을 위해 돈을 빌려 남편의 건강 회복을 위해 노력했다. 하지만 헬메르는 가정을 위해 헌신하는 노라를 남성의 힘으로 억압하고 굴복시켰다. 노라는 남편에게 헌신했으나 자신을 진심으로 대하지 않는 남편에게 큰 실망감을 느껴 불행하다고 느낀다. 이런 결혼 생활을 유지하는 것은 노라에게 가혹하다.

쟁점 3	당시 사회가 여성에게 주체적인 삶을 허락하지 않았다.	노라는 주체적이다.
근거	노라가 살던 시대는 절대적인 남성의 사회였고, 여성의 자아는 가정에 한정되어 있었다. 노라가 헬메르의 병을 치료하기 위해 아버지의 이름으로 돈을 빌린 행동은 19세기 노르웨이 법률에서 있을 수 없는 일이었다. 남성들은 사회 속에서 일을 했지만 여성에게는 사회 진출의 기회가 없었기 때문이다. 따라서 노라가 집을 나간다면 직업을 구하거나 혼자서 주체적으로 살아가기 어려울 것이다.	노라는 남편의 병을 치료하기 위해 돈을 빌려 요양을 떠난다. 그리고 빌린 돈을 갚기 위해 여러 일을 해서 돈을 벌었다. 이는 노라가 주체적인 성격을 지녔으며, 문제 해결력이 있다는 것을 의미한다. 그녀는 자신의 목소리를 억누르고 남편과 아이를 위해 헌신하는 자신을 억압하는 남편에게 사람이 되는 법을 배우겠다고 선언한다.

▌논의 배경

　노라는 전형적인 가정주부로 아이들을 돌보며 자신의 결혼 생활에 만족하며 살았다. 헬메르는 노라를 사랑했으며 노라 또한 사랑하는 남편을 살리기 위해 아버지의 서명을 위조해서 돈을 빌린다. 하지만 이 사건은 노라와 헬메르에게 갈등을 불러왔으며 노라에게 결혼 생활을 되돌아보게 하는 계기가 되었다. 이에 노라가 남편과의 갈등을 풀고 결혼 생활을 계속 유지해야 하는지 논의하는 시간을 갖고자 한다.

▌용어 정의

- **결혼 생활을 계속 유지** : 노라를 독립적인 인간으로 대하지 않는 헬메르를 이해하고 그를 남편이자 아이들의 아버지로 인정하여 함께 생활하는 것을 뜻함.

쟁점 1　헬메르가 자신의 잘못을 인정했다.

　노라는 남편 헬메르가 병으로 눕게 되었을 때 요양시키기 위해 고리대금업을 하는 크룩스타로부터 돈을 빌리면서 차용증서에 아버지의 이름으로 허위 서명한다. 이 일은 부부의 관계를 악화시키는 원인이 된다. 헬메르가 이 일로 노라를 서운하게 했던 것은 노라가 저지른 일이 은행 전무로 일하는 헬메르의 지위와 명예를 위협했기 때문이다. 하지만 차용증 사건이 해결된 후 헬메르는 노라에게 "당신이 얼마나 괴로워했을까? 이제야 나는 깨닫게 된 거요. 당신이 한 모든 것이 오직 나를 사랑하기 때문에 한 일이라는 것을 말이오"라고 말하며 자신의 잘못을 인정하고 진심으로 사과한다. 이를 보면 헬메르는 노라를 소중히 여기고 있으며 그녀와 함께 행복한 가정을 꾸리기 원한다는 것을 알 수 있다. 따라서 진정성 있는 사과를 한 헬베르에게 노라는 한 번 더 기회를 주어야 한다.

쟁점 2 양육해야 할 아이들이 있다.

노라는 헬메르와 8년간의 결혼 생활을 통해 세 명의 자녀를 두었다. 그녀는 엠뮈, 보브, 이바르 세 남매를 무척 사랑한다. 그래서 외출했던 아이들이 집에 돌아오면 항상 웃는 얼굴로 반겨준다. 노라는 자신의 집을 방문한 크리스티네에게 "오, 얼마나 귀여운 꼬마들이냐고요! 저 애들을 보세요. 귀엽지 않아요?"라고 물으며 사랑이 가득한 얼굴로 아이들을 바라본다. 그리고 놀이를 하자고 떼쓰는 아이에게 숨바꼭질을 하며 놀아준다. 그녀는 아이들과 웃고 떠들면서 재미있는 시간을 보낸다. 그리고 자신에게 귀여운 아이들이 셋이나 있음을 감사하게 여긴다. 어린 시절 어머니가 아닌 유모의 손에서 자란 노라는 엄마의 역할이 얼마나 큰지 잘 알고 있다. 그리고 아이들이 항상 엄마와 함께 있고 싶어 하고, 엄마의 품을 그리워한다는 것을 절실히 느낀다. 따라서 노라에게 양육할 어린 세 자녀가 있기에 자신의 삶보다 아이들을 먼저 생각해야 한다.

당시 사회가 여성에게 주체적인 삶을 허락하지 않았다.

노라가 살던 시대는 절대적인 남성 중심 사회이고, 법률 또한 남성의 시각으로 판단해서 제정했다. 노라는 헬메르의 병을 치료하기 위해 아버지의 서명을 위조해 은행에서 돈을 빌렸다. 이러한 그녀의 행동은 19세기 노르웨이 법률과 모든 사회의 도덕적 관념에서 있을 수 없는 일이었다. 여성의 자아는 가정에 한정되어 있었기에 노라는 본가에 있을 때는 아버지의 '찰흙 인형'으로, 결혼 후에는 남편의 '작은 다람쥐', '작은 새'로 살아왔다. 그녀는 그저 한 남성에서 다른 남성에게로 옮겨가는 생활을 해왔다. 이렇듯 남성에게 예속된 삶을 살았던 당시 여성에게는 사회 진출의 기회가 없었다. 때문에 여성은 금전이 필요할 때 남편에게 받거나 구걸을 해야만 했다. 이런 사회에서 노라가 집을 나간다면 직업을 구하거나 혼자서 주체적으로 살아가기 어렵다. 따라서 대책 없이 집을 나가는 것보다 남편과 함께 생활하면서 자주성을 키우는 것이 더 좋은 방법이다.

▌논의 배경

헬메르는 전통적인 여성상을 가지고 있는 노라를 '종달새', '귀여운 다람쥐'로 부르며 매우 사랑하고 귀여워한다. 노라 또한 남편 헬메르를 사랑하며 그의 병을 치료하기 위해 아버지의 서명을 위조해 돈을 빌린다. 하지만 이 사실을 알고 난 헬메르는 자신의 명예를 잃을까 봐 노심초사하며 이기적인 모습을 보인다. 이런 헬메르의 모습은 그동안 부부로서 쌓았던 신뢰를 무너뜨린다. 이런 상황에서 헬메르와의 결혼 생활을 계속 유지해야 하는지 논의하는 시간을 갖고자 한다.

▌용어 정의

• **결혼 생활을 계속 유지** : 노라를 독립적인 인간으로 대하지 않는 헬메르를 이해하고 그를 남편이자 아이들의 아버지로 인정하여 함께 생활하는 것을 뜻함.

쟁점 1 **노라를 완전한 인격체로 보지 않는다.**

헬메르는 자신이 노라를 종달새라고 부르는 것을 노라에 대한 애정표현이라고 생각한다. 그러나 이것은 진정한 사랑이라기보다는 노라를 인형이나 애완동물과 같은 위치로 보는 태도에서 비롯된 것이다. 생활습관부터 사상까지 헬메르는 노라에게 자유를 주지 않았다. 노라는 마카롱을 좋아하는데도 제과점에 다녀오지 않았냐고 물어보는 헬메르에게 거짓말을 하고 몰래 좋아하는 마카롱을 먹으며 눈치를 살핀다. 이가 썩으니 과자를 먹지 말라고 지시하는 것에서 헬메르가 아내의 지위를 자신과 평등한 위치에 두지 않았다는 것을 알 수 있다. 그는 노라를 오직 자신의 부속품으로 간주했으며 가부장주의에 빠져 노라를 조금도 존중하지 않는다. 이 두 사람의 관계는 부부가 아닌 부녀 관계에서 나타날 수 있는 상황이라 여겨진다. 따라서 노라는 자신을 속박하는 헬메르에게서 벗어나 자유를 찾아야 한다.

쟁점 2 노라가 행복한 것이 우선이다.

노라는 전형적인 가정주부로 집에서 아이들을 양육하며 남편을 도왔다. 그녀는 아무런 원망도 없이 남편과 아이들을 위해 자신의 청춘을 바쳤다. 그리고 병든 남편을 살리기 위해 자신의 명예를 잃을지도 모르는 상황에서 아버지의 이름으로 돈을 빌렸다. 그녀는 사랑을 중요시했으며 헬메르가 가난할 때도 그를 떠나지 않고 곁에 있어주었던 좋은 아내였다. 하지만 헬메르는 가정을 위해 헌신하는 노라를 남성의 힘으로 억압하고 굴복시켰다. 집을 나가기 전 노라는 헬메르에게 "더 이상 당신을 사랑하지 않아요. 지난 8년 동안 낯선 이와 생활하며 그의 자식을 셋이나 낳은 것이 후회스러워요"라고 말한다. 이는 노라가 헬메르와의 결혼 생활이 불행했음을 시사한다. 노라는 8년간의 결혼 생활 동안 남편에게 헌신했으나 자신을 진심으로 대하지 않는 남편에게 큰 실망감을 느꼈다. 이런 결혼 생활을 유지하는 것은 노라에게 가혹하다.

쟁점 3 **노라는 주체적이다.**

노라는 남편의 병을 치료하기 위해 돈을 빌려 요양을 떠나는 모험적인 행동을 한다. 그리고 남편의 요양비로 빌린 돈을 갚기 위해 재봉, 뜨개질, 자수 등 여러 일을 해서 돈을 벌었다. 이는 노라가 주체적인 성격을 지녔으며, 문제 해결력이 있다는 것을 의미한다. 그녀는 총명하고 대담했지만 자신의 목소리를 억누르고 남편과 아이들을 위해 헌신했다. 하지만 그녀의 남편은 쉴 새 없이 가르치려고만 했으며 노라의 주체성을 억압했다. 이런 남편을 향해 노라는 "나는 당신과 똑같은 사람이에요. 적어도 나는 사람이 되는 법을 배워야겠어요"라고 당당히 외친다. 그리고 인형의 집의 '인형'이 아닌, 사람이 되기로 다짐한다. 노라가 사회에 맞서 자의식을 쟁취하고 독립된 여성이 되기 위해서는 더 늦기 전에 헬메르의 집에서 나가야 한다.

참고문헌

황보종우, 『세계사 사전』, 청아출판사, 2004.

박규상 외 2인, 『세계사 용어사전』, 웅진씽크빅, 2006.

헨리크 입센, 홍재웅 옮김, 『인형의 집』, 웅진씽크빅, 2007.

헨리크 입센, 안동민 옮김, 『인형의 집』, 문예출판사, 2007.

닐 그랜트, 김석희 옮김, 『옥스퍼드 세계의 역사』, 랜덤하우스, 2008.

초등역사 모임, 『세계사 이야기 2』, 늘푸른 어린이, 2008.

이근호·신선희, 『이야기로 엮은 한국사·세계사 비교 연표』, 청아출판사, 2012.

매릴린 옐롬, 이호영 옮김, 『아내의 역사』, 책과함께, 2013.

헨리크 입센, 소두영 옮김, 『인형의 집』, 동서문화사, 2014.

강수미, 「『인형의 집』에 나타난 노라의 자아정체감 회복 과정 분석」, 용인대학교 대학원 석
        사논문, 2017.

량목원, 「헨릭 입센의 『인형의 집』 등장인물에 나타난 여성 자아의식 연구」, 호서대학교 대
        학원 석사논문, 2017.

권서의, 「2000년 이후에 새로운 해석으로 연출된 『인형의 집』 무대 연구」, 세종대학교 대학
        원 석사논문, 2018.

헨리크 입센, 안미란 옮김, 『인형의 집』, 민음사, 2018.

김아름, 「『페미니즘 소설에 대한 독자 반응 연구 : 성별 차이를 중심으로』, 가톨릭대학교 교
        육대학원 석사논문, 2019.

CHAPTER **07**

지킬 박사와 하이드
Dr. Jekyll And Mr. Hyde

• 로버트 루이스 스티븐슨 •

이 작품이 출간된 빅토리아 시대의 영국은 대영제국이라고 불릴 만큼 최고의 전성기를 누리며 세계 최강국으로 발전한다. 그러나 그 이면에는 여러 문제가 있었다. 많은 부를 가진 영국인들은 자선과 기부를 진심에서 우러난 선행이 아닌 사회적 명성을 쌓기 위한 체면치레의 기회로 삼았다. 이들은 지킬처럼 자선의 목적과 방향을 잃은 채 위선적이고 가식적인 내면의 자아를 통제하지 못했다.

심지어 영국인들은 식민지에서 거침없는 야욕을 드러내는데, 이는 마치 하이드가 커루 경을 죽일 때처럼 야만적이었다. 타인에게 선량해 보이고자 하는 일말의 양심을 지닌 '지킬'과 무자비한 폭력을 자행하는 '하이드'가 동전의 양면처럼 공존하는 아이러니함은 당대의 영국과 닮아 있다.

『지킬 박사와 하이드』를 통해 내면의 악을 통제하지 못하고 방임한다면 많은 희생자를 낳게 되며, 그 끝에는 자신의 파멸이 존재한다는 것을 배우기 위해 이 작품을 선정했다. 이 작품을 통해 순수한 선의 확장이 우리 사회를 어떻게 변화시킬지 고민해보자.

| 📖 수록교과서 | 고등학교 윤리와 사상, 천재교육, 박찬구 외 9인, 2013

로버트 루이스 스티븐슨
Robert Louis Stevenson

로버트 루이스 스티븐슨(1850~1894)은 영국의 대표적인 소설가이 자 시인이다. 그는 1850년 스코틀랜드 에든버러에서 부유한 토목기사의 아들로 태어났다. 어려서부터 몸이 약해 폐병을 앓았으며, 책과 문학에 관심이 있었다. 17세에 가업을 이어 등대기사가 되고자 에든버러 공과대학에 입학했으나 적성에 맞지 않아 전공을 법학으로 변경했다. 1875년에 변호사가 되었으나 개업에는 뜻이 없었다.

스티븐슨은 칼뱅주의를 강조하는 가정에서 성장했다. 칼뱅주의는 엄격한 도덕을 강조하고 금욕생활을 요구했다. 또한 예정설을 주장하며 신의 섭리를 강조했기 때문에 현실의 욕망과 대립될 수밖에 없었다. 그는 칼뱅주의적 사상에서 자유롭고자 노력했으나 어릴 때부터 받아온 교육에서 완전히 벗어날 수는 없었다. 그 흔적은 그의 작품에서 찾을 수 있는데, 그중 『지킬 박사와 하이드』에서는 도덕과도 같은 선과 사회적인 관습을 거부하는 악의 대립을 다루고 있다.

허약한 체질을 타고 났지만 스티븐슨은 평생 모험과 여행을 즐겼다. 그는 여행을 하는 동안 여러 수필과 기행문을 집필했다. 이것은 훗날 그가 소설을 쓰는 데 밑거름이 되었다.

스티븐슨은 1879년 파리에서 열한 살 연상의 미국인 오즈번을 만나 사랑에 빠졌다. 당시 오즈번은 남편과 별거 중이었는데, 스티븐슨은 이듬해인 1880년에 부모의 반대를 무릅쓰고 그녀와 결혼했다. 이후 다시 스코틀랜드로 돌아온 그는 첫 에세이집 『젊은이들을 위하여』를 출간했고, 작가로서 성공을 안겨준 모험소설 『보물섬』을 출간했다. 그러나 1885년에 병이 재발해 본머스로 떠나게 되었는데, 이때 『지킬 박사와 하이드』가 출간되었다. 1887년 건강이 악화되어 사모아섬으로 가서 '베일리마'라는 저택을 짓고 살았다. 그는 요양을 하는 중에도 여러 작품을 발표했다. 그러나 마지막 작품인 『허미스턴의 웨어』를 끝내 완성하지 못하고 1894년 12월 3일, 뇌졸중으로 세상을 떠났다.

【시대사 연표】

세계사	한국사
1838년 영국, 차티스트 운동	1839년 기해박해
1840년 아편전쟁(~1842년)	1860년 최제우, 동학 창도
1848년 프랑스, 2월 혁명	1863년 흥선대원군, 정권을 장악함
오스트리아, 3월 혁명	1866년 병인양요, 병인박해
1853년 크림전쟁	1871년 신미양요
1857년 인도, 세포이 항쟁	1875년 운요호 사건
1860년 베이징 조약 체결	1876년 강화도 조약 체결
1861년 미국, 남북전쟁(~1865년)	1882년 임오군란
1870년 이탈리아 통일	1884년 갑신정변
1879년 에디슨, 전구 발명	1894년 동학농민운동
1882년 영국, 이집트 지배권 차지	1895년 을미사변
독일, 오스트리아, 이탈리아 삼국동맹	1897년 대한제국 수립
1886년 로버트 루이스 스티븐슨 ◀	1905년 을사조약 체결
『지킬 박사와 하이드』 출간	1909년 안중근, 이토 히로부미 암살
1894년 청일전쟁(~1895년)	1910년 국권피탈
1900년 프로이트, 『꿈의 해석』 집필	1915년 대한광복회 결성
1904년 러일전쟁(~1905년)	1919년 대한민국 임시정부 수립
1914년 제1차 세계대전 발발(~1918년)	3·1 운동
1919년 베르사유 조약 체결	1926년 6·10 만세운동
1920년 국제연맹 창립	1929년 광주학생운동
1924년 소련연방 성립	1932년 윤봉길, 이봉창 의거
1929년 세계 대공황 시작	1940년 창씨개명 강제
1933년 히틀러, 독일 총리 취임	1945년 한반도 광복
미국, 뉴딜 정책 실시	
1937년 중일전쟁	
1939년 제2차 세계대전 발발(~1945년)	

빅토리아 시대의 번영과 발전 이면의
암울한 사회문제를 풍자

영국 최고의 전성기를 누린 빅토리아 시대는 산업혁명으로 산업이 크게 발전했다. 이때 영국은 지구촌 곳곳에 식민지를 건설했으며 세계 영토와 인구의 4분의 1을 차지했다. 빅토리아 시대 영국은 전에 없는 큰 번영과 부를 누렸지만, 성공과 발전 이면에는 '빈부격차'라는 사회적 문제로 가장 암울한 시기를 보내야 했다. 특히 찰스 다윈의 『종의 기원』 출간은 기존의 기독교 사상의 약화를 초래했으며, 종교와 과학이 충돌을 빚는 등 인간의 사고에 많은 영향을 끼쳤다.

산업혁명으로 농경사회가 쇠퇴하자 사람들은 일자리나 돈벌이를 찾아 화려한 대도시로 몰려들었다. 이로 인해 도시의 인구가 갑자기 급증했다. 일자리는 한정적인 데 반해 도시 인구가 급속하게 증가하자, 노동자들은 장시간 근로, 저임금 등 비인간적인 대우를 받을 수밖에 없었다.

공업도시 주변에 빈민층을 형성한 노동자들은 비위생적인 환경에 노출되어 전염병에 시달렸으며 슬럼가가 확대되면서 범죄자들이 들끓었다. 산업화로 부를 누리던 영국은 대도시 주변이 급속히 팽창하고 많은 인구가 몰려들면서 질병, 범죄자, 정신이상자, 퇴보한 지식인이 증가하는 등 사회 전반에 어두운 그림자를 드리웠다. 이처럼 1880년대의 영국은 제국주의와 산업화의 말기적 현상인 정치·경제적 혼란을 겪으며 심리학과 범죄학이 발전했다.

당시 노동자들이 빈곤에서 파생되는 문제들로 고통을 받았다면, 부유층들은 도덕적 의무감으로 고통 받았다. 이 시기에 지식인들의 핵심적인 가치는 도덕적 의무감이었다. 엄격한 도덕적 기준을 요구하는 이 가치는 현실의 욕망과 충돌했으며 이중적이고 위선적인 모습을 단적으로 보여주기도 했다. 이는 즐거움이나 쾌락을 추구하는 것을 일종의 죄로 치부하던 당대의 사회적 분위기 속에서 억제된 욕구를 거세게 표출하는 방법 중 하나였다.

화려하게만 보였던 산업혁명이 빈부격차라는 사회적 큰 문제들을 야기하자 영국 사회는 전반적으로 불안해졌다. 이외에도 빠르게 발전하는 산업사회 속도에 적응하지 못해 정서적인 공황을 맞는 등 각종 모순된 상황들이 사회 곳곳에 분열을 초래했다. 하나의 몸에 두 자아를 동시에 지닌 지킬과 하이드처럼 말이다. 도덕적으로 옳은 신사의 모습을 한 지킬, 그리고 짐승과 같은 야만성과 광기를 드러내는 하이드는 당시 영국 지식인들의 이중적이고 위선적인 겉치레에 대한 비판이다. 그들은 도덕적 의무감을 강조하면서도 사실은 물질만능주의를 추구하며 사회에서 소외된 빈곤층을 외면했다. 이렇듯 빈부격차로 빚어진 갈등은 사회적 분열(자본가와 노동자)을 넘어 이념적 분열(자본주의와 사회주의)로 이어졌다.

이런 혼란스러운 상황을 반영하듯 18세기 영국 에든버러에서는 '브로디' 사건이 발생한다. 실존 인물인 '윌리엄 브로디'는 낮에는 존경받는 성공회 교회 집사이자 사업가로, 밤에는 교활한 도둑이자 살인자로 지킬과 하이드의 모습으로 변신을 일삼았다. 일각에서는 스티븐슨이 브로디를 모티브로 작품을 썼다고도 한다.

브로디는 부유한 가정에서 태어나 아버지의 공장을 물려받아 사업가로 활동하는데, 성실한 종교 생활과 더불어 많은 자선을 베풀어 주변 사람들에게 존경을 받는다. 브로디는 이를 바탕으로 훗날 에든버러의 시의회 의원이 된다. 그는 에든버러 케이프 클럽의 회원으로 활동하며 유명한 문인이나 화가들과 교류를 가질 정도로 유명한 인사였다. 하지만 밤에는 완전히 다른 사람으로 바뀌었다. 도둑질을 일삼고 도박을 좋아하며, 성매매를 하는 것으로도 모자라 살인까지 즐기는 극악무도한 인물이었다.

사람들은 낮의 브로디와 밤의 브로디가 동일 인물이라고는 전혀 생각하지 못했다. 오랜 기간 법의 감시망을 피해 다니던 브로디는 결국 검거되어 교수형으로 삶을 마감한다. 유감스럽게도 그는 자신이 제작한 교수대에서 교수형을 당함으로써 그의 이중생활이 막을 내린다. 이 작품이 유독 긴장감과 생동감 있게 느껴지는 것은 사실을 바탕으로 썼기 때문일 것이다.

과학의 진보

1791년	루이지 갈바니가 개구리 다리를 해부하다가 전기 스파크에 개구리가 경련 하는 것을 알았고 이것이 전류의 발견으로 이어짐.
1800년	알렉산드로 볼타가 최초의 전해조 전지를 제작함.
1823년	수학자 찰스 배비지가 컴퓨터의 선구인 '분석 기계'를 설계함.
1826년	조제프 니에프스와 루이 다게르가 협력해 초기 형태의 사진을 찍음.
1831~ 1836년	찰스 다윈이 자연 선택에 따라 진화가 일어난다는 생각을 발전시킴.
1831년	마이클 패러데이가 자석이 어떻게 전류를 만들 수 있는가를 설명해, 발전 기의 발명을 선도함.
1859년	찰스 다윈의 『종의 기원』 출판.
1860년	프랑스의 화학자 루이 파스퇴르가 세균이 질병의 원인임을 밝힘.
1876년	미국의 발명가 알렉산더 그레이엄 벨이 전화기를 발명.
1876년	미국의 발명가 토머스 에디슨이 레코드 플레이어의 선구인 축음기 만듦.
1885년	독일의 공학자 카를 벤츠가 휘발유로 움직이는 최초의 자동차 제작.

『꿈의 해석』

정신분석 창시자인 지그문트 프로이트가 꿈을 연구한 책이다. 신비로운 '꿈'의 세계에 대해 베일을 벗겨내듯 논의와 의문점을 일목요연하게 체계적으로 정리했다. 그는 꿈은 억압된 욕망이나 불안이 변형되어 의식에 떠오르는 상징으로 보았다.

공리주의

19세기 중반 영국에서 나타난 사회사상으로 가치 판단의 기준을 효용과 행복의 증진에 두어 '최대 다수의 최대 행복' 실현을 윤리적 행위의 목적으로 보았다. 효용이란 결과적으로 쾌락이 증진되는 데 도움이 되는 것이고 행복이란 고통이 없는 것을 말한다. 즉 쾌락은 선이고 고통은 악이라고 보았다. 따라서 쾌락을 증대하고 고통을 감소시키는 행위는 옳고, 그 반대 행위는 옳지 않다는 것이다.

부르주아

원래는 성벽에 둘러싸인 중세 도시국가의 주민을 이르는 말이었다. 그러나 근대에 와서 절대왕정의 중상주의 경제정책으로 부를 축적한 유산계급이자 시민혁명의 주체가 된 사람을 가리킨다. 시민혁명 이전의 시기에는 상당한 부를 소유했음에도 왕과 귀족의 지배를 받는 피지배 계급으로 존재했다. 하지만 구제도의 모순을 깨뜨리려는 시민혁명을 주도한 이후 사회의 주체 세력으로 등장했다. 그들은 산업혁명을 주도했고 그 결과 근대 자본주의 경제체제의 등장을 가져왔다.

빅토리아 시대

1837년에서 1901년까지 무려 64년이라는 기나긴 세월 동안 빅토리아 여왕이 통치했던 시대로, 산업혁명에 성공한 영국이 세계 최강의 권세를 떨치며 대영제국을 세우던 시기를 말한다. 19세기 세계에서 가장 크고 부유한 도시였던 런던에서는 산업혁명으로 큰 부를 축적한 자본가 계급은 사치스러운 생활을 즐겼다.

산업혁명

18세기 후반부터 일어난 기술혁신과 공업화, 그에 따른 사회경제의 대변화를 말한다. 영국은 방적기의 발달과 와트가 발명한 증기기관(1768)의 결합, 그리고 해외 식민지 확보를 통해 가장 먼저 산업혁명이 발생했다. 또한 인클로저 운동과 농업혁명으로 확보한 대규모 노동력도 그 원동력이 되었다. 이후 스티븐슨이 증기기관차(1825)를, 풀턴이 증기선(1807)을 발명함으로써 교통혁명까지 일어났다.

기술혁신과 교통혁명은 사회구조를 변화시키면서 기존의 귀족 중심의 경제체제가 붕괴되고 자본가와 노동자 계급이 출현한다. 또한 대규모 노동자들이 도시에 유입되면서 부르주아들이 노동자를 착취하자, 빈곤·실업·교육·의료 등에서 급격한 빈부격차가 발생했다. 산업혁명을 이룬 영국, 독일, 프랑스와 같은 유럽 국가들이 아시아와 아프리카 각국을 식민지화하는 제국주의 시대가 시작되었다.

사회진화론

사회도 생물처럼 일정한 방향으로 진화한다는 이론으로, 다윈의 진화론의 영향을 받아 만들어졌다. 이 이론을 처음 주장한 사람은 영국의 철학자이자 사회학자인 허버트 스펜서이다. 그는 생물진화론의 '적자생존', '자연도태'의 이론을 사회에 적용해 생존경쟁·자유경쟁에 의한 사회발전을 주장했다. 사회진화론은 19세기 서양 제국주의 국가들의 약소국에 대한 침입과 지배를 정당화하는 논리로 이용되어 문제점을 낳았다.

적자생존
환경에 가장 잘 적응하는 생물이나 집단이 살아남는다는 의미를 가진다. 진화론 분야에서 처음 사용되었으며 적자생존은 생존경쟁의 원리에 대한 개념을 간단히 함축한 말이다. 이 말은 다윈의 진화론에 대한 원리로 잘 알려져 있지만, 다윈이 처음 사용한 말이 아니며 영국의 철학자이자 경제학자인 스펜서가 1864년 『생물학의 원리』라는 저서에서 처음 사용했다.

야누스
로마 신화에 나오는 문의 수호신. 야누스의 두 가지 얼굴에 빗대어, 서로 반대되는 두 가지 역할을 하는 이중적인 사람을 가리킨다. 고대 로마인들은 문에 앞뒤가 없다고 여겼으며, 두 개의 얼굴을 가지고 있다고 생각했다. 즉 문이 집 안으로 들어오는 사람들을 검문하고 집을 떠나는 사람에게 작별 인사를 한다고 본 것이다. 로마가 번성하면서 야누스가 갖는 의미도 점차 확대되었는데 입구와 출구뿐 아니라 과거와 미래, 내부와 외부, 위와 아래 등 상반되는 존재를 다스리는 신으로 존경받았다.
그러나 지킬 박사와 하이드처럼 이중인격자, 위선자, 겉과 속이 다른 사람 등의 부정적인 의미로 쓰이게 된 것은 영국의 철학자 샤프츠버리가 그의 저서 『인간, 예절, 의견, 시대의 특성들』에서 '한쪽 얼굴은 미소를 짓고, 다른 한쪽 얼굴로는 노여움과 분노를 드러내는 작가의 야누스의 얼굴'이라고 표현했기 때문이다. 이후 그의 저서가 유명해지자 사람들에게 야누스는 이중성을 의미하는 단어로 굳어졌다.

이중인격
한 사람 안에 두 개 이상의 정체감을 지닌 인격이 동시에 존재하는 것을 뜻한다. 이는 인격의 통일성에 장애가 발생해서 생기는 이상 성격으로 두 정체성이 동시에 활동하지 않고 하나가 활동할 때 다른 하나는 잠재되어 있다. 이런 현상이 나타나는 이유는 어린 시절 심각한 트라우마를 경험하거나 의식적으로 어떤 사람이 되고 싶다고 생각할 때 나타난다. 두 개의 인격은 각각 그 나름의 주체성과 이름 그리고 관계성을 가지고 있지만 서로 의식하지 못한다. 스티븐스의 소설 『지킬 박사와 하이드』가 좋은 예다.

『자유론』
1859년 출간된 존 스튜어트 밀의 저서다. 자유에 관한 철학사에 길이 남을 빛나는 명작으로 아내 해리엇과 공저했다.

시민과 국가의 관계, 즉 시민의 자유가 어디까지 보장되고, 국가의 간섭은 어디까지 미칠 수 있는지를 다루고 있다. 밀은 "개인의 자유는 자신의 사고와 말, 행위가 다른 사람들을 해치지 않는 모든 범위에서 절대적이다. 그러므로 국가의 법률이나 일반적인 도덕적 판단이 개인의 자유를 제한해서는 안 된다. 따라서 국가가 그 역할을 제대로 수행하지 않거나 국가가 자신의 목적을 위해 개인을 억압할 때에는 국가의 역할은 축소되고, 개인에 대한 국가의 간섭은 제한되어야 한다"고 강조했다.

제국주의
선진국들이 자국 발전을 위해 약소국을 무력으로 침략해 식민지로 만드는 정책이다. 영국의 『데일리 뉴스』가 1870년 6월 8일자 보도에서 나폴레옹 3세가 몰락한 상황을 '프랑스의 제2제정'을 '제국주의'라고 지칭하면서 일반화되었다.

영국, 프랑스, 독일은 19세기 말 산업혁명을 거치면서 공업을 중심으로 산업이 급속히 성장했다. 이에 따라 원료를 안정적으로 확보하고, 상품을 팔 시장이 필요했다. 그래서 이들은 군대를 앞세워 약소국들을 침략해 식민지로 만들었다. 이렇게 유럽의 강대국들이 19세기 말부터 추진한 대외 팽창주의 정책을 '제국주의'라고 한다. 결국 이 제국주의로 말미암아 제1차 세계대전이 일어났다.

진화론
생물은 생활환경에 적응하면서 단순한 것으로부터 복잡한 것으로 진화하며, 생존경쟁에 적합한 것은 살아남고 그렇지 못한 것은 도태된다는 학설이다. 다윈이 진화론을 발표하자 창조론을 믿던 사람들은 진화론을 주장한 다윈을 원숭이로 표현했다. 다윈의 진화론은 생물학뿐만 아니라 사회 전반에도 큰 영향을 미쳤다.

프롤레타리아
프롤레타리아는 '생산수단을 소유하지 못해 자신의 노동력을 자본가에게 팔아 생활하는 노동자'를 뜻한다. 여기서 말하는 생산수단은 공장, 원재료, 기계, 토지, 건물, 교통수단 등 인간이 어떤 물건이나 재화를 만들어내기 위한 수단을 총칭한다. 이는 라틴어 '프롤레타리우스(Proletariatus)'라는 말에서 유래했는데 이것은 원래 후기 로마

시대에 가진 것 없는 최하층민 계급을 일컫는 말이었다. 이들은 가진 재산이 없었기 때문에 한자로 번역하면 무산계급(無産階級), 즉 재산이 없는 계급이다.

카를 마르크스와 프리드리히 엥겔스는 1847년 『공산당선언』을 통해 '만국의 노동자여, 단결하라!'는 메시지를 남겼다. 즉 프롤레타리아가 혁명을 일으켜 새로운 사회를 만들어야 한다는 것이다. 이 '공산당선언'에 영향을 받은 레닌이 러시아에서 10월 혁명을 일으켜 공산주의가 탄생했다.

해리성정체장애

해리성정체장애는 다중인격이라고 알고 있는 증상을 설명하는 용어다. 해리성정체 장애는 둘 또는 그 이상의 별개의 성격을 가지거나 빙의 경험 또는 반복적인 기억상 실을 특징으로 한다. 해리성정체장애를 겪고 있는 사람들은 다른 목소리들이 들리 고, 행동과 말의 해리, 갑작스럽게 침범해 공격하는 사고, 감정, 충동들을 경험한다. 또한 자신의 신체와 행동들이 자신의 것이 아닌 느낌을 가지는 이인증 또는 비현실 감의 특징을 보인다.

빅토리아 여왕
1819~1901

영국의 여왕. '인도 여제'를 비롯해 많은 칭호를 갖고 있다. 빅토리아 여왕은 영국 역사상 가장 오랜 기간 동안 통치했던 군주로, 1837년부터 1901년 여왕이 죽을 때까지 64년간 재임했다. 이 기간 동안 영국은 크리미아전쟁과 아편전쟁에서 승리를 거뒀고, 세포이 반란도 무난히 진압했다. 또한 산업혁명으로 경제발전을 이뤘으며, 참정권 확대와 국민 교육의 보급 등 영국을 최고 번영기로 이끌었다. 이 때문에 그녀의 통치 기간을 '빅토리아 시대'로 통칭하며 영국을 '해가 지지 않는 나라'로 불렀다.

제임스 왓슨
1928~
프랜시스 크릭
1916~2004

제임스 왓슨과 프랜시스 크릭은 DNA 이중 나선 구조를 밝혀낸 생물학자들이다. 19세기 후반 DNA라는 물질이 처음으로 발견되었다. 그리고 1943년에 오스왈드 에이버리와 동료 과학자들은 실험을 통해 DNA가 유전 정보라는 사실을 처음으로 입증했다.
그로부터 10년 뒤 제임스 왓슨과 프랜시스 크릭은 DNA의 X선 회절 사진을 분석해 이것이 이중 나선 구조로 되어 있다는 것을 밝혀내고, 여러 계산을 거쳐 DNA의 입체구조를 세상에 알렸다. 이러한 발견은 분자생물학의 발전에 이바지했으며 인간이 생명체를 바라보는 시각에 서서히 변화를 가져왔다.

제임스 와트
1736~1819

제임스 와트는 새로운 증기기관을 발명한 영국의 기술자이다. 구식 증기기관을 수리하는 동안 증기를 농축할 수 있는 압축장치를 따로 설치하면 증기기관의 성능이 훨씬 좋아진다는 것을 깨달았다. 그리고 성능 개선을 위한 연구를 거듭해 1769년 열효율을 크게 높인 증기기관을 발명해 특허를 받았다. 그가 만든 증기기관은 훗날 많이 개량되지만, 산업혁명의 주역이 된 기계를 움직이는 기관들의 시초가 되었다.
영국과학진흥협회는 제임스 와트의 공적을 기려 1889년 '와트(Watt)'를 일률과 동력 단위로 채택했고, 1960년 제11차 도량형총회에서 국제단위계의 하나로 채택했다. 그의 증기기관은 기술혁신이 세상을 크게 바꾼 대표적 사례들 가운데 하나다.

지그문트 프로이트
1856~1939

지그문트 프로이트는 심리학의 아버지라고 불리며 정신분석의 창시자이다. 히스테리 환자를 관찰하고 최면술을 행하며, 인간의 마음에는 무의식이 존재한다고 주장했다. 그는 사람의 무의식은 이드(id, 본능), 에고(ego, 자아), 슈퍼에고(super-ego, 초자아)로 나누었다. 이드는 본능과 쾌락을 의미하고, 초자아는 그런 이드를 억압하고 통제한다. 그리고 중간에 이를 중재하는 것이 바로 자아다.

『지킬 박사와 하이드』를 프로이트 이론으로 들여다본다면 지킬 박사 속에는 두 명의 타인이 존재했다고 볼 수 있다. 하이드는 오직 쾌락만을 추구하는 타인이며, 지킬은 양심에 바탕을 둔 도덕적 존재다. 이 둘의 갈등과 충돌은 피할 수 없다. 초자아가 본능과의 싸움에서 지는 바람에 결국 지킬은 하이드에 대한 통제력을 잃어버리면서 비극적인 최후를 맞는다.

 찰스 다윈 1809~1882	찰스 로버트 다윈은 영국의 생물학자로 1859년 『종의 기원』을 출간했다. 22세 때 '비글호'라는 작은 배로 주로 남아메리카와 남태평양 여러 섬, 오스트레일리아 등의 해역을 5년 동안 항해하면서 여러 가지 동물과 식물 지질에 대한 현지 조사 활동을 벌였다. 다윈은 이 조사선의 조사원으로 임명된 유일한 과학자였다. 이 경험을 통해 그는 '자연선택'에 따라 진화가 일어난다는 생각을 갖게 되었고, 이 생각은 과학계만이 아니라 전 세계를 흔들었다.

공리주의 철학자 : 행복의 극대화를 추구함

경험적 공리주의	 **제러미 벤담** 1748~1832	제러미 벤담은 영국 공리주의를 대표하는 사회사상가이다. 무조건적인 행복을 추구해서 '양적 공리주의자'라고도 부른다. 정치·경제·교육 등 다방면에 많은 업적을 남겼으며 그가 남긴 '최대 다수의 최대 행복'이라는 말은 공리주의를 체계화하고 현실을 개혁하는 데 많은 역할을 했다. 벤담은 많은 사람에게 행복을 주는 행동이야말로 옳은 일이며, 그렇지 못한 행동은 그릇된 행동으로 보았다. 또 행복은 오직 한 종류이며, 그 차이는 없다고 보았다. 벤담은 행복의 양을 계산할 수도 있다는 '행복 산술법'을 제시해 당시에 많은 비판을 받았다. 하지만 그가 제시한 '다수결의 원칙' 등의 이론은 훗날 민주주의를 이루는 데 큰 영향을 미쳤다.
	 존 스튜어트 밀 1806~1873	존 스튜어트 밀은 19세기 영국의 철학자이자 경제학자이다. 그는 경제학자 제임스 밀의 장남이다. 밀은 벤담의 영향을 받아 공리주의를 사상의 기초로 삼았으나, 쾌락의 양을 주장한 벤담과는 달리 쾌락의 질적인 차이를 주장하며 벤담의 사상을 수정했다. 밀은 인간은 동물적인 본성 이상의 능력을 가지고 있으므로 질적으로 높고 고상한 쾌락을 추구한다고 보았다. 곧 '만족한 돼지가 되는 것보다는 불만에 찬 소크라테스가 되는 것이 좋다'는 것이다. 이렇게 되기 위해서는 교육이 반드시 필요하며 국가가 나서서 교육에 힘써야 한다고 주장했다.

		또한 밀은 최초로 여성 참정권을 주장했으며, 보통선거권 도입 같은 선거제도의 개혁을 요구했다. 주요 저서로 『논리학 체계』, 『정치경제학 원리』, 『자유론』, 『대의정치론』, 『공리주의』, 『자서전』 등이 있다.
진화론적 공리주의	허버트 스펜서 1820~1903	허버트 스펜서는 영국의 철학자이자 사회학자이다. 다윈의 생물진화론을 받아들여 진화를 생물뿐 아니라 세계 전체로 확대, 적용했다. 스펜서는 진화론에 근거해 공리주의를 받아들이면서도, 이를 발전시켜 진화론적 쾌락주의를 이루어냈다. 그는 일반 사회의 행복과 안녕을 목적으로 하는 '최대 다수의 최대 행복'을 중시했다.
합리적 공리주의	헨리 시지윅 1838~1900	헨리 시지윅은 19세기를 대표하는 공리주의자들 중 마지막 인물로 알려져 있다. 벤담, 밀과 더불어 이른바 '고전적 공리주의' 사조를 대표하는 인물로도 꼽힌다. 그는 여자들의 고등교육 향상에 이바지했다. 저서로는 『윤리학 방법』이 있다.

『지킬 박사와 하이드』 쟁점과 토론

Dr. Jekyll
And
Mr. Hyde

지킬의 본성은 선하다

▌등장인물 소개

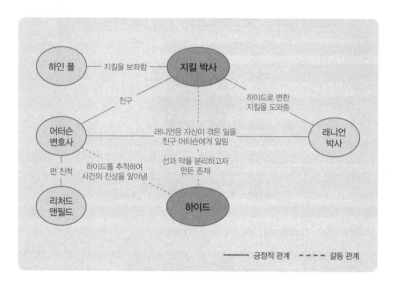

헨리 지킬 법학박사이자 의학박사로 사회적으로 존경받는 유명인사다. 그러나 쾌락을 탐하는 욕구가 있어 남들 모르게 이중생활을 하기도 한다. 자신의 이러한 이중성에 대해 고민하다가 내면에 존재하는 악을 분리하고자 실험을 하게 된다. 약물을 복용하면 '하이드'라는 또 다른 존재로 변한다. 자신의 품위를 손상시키지 않고도 쾌락을 즐길 수 있음에 기뻐하지만, 자신의 실험으로 결국 죽음을 맞이한다.

에드워드 하이드 지킬 박사의 내면의 악을 분리하기 위해 만들어진 존재로, 누구나 보는 순간 혐오감과 불쾌감을 느끼게 하는 인상을 준다. 도덕적으로 비정하며 무감각할 뿐만 아니라 이기적인 성격으로, 타인에게 고통을 주는 것을 즐긴다. 여러 악행을 저지르다가 자신을 보호해줄 수 있는 지킬의 모습으로 돌아가지 못한다는 것을 알고 청산가리를 마시고 자살한다.

래니언 박사 지킬 박사와 어터슨 변호사의 친구이며 직업은 의사다. 하이드로 변한 지킬이 약을 먹고 원래의 모습을 찾도록 도와주는데, 그 과정을 보고 충격에서 벗어나지 못하고 죽는다. 죽기 전에 자신이 목격한 괴이한 사건에 대한 수기를 써서 어터슨에게 보낸다.

어터슨 변호사 지킬 박사와 래니언 박사의 친구이며 직업은 변호사이다. 지킬 박사가 하이드에게 유산을 남기겠다는 유언장을 보관하면서 하이드라는 인물에 대해 의문을 품게 된다. 어느 날 리처드 앤필드와 산책하던 중 하이드가 저지른 악행에 대한 목격담을 듣고 그를 추적하게 되며, 끝내 사건의 진상을 알게 된다.

폴 지킬 박사의 집에서 일하는 충직한 하인이다. 20년이 넘도록 지킬 밑에서 일했기에 그에 대해 잘 알고 있다. 지킬에게 무언가 좋지 않은 일이 생긴 것을 짐작하고 어터슨에게 도움을 요청한다.

리처드 앤필드 어터슨의 먼 친척으로 매주 어터슨과 함께 산책을 한다. 하이드가 저지른 악행을 목격하고 어터슨에게 이야기해준다.

논제	지킬의 본성은 선하다.
추가 토론 논제	1. 하이드를 만든 지킬 박사는 유죄다. 2. 지킬은 하이드의 악행을 책임져야 한다. 3. 과학기술을 발전시킨 지킬의 공로를 인정해 죄를 감해주어야 한다.

내용 요약	발단	지킬 박사는 법학박사이자 의학박사이며, 누구에게나 존경받는 사람이었다. 하지만 그의 마음속 한구석에는 쾌락에 대한 욕구가 있어서 남몰래 이중생활을 즐겼다. 어느 날 인간의 선과 악을 분리하는 실험에 성공한 그는 선과 악을 분리하는 약을 만들어 자신이 마신다.
	전개	그 약을 마시자 지킬 박사는 '하이드'라는 존재로 바뀌게 된다. 하이드는 지킬 박사의 나쁜 면, 즉 악으로만 가득 찬 사람이었다. 지킬 박사는 낮에는 원래 자신의 모습인 지킬 박사로 행동하면서, 밤에는 하이드로 변신해 박사로서의 명성이나 타인의 시선에 구속받지 않고 쾌락을 즐긴다.
	위기	그러던 어느 날, 잠에서 깬 지킬 박사는 약을 먹지 않았는데도 하이드로 변한 자신의 모습에 놀란다. 하이드로 변신하는 것을 멈추고 친구들과 어울리며 봉사활동을 하면서 지킬 박사로서의 삶을 살아간다. 그러나 다시금 이러한 생활에 싫증을 느낀 지킬 박사는 약물을 먹고 하이드로 변하는데, 억눌려 있던 악의 욕망이 더 크게 분출되어 댄버스 커루 경을 살해하기에 이른다.
	절정	지킬 박사는 살인 사건의 용의자로 지목된 하이드로 변신하는 짓을 완전히 그만두기로 한다. 그러던 어느 날, 약을 먹지 않았음에도 저절로 하이드로 변하게 된다. 당황한 그는 친구 래니언 박사의 도움을 받아 다시 지킬의 모습으로 돌아오지만 래니언 박사는 충격으로 세상을 떠난다.
	결말	이후 지킬 박사는 약물의 한계에 다다르게 되고 언제 하이드로 변할지 몰라 불안에 떨며 집에 숨어 지낸다. 마침내 원래 모습으로 돌아오는 약이 다 떨어지자 그는 친구 어터슨 변호사에게 편지를 남긴다. 그때부터 줄곧 하이드의 모습으로 서재에 숨어 지낸다. 그러던 중 지킬에게 문제가 생긴 것 같다고 의심하는 하인 폴과 어터슨 변호사가 문을 부수고 들어가려 하자 독약을 먹고 자살한다.

생각 더하기	1. 지킬이 하이드를 만든 후 일어날 상황을 미리 예측했다면 어땠을까? 2. 악한 본성 하이드가 점점 강해질 때 지킬은 어떤 생각을 했을까? 3. 지킬과 하이드를 하나의 존재로 보는 것이 옳을까?	
	찬성	**반대**
쟁점 찾기	1. 지킬은 친절하고 인정이 많다. 2. 지킬은 선한 목적으로 실험을 했다. 3. 지킬은 주변 사람들에게 존경을 받았다.	1. 지킬은 악을 행하며 쾌락을 즐겼다. 2. 지킬의 자선은 위선이다. 3. 지킬은 래니언의 조언을 무시했다.

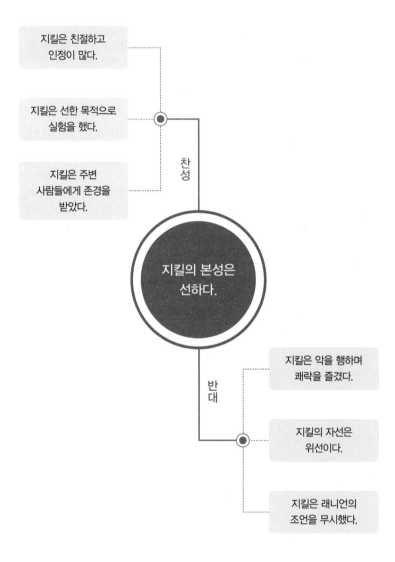

지킬은 친절하고
인정이 많다.

지킬은 선한 목적으로
실험을 했다.

지킬은 주변
사람들에게 존경을
받았다.

찬성

지킬의 본성은
선하다.

반대

지킬은 악을 행하며
쾌락을 즐겼다.

지킬의 자선은
위선이다.

지킬은 래니언의
조언을 무시했다.

📖 토론 요약서

논제	지킬의 본성은 선하다.	
용어 정의	• 지킬 : 이 책의 주인공으로 법학박사이자 의학박사이다. 선과 악을 분리 하는 실험을 통해 하이드를 만들어낸다. • 본성이 선하다 : 본래부터 타고난 성품이나 천성이 곱고 바르다.	

	찬성	반대
쟁점 1	지킬은 친절하고 인정이 많다.	지킬은 악을 행하며 쾌락을 즐겼다.
근거	지킬은 쉰 살의 노신사로, 그의 얼굴은 선량함과 온화함이 넘친다. 그는 천부적으로 근면한 성격과 선량함을 유난히 존경하는 기질을 가졌다. 50대 지킬의 얼굴에서 나오는 온화함은 그가 가진 본성이 선하다는 결과로 빚어진 것이다. 지킬은 평생 동안 부지런히 덕을 쌓은 선한 사람이다.	하이드로 변한 지킬은 길에서 만난 어린 여자 아이의 몸을 짓밟고도 전혀 죄책감을 느끼지 않는다. 얼마 후에는 노신사 댄버스 경을 구둣발로 짓밟고 몽둥이 세례를 퍼부어 처참하게 살해한다. 하이드는 댄버스 경을 때리면 때릴수록 더 큰 쾌락을 느꼈다. 지킬이 이런 광기에 굴복한 것은 본성이 악하기 때문이다.
쟁점 2	지킬은 선한 목적으로 실험을 했다.	지킬의 자선은 위선이다.
근거	지킬은 자신이 만든 약으로 하이드를 만든다. 지킬은 인간이 본래 하나의 존재가 아니라 두 개의 존재라는 믿음을 가지고 있었다. 그는 실험을 통해 선과 악을 분리해 악한 본성은 착한 본성의 향상심과 양심의 가책에서 해방되고, 착한 본성은 악한 본성이 저지르는 일을 접하고 괴로워할 필요 없이 기쁨이 되는 좋은 일을 하면서 향상의 길로 갈 수 있다고 믿었다. 이처럼 지킬은 자신의 신념에 따라 선한 의도로 실험을 진행했다.	하이드가 댄버스 커루 경을 살해한 이후 지킬은 하이드의 피난처가 되었다. 그는 악행을 저지른 후 죄를 갚기 위해 선행을 베풀겠다고 마음먹었으나, 이중생활에 대한 못된 욕구를 버리지 못한다. 그리고 하이드의 모습으로 변해서 벌이는 악행을 덮기 위해 자선을 수단으로 활용한다. 돈과 자선으로 악행에 대한 면죄부를 산 지킬의 본성은 악하다.

CHAPTER **07** 지킬 박사와 하이드 ㅣ 로버트 루이스 스티븐슨   233

쟁점 3	지킬은 주변 사람들에게 존경을 받았다.	지킬은 래니언의 조언을 무시했다.
근거	존경받는 과학자 지킬은 자선가로 알려져 있다. 앤필드는 지킬이 서명했던 수표의 필체를 알아보고 "수표에 서명했던 사람은 좋은 일을 많이 하고 아주 교양이 높은 분"이라고 표현한다. 이를 보면 지킬이 주변 사람들에게 존경받고 있다는 것을 알 수 있다.	래니언은 지킬의 비과학적이고 불합리한 공상적 생각에 대해 회유한다. 하지만 지킬은 래니언을 무식하고 시끄럽고 편협한 탁상공론가라며 무시한다. 래니언은 지킬의 실험이 가져올 파국을 예견하고 지킬의 실험을 저지하려 한 것이다. 만약 지킬의 본성이 선했다면 인류에 반하는 실험을 계속 진행하지 않았을 것이다.

▌논의 배경

　존경받는 과학자 지킬 박사는 인간의 내면에 선과 악 두 가지 본능이 있다는 생각에 사로잡힌다. 그리고 인간의 내면에 있는 이 두 가지 본능을 분리함으로써 자유로워질 것이라는 결론을 내린 후, 이를 실행에 옮겨 악을 분리하는 데 성공한다. 선한 삶을 살아가며 악으로부터 자유로워지기를 원했던 지킬의 본성에 대해 토론하는 시간을 갖고자 한다.

▌용어 정의

- **지킬** : 이 책의 주인공으로 법학박사이자 의학박사이다. 선과 악을 분리하는 실험을 통해 하이드를 만들어낸다.
- **본성이 선하다** : 타고난 성품이나 천성이 곱고 바르다.

쟁점 1　지킬은 친절하고 인정이 많다.

　지킬은 쉰 살의 노신사로, 선량함과 온화함이 넘치는 외모를 가졌다. 그는 천부적으로 근면하며 유난히 선량함을 가지고 태어났다. 주변 사람들을 대할 때도 따뜻함이 넘친다. 그는 늘 어려움에 처한 사람을 돕기 위해 애쓰는 자선사업가로 알려져 있다. 이제 자선은 생활의 신조가 되었다. 지킬은 바쁜 생활 중에도 많은 봉사와 선행을 베풀었다. 옆에서 오랫동안 지킬을 지켜본 어터슨 또한 지킬이 좋은 일을 많이 해왔다는 것을 익히 알고 있다. 50대 지킬의 얼굴에서 나오는 온화함은 그가 가진 선한 본성으로 빚어진 결과이다. 미국의 대통령 에이브러햄 링컨은 "나이 마흔이 되면 자기 얼굴에 책임을 져야 한다"라고 했다. 지킬의 얼굴에 온화함이 가득한 것은 그가 평생 동안 부지런히 덕을 쌓고 사회에 도움이 되는 학문을 추구했기 때문이다.

쟁점 2 　지킬은 선한 목적으로 실험을 했다.

　지킬은 인간이 본래 하나의 존재가 아니라 선과 악 두 개의 존재라는 믿음을 가졌다. 그는 선과 악 사이에서 지속적인 다툼이 일어나지 않고 도덕과 지성을 가까이 하기 위해서는 악을 분리해야 한다고 생각했다. 지킬은 실험을 통해 선과 악을 분리하겠다는 목표를 세우고 약을 개발해 하이드를 만든다. 그가 연구에 몰두할 수 있었던 것은 실험에 성공한다면 악의 본성은 사라지고 착한 본성만 남게 될 것이며 악을 행하지 않아 양심의 가책에서 해방될 것이라고 판단했기 때문이다. 또한 착한 본성은 악한 본성이 저지르는 불명예스러운 일을 접하고 괴로워하거나 참회할 필요가 없이 기쁨이 되는 선한 일을 하면서 발전의 길로 갈 수 있다고 믿었기 때문이다. 따라서 자신의 신념에 따라 순수한 의도로 실험을 진행한 지킬은 선한 본성을 가진 인물이다.

쟁점 3 　지킬은 주변 사람들에게 존경을 받았다.

　존경받는 과학자 지킬은 자선가로 알려져 있다. 선행을 베풀며 봉사를 하느라 내면의 양심이 빛을 발한 그의 얼굴은 밝고 환하다. 지킬은 밝은 햇빛 아래에서 학문을 연구할 때도, 슬픔에 빠진 어려운 사람들을 도울 때도 항상 최선을 다했다. 앤필드는 지킬이 서명했던 수표의 필체를 알아보고 "수표에 서명했던 사람은 좋은 일을 많이 하시는 변호사님의 친구분으로, 아주 교양이 높을 뿐만 아니라 저명하신 분입니다"라고 어터슨에게 말한다. 이를 보면 지킬이 주변 사람들에게 존경을 받고 있다는 것을 알 수 있다. 지킬의 선한 본성은 자신의 목숨도 아까워하지 않는다. 하이드의 야만스런 본성에 역겨움을 느끼며 자살로 생을 마감하는 것은 지킬에게 사람들로부터 존경받을 만큼 선한 본성이 있기에 가능한 일이다.

▌논의 배경

　존경받는 과학자 지킬 박사는 인간의 내면에 선과 악 두 가지 본능이 있다는 생각에 사로잡힌다. 마침내 지킬은 인간의 내면에 있는 이 두 가지 본능을 분리함으로써 자유로워질 것이라는 결론을 내리고 이를 실행에 옮겨 악을 분리하는 데 성공한다. 악에게서 자유로워지기를 원했으나 결국 악한 존재인 하이드의 모습으로 삶을 마감한 지킬의 본성에 대해 토론하는 시간을 갖고자 한다.

▌용어 정의

- **지킬** : 이 책의 주인공으로 법학박사이자 의학박사이다. 선과 악을 분리하는 실험을 통해 하이드를 만들어낸다.
- **본성이 선하다** : 타고난 성품이나 천성이 곱고 바르다.

　　쟁점 1 　**지킬은 악을 행하며 쾌락을 즐겼다.**

　지킬이 없다면 하이드가 없고 하이드가 없다면 지킬도 없다. 둘은 생각을 공유하는 한 몸이다. 하이드로 변한 지킬은 길에서 만난 어린 여자아이의 몸을 짓밟고, 땅바닥에 쓰러져 비명을 지르며 우는 아이를 보고도 전혀 죄책감을 느끼지 않았다. 그리고 진심 어린 사과가 아닌 돈으로 사건을 무마하려고 했다. 게다가 얼마 후에는 눈을 뜨고 볼 수 없는 처참한 살인까지 저질렀다. 노신사 댄버스 경을 구둣발로 짓밟고 몽둥이세례를 퍼부었다. 하이드는 댄버스 경을 때리면 때릴수록 더 큰 쾌락을 느꼈다. 비로소 지킬 속에 오랫동안 갇혀 있던 악마가 으르렁거리며 뛰쳐나온 것이다. 그는 억제가 불가능할 정도로 사납게 날뛰며 사악한 충동에 즐거움을 느낀다. 지킬이 광기에 굴복한 것은 본성이 악하기 때문이다.

쟁점 2 지킬의 자선은 위선이다.

하이드가 댄버스 커루 경을 살해한 이후 지킬은 하이드의 피난처가 되었다. 그는 악행을 저지른 후 죗값을 치르기 위해 선행을 베풀겠다고 마음먹었다. 그러나 지킬은 이중생활에 대한 못된 욕구를 이기지 못했고, 자신의 죄를 덮기 위해 사람들에게 더 많은 것을 베풀었다. 그리고 죄책감 없이 하이드로 변해서 양심을 더 희롱하고 싶다는 유혹에 사로잡힌다. 성경에는 '오른손이 한 행동을 왼손이 모르게 하라'는 말이 있다. 지킬의 자선이 진심에서 비롯되었다면 '내가 어려움에 처한 사람들을 도우려고 얼마나 애썼는지 내 주변 사람들은 잘 알고 있을 것이다'라는 생각을 할 필요가 없다. 그가 주변 사람들을 의식하며 자선을 행하는 것은 위선이다. 그는 단지 자신의 자선을 악행에 대한 면죄부의 수단으로 삼았을 뿐이다.

쟁점 3 지킬은 래니언의 조언을 무시했다.

지킬과 래니언은 오랜 친구로 떼려야 뗄 수 없는 사이다. 둘은 같은 학문을 공부하며 서로의 생각을 공유해왔다. 하지만 래니언은 지킬이 너무 허황되다고 생각한 지 10년이 넘었으며, 지킬의 학문적 성향이 이상한 방향으로 가고 있고 비과학적인 허튼소리를 지껄인다며 노여워한다. 그리고 오랜 친구인 지킬의 잘못된 공상적 생각에 대해 연민의 회유를 한다. 하지만 지킬은 래니언을 무식하고 시끄럽고 편협한 탁상공론가라며 무시한다. 그러나 과학적 사고를 가진 래니언은 지킬의 실험이 가져올 파국을 예견하고 그의 실험을 저지한 것이다. 하지만 지킬은 래니언의 조언을 무시하고 악의 하이드를 만들었다. 그 결과 여러 사람이 피해를 입거나 죽었다. 만약 지킬의 본성이 선했다면 래니언의 조언을 무시하면서까지 인류에 반하는 실험을 진행하지는 않았을 것이다.

📚 참고문헌

황보종우, 『세계사 사전』, 청아출판사, 2004.

배수원, 『아이스크림보다 맛있는 경제학』, 이가서주니어, 2005.

박규상 외 2인, 『세계사 용어사전』, 웅진씽크빅, 2006.

로버트 루이스 스티븐슨, 한상남 옮김, 『지킬 박사와 하이드』, 삼성출판사, 2007.

닐 그랜트, 김석희 옮김, 『옥스퍼드 세계의 역사』, 랜덤하우스, 2008.

초등역사 모임, 『세계사 이야기 2』, 늘푸른어린이, 2008.

강혜원 외 3명, 『국어 선생님과 함께 읽는 세계 명작 2』, 푸른숲주니어, 2009.

로버트 루이스 스티븐슨, 서석영 옮김, 『지킬 박사와 하이드 씨』, 효리원, 2009.

이근호·신선희, 『이야기로 엮은 한국사·세계사 비교 연표』, 청아출판사, 2012.

진상우, 「뮤지컬 〈지킬 앤 하이드〉 공연적 특성에 나타난 주인공의 성격/심리 분석」, 단국대
　　　　학교 문화예술대학원 석사논문, 2013.

진현옥, 「빅토리아 후기 소설에 나타난 퇴보 담론 연구: 스티븐슨, 와일드, 스토커를 중심으
　　　　로」, 한국외국어대학교 대학원 석사논문, 2013.

로버트 루이스 스티븐슨, 김세미 옮김, 『지킬 박사와 하이드』, 문예출판사, 2014.

로버트 루이스 스티븐슨, 이규희 옮김, 『지킬 박사와 하이드 씨』, 지경사, 2014.

CHAPTER **08**

변신
Die Verwandlung

• 프란츠 카프카 •

✧ 작품 선정 이유

『변신』은 자본주의 사회에서 발생하는 소외된 인간의 문제점들을 제시하고 있다. 산업 발전과 기계 문명은 대량생산을 불러왔으며 기계화된 산업사회는 인간을 기계의 부품으로 전락시켰다. 산업사회에서 소시민들은 위축된 채 부조리와 절망을 느꼈고, 자신의 존재 목적과 방향을 잃은 채 미로 속을 헤맸다.

기계화되고, 산업화된 산업사회, 즉 자본주의에서 발생하는 인간 소외, 비인간화, 삶의 황폐화, 노동과 직업의 문제 등 현대사회에서 발생하는 문제들에 대해 생각하는 시간을 갖기 위해 이 작품을 선정했다.

| 📖 수록교과서 | 고등학교 문학, 미래엔, 방민호 외 5명, 2015

프란츠 카프카
Franz Kafka

프란츠 카프카(1883~1924)는 1883년 7월 3일, 체코의 수도 프라하에서 태어났다. 그의 아버지는 자수성가한 유대인 상인이었는데, 돈을 버는 것에만 치중하고 가정에는 관심을 두지 않았다. 카프카의 어머니는 부유한 집안 출신이었다. 카프카가 유럽에서 소외받는 유대인이자, 오스트리아─헝가리 제국의 지배를 받았던 체코(보헤미아) 출신이라는 요인은 그가 작가로 활동하는 데 큰 영향을 끼쳤다.

카프카는 독일계 플라이쉬 마르크트 초등학교를 졸업한 후 독일계 왕립인문고등학교에 다녔다. 이후 프라하의 독일계 대학에서 공부했는데, 독문학을 전공하다가 아버지의 뜻에 따라 법학으로 전공을 변경해 1906년에는 법학박사 학위를 받았다. 그는 문학과 사상에 관심이 많았기 때문에 쇼펜하우어의 강연을 빠짐없이 듣곤 했다.

또한 에밀 슈트라우스, 한스 카로사, 폰타네 등의 작품을 즐겨 읽었다. 카프카는 대학 시절 평생 친구를 만나게 되는데, 그가 바로 '막스 브로트'이다. 막스 브로트는 카프카의 세 동생을 비롯한 대부분의 친지가 아우슈비츠에서 사망한 상황에서 카프카의 유고를 출간할 수 있도록 노력했다. 또한 제2차 세계대전 시기 나치의 방해로부터 그의 작품을 지켜내, 오늘날 카프카의 명성을 쌓는 데 일조했다. 카프카는 죽기 전 자신의 모든 글을 불태워줄 것을 부탁했으나, 막스 브로트가 카프카의 유언을 지키지 않았기에 그의 작품이 세상에 빛을 보게 되었다.

카프카는 대학을 졸업한 후 형사재판소와 민사재판소에서 근무했다. 하지만 내성적인 성격 때문에 죄인에게 형벌을 가하는 업무를 힘겨워했다. 그래서 25세가 된 해인 1908년에 노동재해보험국으로 직장을 옮겼다. 그는 그곳에서 1922년까지 근무하면서 자본주의 경제 발달에 따른 사회보장제도의 결함과 같은 현대사회의 모순을 알게 되었다. 당시 유럽의 노동 환경은 매우 열악했고, 인간의 소외와 무력감이 사회 전반에 퍼져 있었다. 이러한 점은 그의 작품에도 그대로 녹아 있다. 특히 카프카의『변신』은 실존주의적 부조리와 사회적 소외에 대해 폭로하는 대표적인 작품이다. 이는 충실한 아들이자 근면한 직장인이던 주인공에게 덮친 엉뚱한 운명으로 인해 개인이 받는 소외와 고독이 죽음에 이르게 한다는 점에서 알 수 있다. 카프카는『변신』이후, 1919년에『유형지에서』, 1922년에『성』, 1925년에는『소송』을 출간했다.

프란츠 카프카는 평생 결혼은 하지 않았으나 세 번의 약혼을 했다.

그중 세 번째 약혼 상대인 도라 디아만트는 그가 폐결핵으로 41세의 나이로 요절할 때까지 밤낮으로 그를 간호해준 여인이다. 그는 도라와 함께 비엔나 근교의 키를링 요양원에 머무르다가 1924년 6월 3일에 세상을 떠났으며 일주일 후 프라하의 유대인 묘지에 안장되었다.

【시대사 연표】

세계사		한국사	
1848년	프랑스, 2월 혁명	1863년	흥선대원군, 정권 장악
	오스트리아, 3월 혁명		고종 즉위
1853년	크림전쟁	1866년	병인양요, 병인박해
1857년	인도, 세포이 항쟁(~1859년)	1871년	신미양요
1860년	베이징 조약 체결	1875년	운요호 사건
1861년	미국, 남북전쟁(~1865년)	1876년	강화도 조약 체결
1868년	일본, 메이지유신 단행	1882년	임오군란
1870년	이탈리아, 전국 통일	1883년	태극기 사용
1877년	러시아·투르크 전쟁	1884년	갑신정변
1882년	영국, 이집트 지배권 차지	1894년	동학농민운동
1882년	독일, 오스트리아, 이탈리아 삼국동맹	1895년	을미사변
1894년	청일전쟁(~1895년)	1896년	『독립신문』 창간
1904년	러일전쟁(~1905년)		아관파천
1914년	제1차 세계대전 발발(~1918년)	1905년	을사조약 체결
1916년	프란츠 카프카 『변신』 출간 ◀	1909년	안중근, 이토 히로부미 암살
1919년	베르사유 조약 체결	1910년	국권피탈
1920년	국제연맹 창립	1915년	대한광복회 결성
1924년	소련연방 성립	1919년	대한민국 임시정부 수립
1929년	세계 대공황 시작		3·1운동
1933년	히틀러, 독일 총리 취임	1926년	6·10 만세운동
1937년	중일전쟁	1929년	광주학생운동
1939년	제2차 세계대전 시작(~1945년)	1932년	윤봉길, 이봉창 의거
1945년	국제연합 성립	1940년	창씨개명 강제
1950년	UN 한국 파병 결의	1945년	한반도 광복
		1950년	6·25전쟁
		1953년	휴전협정 조인

자본주의 사회에서 철저하게 소외당한
인간의 모습을 벌레로 형상화하다

　『변신』은 벌레로 변한 한 인간의 이야기다. 작품 속 주인공 그레고르는 어느 날 아침 흉측한 벌레로 변한 자기 자신을 발견한다. 그는 왜 벌레로 변한 것일까?

　『변신』은 물질문명의 발달로 인간 소외가 일상화되어 있는 '현대산업사회'와 고뇌로 가득 찬 40년의 삶을 살았던 카프카의 생애와 관련이 있다. 20세기 초 경제가 발전하고 산업화되던 유럽의 자본주의 산업사회에서 중요한 것은 오로지 생산력의 증대와 이익의 확대였다. 이는 인간을 직업의 노예로 만들었으며 인간성 상실을 불러왔다. 이렇게 노동에 예속된 사회는 불안감과 절망감이 만연했으며 사람들은 존재의 가치와 의의를 잃어갔다. 인간이 만들어낸 산업사회라는 거대한 구조물은 인간에게 창의적이고 자유로운 활동 수단이 되는 것이 아니라 오히려 인간을 지배하고 비인간화시켰다. 이로 말미암아 사회는 기능적 합리성과 경제적 효율성만을 강조했으며 인간을 수단화하고 상품화했다. 따라서 경제적 이용 가치가 없는 인간은 아무런 존재 이유가 없는 무가치한 존재에 지나지 않았다. 이렇게 산업사회의 부품이 되어버린 사람들은 개성과 자주성을 상실한 채 일벌레, 돈 버는 기계로 전락했고 자기 자신으로부터, 가족으로부터, 사회로부터 소외당한 채 살아갔다. 작품『변신』에서 보여주는 주제는 바로 철저하게 소외당한 인간 존재의 모습이다. 카프카는 이렇게 자본주의 사회에서 절망에 빠져 있는 소시민들의 모습을 '벌레'로 묘사한 것이다.

　프란츠 카프카는 오스트리아—헝가리 제국의 지배를 받았던 보헤미아(체코)의 수도 프라하에서 유대계 부모의 장남으로 태어났다. 당시 오스트리아—헝가리 제국의 보헤미아의 수도 프라하는 체코인들이 살고 오스트리아인들이 다스렸다. 이는 민족적 갈등의 온상이며 종교적 갈등의 출발점이었다. 프라하는 독일 문화·유태 문화·체코 문화 등 3중 문화가 충돌하는 도시였다. 이곳에서 카프카는 유대교에 냉담한 유대인으로서 완전한 유대교인도 아니었으며 기독교인도 아니었다. 또한 독일어를 사용했지만 독일인이 아니었고 프라하에서 태어났지만 완전히 체코인도 아니었다. 그는 프라하 국영 보험회사 직원이었지만 사무실에서 일하는 관리에도 속하지 않았다. 왜냐하면 그는 자신을 작가라고 생각했기 때문이다. 하지만 그는 낮에는 관청에서 일하고 밤에만 글을 써야 했기 때문에 완전한 작가도 아니었다. 카프카는 이렇게 시민계급도 노동자계급도 아닌, 어느 세계에도 속하지 못하는 이방인이었다.

　이처럼 어느 한곳에 완전히 소속되지 못했던 그는 사회 환경과 주변의 사람들에 대해서뿐만 아니라 자신의 가족, 특히 아버지와의 소통 부재로도 소외감을 느꼈다. 그의 아버지 헤르만 카프카는 남부 보헤미아 지방의 프롤레타리아 출신으로, 고기를 파는 도살자업자의 아들이었으며 다혈질에 공격적인 성격이었다. 그는 자신의 고생스럽던 어린 시절을 악몽으로 여기며 신분 상승을 위해 아들을 독일계 학교에 입학시킨 뒤 상류 독일 사회에 편입시키려고 노력했다. 그는 아들의 인생을 자신의 설계에 맞게 키우려는 열망이 너무도 강했다. 하지만 문제는 프란츠 카프카가 아버지와는 너무도 판이한 기질을 소유했다는 것이다. 섬세한 사고를 하는 내적 성향의 프란츠 카프카에게 아버지의 존재는 늘 자신의 진로 한가운데 놓인 거대한 바위 같은 모습으로 비춰지곤 했다.

　그의 작품에서 흔히 나타나는 부친 콤플렉스나 부자 갈등의 모티브는 바로 아버지의 폭군적 요소와 직결된다. 문학을 쓸모없는 것이라고 단정했던 아버지는 끝내 아들이 심취한 예술 세계를 이해하지 못했다. 그는 권위적이며 억압적인 아버지에게 겉으로는 효자였지만, 내면으로는 자신은 가족에 포함되지 않는 타인일 뿐이었다. 『변신』에서 벌레로 변한 후 가족의 냉대와 무관심 속에서 비참하게 죽어가는 그레고르는 그의 또 다른 자아로 볼 수 있다.

게토

중세 이후의 유럽 각 지역에서 유대인을 강제 격리하기 위해 설정한 유대인 거주 지역을 말한다. 베니스에서 유대인의 초기 거주지가 주물공장 근처에 있었는데, 주물공장을 이탈리아어로 게토(Getto)라고 한다. 교황 바오로 4세가 1555년에 게토를 하나의 제도로 정착시켰다. 19세기에 들어서면서 게토가 사라졌지만, 나치가 게토를 다시 살려냈고, 유대인들을 그곳에 강제로 수용했다. 가장 유명한 게토는 50만 명 이상의 유대인을 수용했던 바르샤바의 게토이다.

자본주의 특성

• **노동자들은 노동을 통해 만들어진 생산물로부터 소외됨**

　공장에서 노동자들에 의해 생산된 물건은 자본가, 기업가의 것이 됨.

• **노동의 과정에서 소외됨**

　노동자들은 생산과정을 주도적으로 통제하지 못함. 단지 주어진 명령대로만 움직임.

• **노동자는 인간의 고유한 특성에서 소외됨**

　인간 본연의 욕구인 자유롭고 창조적인 활동이 제약됨.

• **노동자는 인간에게서 소외됨**

　노동자와 자본가는 생산물과 생산과정을 둘러싸고 대립과 갈등을 빚으며 이로 말미암아 적대적 인간관계가 형성된다. 이때 노동자와 자본가가 서로 대립하고 갈등하는 '인간으로부터의 소외'가 발생함.

물질문명

물질을 기초로 하는 문명으로, 흔히 기계의 시대라고 볼 수 있는 20세기의 문명을 가리킨다. 더 나아가 인간이 자연환경에 적응하며 생활해나가기 위해 물질을 바탕으로 창조한 문화로 기계, 도구, 교통, 통신수단 등을 뜻한다.

제국주의 등장

산업혁명 이후 19세기 과학과 기술의 진보는 자본주의를 급속히 발달시켰다. 그 결과 기업과 은행의 힘이 강화되었고, 독점자본과 금융자본이 산업을 지배했다. 그러나 독점자본주의의 출현은 자본의 과잉으로 상품 구매력에 한계를 가져와 오히려 실업률을 증가시키는 결과를 가져왔다.

따라서 유럽의 자본주의 국가들은 원료 공급지와 상품 시장의 역할을 하던 기존의 식민지를 잉여 자본의 투자 지역으로 재편하고 더 많은 식민지를 확대하기 위해 제국주의 정책을 추진했다.

보헤미아

체코를 동서로 나누어 동부를 모라비아(Moravia), 서부를 체히(Cechy)라 부르는데, 이 체히를 라틴어와 영어로는 보헤미아(Bohemia), 독일어로는 뵈멘(Böhmen)이라 한다. 보헤미아는 기원전에 이 지방에서 산 켈트계 보이(Boii)족에서 비롯되는 역사적인 명칭이다.

보헤미아는 사방이 산맥으로 둘러싸인 마름모꼴의 커다란 분지로, 라베(엘베)강과 그 지류인 블타바강의 유역에 전개된 지역이다. 기름진 농지와 풍부한 광산 자원이 있고, 수도 프라하를 비롯해 많은 공업도시가 발달해 있으며, 체코의 정치·경제·산업의 중심부를 이루고 있다.

유대인

유대인이라는 단어는 1223년경에 현재와 같은 모습으로 고정되었다. '유다의 부족'을 의미하는 라틴어 'Judaeus'에서 유래한 단어로서, 초기에는 팔레스타인 지역에 살았던 아브라함의 후예를 가리켰다.

오늘날에는 유대 민족에 속하는 사람들과 유대교를 믿는 사람들을 동시에 가리킨다. 전 세계에 흩어져서 살아가는 유대인들은 동부 유럽의 유대인과 남부 유럽과 북아프리카 유대인 그리고 이스라엘에서 태어난 유대인으로 크게 나뉜다.

인간 소외

인간이 만든 문화를 지배하지 못하고, 오히려 그에 의해 인간이 지배되는 현상이다.

오스트리아 – 헝가리 제국

1867년부터 1918년까지 존속했던 합스부르크 왕가의 국가이다. 1867년 오스트리아 제국의 황제와 헝가리의 헝가리인 귀족들 사이의 대타협으로 성립되었고, 오스트리아 황제가 헝가리의 왕, 보헤미아(지금의 체코) 왕을 겸임했다. 이 타협으로 헝가리는 큰 자치권을 누리게 되었다. 헝가리인은 오스트리아인과 함께 지배민족이 되었고, 헝가리어가 독일어와 함께 공용어가 되었다. 또한 오스트리아 황제가 지배하는 제국의 서부, 북부 지역과 헝가리의 공동 사안(국방, 외교, 경제 등)에는 각각 비례대표를 통해 정치에 참여했다.

제국이 존재하는 동안, 오스트리아와 헝가리는 역사적, 문화적으로 비약적인 발전을 이루어냈다. 오스트리아-헝가리 제국으로 전환된 이후 발칸반도의 이권을 지키는 데 큰 관심을 가졌으나, 이는 제1차 세계대전의 원인이 되어 독일, 오스만제국과 함께 동맹국으로 참전한다. 그러나 결국 이탈리아 전선에서 이탈리아(1915년 연합국으로 참전)에 의해 패배했고, 1918년 11월 연합국에 항복했다.

제국의 영토는 세르비아, 루마니아, 이탈리아, 폴란드, 우크라이나에게 할양당하고 남은 영토마저 오스트리아, 헝가리, 체코슬로바키아로 각각 독립함으로써 제국은 완전 해체된다. 이로써 황제는 퇴위하고 공화국이 선포된다(오스트리아 제1공화국). 이후 한동안 오스트리아와 헝가리는 긴 침체기를 맞이했다.

수도로는 빈과 부다페스트 두 곳이 있었다. 당시 주민은 게르만족의 혈통인 오스트리아인, 슬라브족의 혈통인 체코인, 폴란드인, 슬로바키아인, 보스니아인, 세르비아인, 크로아티아인, 슬로베니아인, 우크라이나인, 우랄족의 혈통인 헝가리인이 거주했다.

자본주의

자본이 지배하는 경제체제로, 이윤 추구를 목적으로 한다. 자본주의는 생산수단을 소유한 자본가와 노동력만을 소유한 임금노동자가 기본계급을 이룬다. 자본가는 이윤을 얻기 위해 상품을 생산하고, 노동자는 임금을 받고 생산에 참여한다. 자본주의는 영국의 모직물 산업을 중심으로 싹트기 시작했고, 18세기 후반부터 시작된 산업혁명을 거치면서 급속히 발전했다. 19세기에 유럽과 미국 등으로 확산되었다.

『자본론』

카를 마르크스의 대표적 저서이다. 자본주의 경제체제의 운동 법칙을 밝히고 자본주의를 비판해 '사회주의 바이블'로 평가된다. 『자본론』은 총 3권으로 이루어졌으며, 1867년 마르크스에 의해 1권이 출간되었다. 2권, 3권은 마르크스가 죽고 난 후 프리디리히 엥겔스가 마르크스가 남긴 원고를 정리해서 출간했다.

프롤레타리아

프롤레타리아는 '생산수단을 소유하지 못해 자신의 노동력을 자본가에게 팔아 생활하는 노동자'를 뜻한다. 여기서 말하는 생산수단은 공장, 원재료, 기계, 토지, 건물, 교통수단 등 인간이 어떤 물건이나 재화를 만들기 위한 수단을 총칭한다. 이는 라틴어 '프롤레타리우스(Proletariatus)'라는 말에서 유래했는데 이것은 원래 후기 로마시대에 가진 것 없는 최하층민 계급을 일컫는 말이었다. 이들은 가진 재산이 없었기 때문에 한자로 번역하면 무산계급(無産階級), 즉 재산이 없는 계급이라는 말이다.

카를 마르크스와 프리드리히 엥겔스는 1847년 『공산당선언』을 통해 '만국의 노동자여, 단결하라!'는 메시지를 남겼다. 즉, 프롤레타리아가 혁명을 일으켜 새로운 사회를 만들어야 한다는 것이다. 이 '공산당선언'에 영향을 받은 레닌이 러시아에서 10월 혁명을 일으켜 공산주의가 탄생했다.

프라하의 봄

1960년대 심각한 경기침체로 일어난 체코의 개혁운동을 말한다. '프라하의 봄'은 특정일의 사건이 아니라 자유 민주의 개혁을 위해 국가 지도자인 두브체크를 중심으로 진행되다가 결국은 외세에 의해 좌절된 일련의 과정을 뜻하는 말이다.

1968년 1월, 슬로바키아의 개혁파 알렉산드르 두브체크는 대중의 지지를 한 몸에 받으며 체코슬로바키아 공산당 제1서기로 선출됐다. 그는 언론의 자유를 승인하면서 '인간의 얼굴을 한 사회주의'를 추진했다. 그 바탕에는 '공산주의는 착취계급의 지배에서 노동 인민을 해방하는 것만 의미하는 것이 아니며, 어떠한 민주주의 체제보다도 개인의 풍족한 삶을 위해 더 많은 것을 제공해야 한다'는 사고가 깔려 있다. 자유화를 위한 정책적 변화에 국민들은 대환영했다.

그러나 이러한 체코 사태가 냉전체제하의 동유럽 공산국가들에게 미칠 악영향을 우려한 소련은 '마르크스 레닌주의로부터의 이탈'이라고 비난하며 체코슬로바키아에 대한 무력 침공을 감행했다. 결국 체코슬로바키아 민중의 민주화 염원은 탱크 앞에 무참히 짓밟혔다. 그리고 이런 진압을 통해 소련은 동유럽에서 계속 패권을 유지할 수 있었으나, 세력권 유지에 광분하는 패권국가로 낙인찍혔다.

홀로코스트

홀로코스트(Holocaust)의 어원은 '완전히 타버리다'라는 뜻의 희랍어 'holokauston'에서 비롯되었다. 사전적 의미로는 짐승을 통째로 태워 바치는 '번제'나 '번제물'을 뜻하지만, 일반적으로 제2차 세계대전 중에 나치가 저지른 유대인 대학살을 뜻하는 고유명사로 사용된다.

사회보장제도
가난한 사람, 장애인, 실직자, 노인 등 소득이 적은 사람들도 최소한의 생활을 할 수 있도록 국가가 지원하는 제도이다.

📝 작품의 시대를 이해하기 위한 세계사 인물 사전

카를 마르크스
1818~1883

혁명적 사회주의를 창시한 독일의 사상가이며 경제학자이다. 1848년 그는 같은 생각을 가진 프리드리히 엥겔스와 함께 노동계급에 의한 혁명을 요구하는 『공산당선언』을 썼다. 그 후 그는 체포를 면하기 위해 영국 런던에 정착한다. 그의 사상은 공산주의자들만이 아니라 전 세계에 막대한 영향을 주었다.

헤르만 카프카
1852~1931

프란츠 카프카의 아버지로 유대계 체코인. 신분 상승의 의지로 충만하고 활동적이며 사업 수완이 뛰어난 사람이었다. 그는 자식들의 어떠한 항변도 용납하지 않았으며 감수성이 예민한 카프카를 전혀 이해하려들지 않았던 독선적이며 다혈질적인 폭군이었다. 이런 아버지의 형상은 프란츠 카프카의 전 생애에 어두운 그림자를 드리웠으며, 아버지를 향한 투쟁은 카프카 문학의 중심 테마가 되었다.

율리에 카프카
1856~1934

프란츠 카프카의 어머니로 부유한 독일 가문 출신으로, 1882년 헤르만 카프카와 결혼했다. 그녀는 부유하고 교양 있는 독일계 유대인 시민계급이었다. 카프카는 어머니를 진실하고 헌신적인 여인으로 묘사했다. 그러나 그녀의 지나친 순종과 의존성에 대해서는 비판했다. 율리에 카프카 역시 아들의 창작 작업에 대해 아무런 이해심도 보여주지 않았다. 그녀의 이런 특성은 카프카의 작품 속에서 그대로 나타난다.

아돌프 히틀러
1889~1945

독일의 독재자이다. 1914~1918년에 병사로 세계대전에 참전한 그는 전쟁이 끝난 뒤 국가사회당(나치스)의 지도자가 되었다. 1923년 옥중에서 유대인을 포함한 독일의 적들을 공격하는 『나의 투쟁』을 썼다. 히틀러는 게르만 민족주의와 반유태주의를 내걸어 1933년 권력을 잡았다. 이후 제2차 세계대전을 일으켰으며 베를린이 함락되기 직전에 자살했다.

자본주의 역사에 등장하는 인물

애덤 스미스
1723~1790

스코틀랜드의 철학자이자 경제학자이다. 현대 경제학의 아버지로 불린다. 애덤 스미스(Adam Smith)는 자유로운 시장자본주의 출현을 열렬히 옹호했으며(자유방임주의), 경제활동의 자유를 허용하는 것 자체가 도덕의 한 형태라고 주장했다. 그의 저서 『국부론』(국가의 부의 본질과 원천에 대한 탐구)은 사실상 최초의 근대적인 경제학 서적이며 고전으로 불린다.

헨리 포드
1863~1947

미국의 자동차 회사 '포드'의 창설자. 헨리 포드는 1903년 포드 자동차를 설립했고, 1908년 드디어 세계 최초의 양산 대중차인 'T1형'을 출시한다. 1913년에 컨베이어 벨트 시스템을 자동차 생산 공정에 도입했다. 대량생산체제가 가능해짐에 따라 생산비를 반값 이하로 떨어뜨리는 규모의 경제를 일궈냈다.

프랭클린 루스벨트
1882~1945

대공황 절정기에 미국의 32대 대통령으로 당선되어 1933년~1945년까지 재임했다. 프랭클린 루스벨트는 대공황을 극복하기 위해 국가가 나서서 산업을 일으키고 사람을 고용하는 '뉴딜 정책'을 추진했다. 그 결과 불황이 서서히 회복되었다.

존 메이너드 케인스
1883~1946

영국의 경제학자. 제1, 2차 세계대전 기간에 정부 관료로 일하면서 두 개의 국제기구(IMF와 IBRD)와 다수의 정책을 남겼다. 존 메이너드 케인스는 제1차 세계대전 후 패전국 독일에게 부과된 전쟁 배상금이 세계 경제발전의 화근이 된다고 지적했다. 그는 "완전 고용을 실현·유지하기 위해서는 자유방임주의가 아닌 정부가 직접 시장에 개입해서(수정자본주의) 자본주의의 시행 과정에서 나타나는 문제를 개선해야 한다"고 했으며 20세기 초반 '정부의 적극적인 시장 개입'을 강조했다. 그의 이론은 미국의 뉴딜 정책, 각국 공공투자 정책에 반영되었다.

프리드리히 하이에크
1899~1992

노벨경제학상 수상자이자 오스트리아 태생의 영국 경제학자. 프리드리히 하이에크는 1944년 출간한 유명한 저서 『노예의 길』에서 사회주의는 붕괴할 수밖에 없다고 주장했으며 자유주의와 자유로운 시장자본주의를 옹호했다. 그는 "시장의 질서를 정부가 정책이라는 수단으로 인위적으로 바꾸려고 하면 선한 의도와는 상관없이 사태가 더 악화된다"고 주장했다. 왜냐하면 영향력이 커진 정부는 독재나 전체주의로 흐를 수밖에 없기 때문이다. 하이에크는 케인스라는 거목에 가려 오랜 기간 무명으로 지냈지만 1970년 초 스태그플레이션 현상이 나타나자 사람들은 케인스 이론에 의구심을 가진 반면 하이에크 이론에 귀를 기울였다.

밀턴 프리드먼
1912~2006

하이에크와 함께 '신자유주의'를 대변하는 대표적인 경제학자이다. 밀턴 프리드먼은 1946부터 시카고 대학교에서 30년간 경제학 교수로 재직했다. 그는 경제에 대한 정부의 개입을 최대한 줄이고 시장제도를 통한 자유로운 경제활동을 강조했으며, 정부의 간섭은 화폐 유통량을 제한함으로써 물가급등(인플레이션)을 통제하는 데 한정돼야 한다고 주장했다. 그의 이론은 레이거노믹스(Reaganomics)와 대처리즘(Thatcherism)에도 많은 영향을 주었다.

그레고르의 죽음은
가족 때문이다

▌등장인물 소개

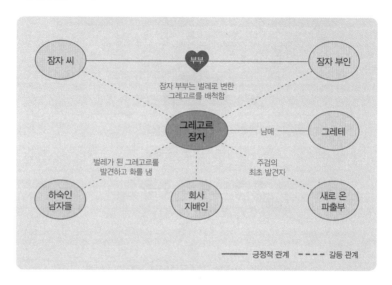

그레고르 잠자 이야기의 주인공. 옷감을 파는 출장 영업사원으로, 성실하게 근무하며 온 가족을 먹여 살린다. 어느 날 아침 불안한 꿈에서 깨어난 후 자신이 흉측한 벌레로 변신해 있음을 발견한다. 음식을 제대로 먹지 못하고 폭행을 당해 건강을 잃어가다가 결국 홀로 방에서 죽음을 맞이한다.

잠자 씨 그레고르의 아버지. 5년 전에 사업의 실패로 파산한 뒤 무기력하게 지낸다. 그레고르가 벌레로 변하자 은행 경비원으로 일하며 의욕적인 모습으로 바뀐다. 벌레가 된 그레고르에게 사과를 던져 그레고르의 등에 박히게 만들고, 그에게 폭력을 행사한다.

잠자 부인 그레고르의 어머니. 벌레가 된 그레고르를 안쓰러워하지만 천식으로 몸이 건강하지 않으며 무기력하여 도움이 되지 않는다.

벌레로 변한 아들의 흉측한 모습에 졸도하고 만다. 그레고르의 변신 이후 속옷 바느질로 돈을 번다.

그레테 잠자 그레고르의 동생. 음악을 좋아하고 바이올린을 멋지게 연주할 줄 안다. 가족 중 주인공과 가장 가까운 사이였으나 그레고르가 벌레로 변하자 점차 멀어지며 결국 오빠를 원망한다. 오빠의 변신 이후 점원으로 취직한다.

회사 지배인 그레고르가 다니던 회사의 지배인. 그레고르가 출근하지 않자 그를 채근하고자 집에 찾아왔다가, 벌레가 된 그레고르의 모습을 보고 도망간다.

파출부 그레고르 집의 파출부. 가족과 달리 벌레가 된 그레고르를 무서워하지 않는다. 후에 그레고르의 주검을 가장 먼저 발견하고 가족에게 알린다.

하숙인 남자들 가족의 생계를 위해 집에 들인 세 명의 남자. 그레테의 바이올린 연주를 듣던 중 그레고르를 발견하고 소송을 걸겠다며 화를 낸다. 그레고르가 죽은 뒤 쫓겨난다.

🔍 쟁점 찾기

논제	그레고르의 죽음은 가족 때문이다.
추가 토론 논제	1. 가족은 그레고르를 끝까지 책임져야 한다. 2. 그레고르는 자신을 먼저 배려해야 한다. 3. 가족의 생계를 책임지는 것은 부모의 역할이다.

내용 요약	발단	주인공 그레고르 잠자는 충실한 아들이며 근면한 영업사원으로 살아왔는데, 어느 날 아침 불안한 꿈에서 깨어 눈을 떠 보니 자신이 한 마리의 거대한 벌레로 변신해 있다는 것을 알게 된다.
	전개	출근 시간이 훨씬 지났음에도 일어나지 않는 아들을 이상하게 여긴 어머니가 그레고르를 나무라지만 그레고르는 몸을 일으키지 못한다. 얼마 후 그가 일하는 회사에서 지배인이 찾아와 그를 다그치자 그레고르는 잠시만 기다려달라며 큰 소리로 변명한다.
	위기	잠시 후 그가 문 밖으로 나갔을 때, 회사 지배인과 가족은 벌레가 된 그의 모습을 보고 충격을 받는다. 지배인은 도망을 가버리고, 가족은 그를 두려워하고 멀리한다. 벌레의 비참한 인생이 시작된 것이다.
	절정	그레고르는 여태까지 가족의 생계를 책임졌으나, 벌레가 된 이후 가족에게 신세를 지게 되고 여동생의 도움을 받으며 생활한다. 직업이 없고 무기력하던 가족이 저마다 일거리를 찾아 돈을 벌게 되지만, 그레고르는 아무리 애써도 본래의 모습으로 돌아가지 못한다. 그러나 어느 누구도 그에게 관심을 주지 않는다.
	결말	얼마 후 그는 여동생이 하숙인들 앞에서 바이올린을 연주하는 것을 듣고 감동해 거실로 나온다. 그러나 벌레가 되어버린 그의 존재를 감추고자 하는 가족에 의해 다시 방에 갇힌다. 이튿날 그레고르는 시체로 발견되고 그의 아버지, 어머니, 여동생은 나들이를 간다.

생각 더하기	1. 그레고르는 벌레로 변하기 전 자신의 힘든 상황을 왜 가족에게 말하지 않았을까? 2. 그레고르가 벌레로 변한 것은 어떤 의미일까? 3. 그레고르는 왜 자신을 배려하지 않았을까?

	찬성	반대
쟁점 찾기	1. 아버지의 폭행이 그레고르를 죽음으로 몰아넣었다. 2. 가족이 그레고르에게 무관심했다. 3. 그레고르에게만 노동을 강요했다.	1. 그레고르가 스스로 삶을 포기했다. 2. 산업사회가 그레고르에게 휴식을 허락하지 않았다. 3. 그레고르가 가족에게 도움을 청하지 않았다.

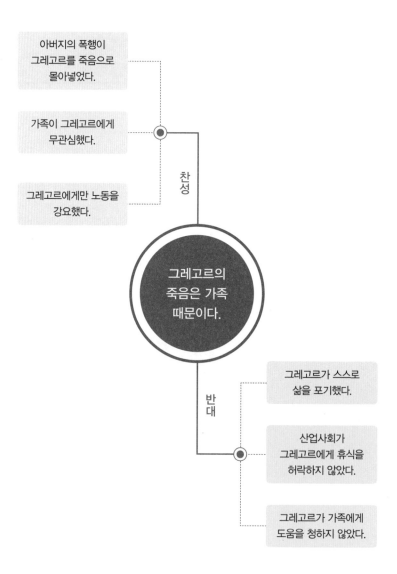

아버지의 폭행이
그레고르를 죽음으로
몰아넣었다.

가족이 그레고르에게
무관심했다.

그레고르에게만 노동을
강요했다.

찬
성

그레고르의
죽음은 가족
때문이다.

반
대

그레고르가 스스로
삶을 포기했다.

산업사회가
그레고르에게 휴식을
허락하지 않았다.

그레고르가 가족에게
도움을 청하지 않았다.

논제	그레고르의 죽음은 가족 때문이다.	
용어 정의	• 그레고르의 죽음 : 벌레로 변한 그레고르의 생명체로서의 삶이 끝나는 것을 뜻함. • 가족 : 잠자 씨 부부와 그레고르의 여동생 그레테 잠자를 포함한다.	
	찬성	**반대**
쟁점 1	아버지의 폭행이 그레고르를 죽음으로 몰아넣었다.	그레고르가 스스로 삶을 포기했다.
근거	그레고르는 벌레로 변신한 첫날부터 아버지에게 심한 폭행을 당한다. 그가 방 밖으로 나오자 아버지가 세차게 걷어차서 등이 피투성이가 된다. 그뿐만 아니라 아버지는 그레고르를 오해해 그에게 사과를 마구 집어던진다. 그중 하나가 그레고르의 등에 박혀 고통스러워한다. 이로 말미암아 그레고르는 음식을 먹을 수 없고 죽음에 이르게 된다.	그레고르는 도전적이고 성실한 성격이다. 그런 그가 벌레로 변한 이후, 어느 순간부터 아무것도 먹지 않다시피 하고 몸도 닦지 않았다. 그가 점차 삶에 대한 의욕을 잃고 모든 것에 무관심해진 것이다. 그리고 자신이 세상에서 없어져야 한다고 생각한다. 외형적인 모습이 변했다고 해서 삶을 포기하는 것을 정당화할 수는 없다.
쟁점 2	가족이 그레고르에게 무관심했다.	산업사회가 그레고르에게 휴식을 허락하지 않았다.
근거	그레고르는 외판원으로 일하면서 새벽같이 일어나 출근해야 했으며, 불규칙하고 나쁜 식사를 할 수밖에 없었다. 그럼에도 그의 부모는 벌레로 변한 아들에게 밥 한 번 제대로 챙겨주지 않을 정도로 매정했다. 가족이 방 하나를 세놓은 뒤로 온갖 잡동사니, 심지어 쓰레기통까지도 그레고르의 방에 마구 쑤셔 넣었다. 가족에게서 소외당한 그레고르는 식음을 전폐할 만큼 가슴 아파했다.	그레고르는 자신의 직업인 외판사원에 대해 매우 부정적으로 표현했는데, 당시 그가 살았던 산업사회는 노동자를 오직 생산의 도구로 취급했기 때문이다. 회사 지배인은 지난 5년 동안 성실하게 일했던 그레고르를 찾아가 질책한다. 사회가 그레고르에게 휴식을 조금이라도 허락했다면 그는 희망을 놓지 않았을 것이다.

쟁점 3	그레고르에게만 노동을 강요했다.	그레고르는 가족에게 도움을 청하지 않았다.
근거	그레고르는 가족을 위해 지난 5년간 힘든 삶을 살았다. 매일 새벽부터 시작되는 강도 높은 노동에 그는 심신이 지쳤다. 이렇게 지친 아들을 외면한 채 그레고르의 아버지는 무능하게 아들에게만 의지했다. 그러면서 그레고르를 돈 벌어오는 기계로 취급했다. 비인간적이고 가학적인 노동을 강요한 가족이 그레고르를 죽음에 이르게 했다.	그레고르는 그간 무척 고단한 삶을 살았으나, 이를 내색하지 않았다. 그는 벌레로 변한 후 집안에 얼마간의 돈이 남아 있다는 사실을 알게 된다. 그리고 이를 알았다면 진작 회사를 그만두었을 것이라고 생각한다. 만약 그레고르가 자신의 상황에 대해 적극적으로 가족에게 도움을 청했다면 몸과 마음에 병이 들어 죽음에 이르지는 않았을 것이다.

📖 찬성 측 입론서

▌논의 배경

　그레고르는 아버지의 빚을 갚고 가족을 먹여 살리기 위해 하루도 빠짐없이 열심히 살았지만 벌레로 변한 후부터 냉대를 받는다. 벌레로 변한 후에도 그의 의식은 여전히 가족에 대한 책임감뿐이었지만 가족은 더 이상 그를 기억하지 않는다. 이후 그레고르는 버려졌다는 슬픔과 고통으로 죽음을 맞이한다. 따라서 그레고르의 죽음이 누구 때문인지 토론하는 시간을 갖고자 한다.

▌용어 정의

- **그레고르의 죽음** : 벌레로 변한 그레고르가 생명체로서의 삶이 끝나는 것을 뜻한다.
- **가족** : 잠자 씨 부부와 그레고르의 여동생 그레테 잠자를 포함한다.

　　쟁점 1　**아버지의 폭행이 그레고르를 죽음으로 몰아넣었다.**

　그레고르는 벌레로 변신한 첫날부터 아버지에게 심한 폭행을 당한다. 그동안 아버지를 대신해서 가장 역할을 해왔던 그레고르에 대한 배려는 어디에도 없다. 아버지는 벌레가 된 그레고르가 방 밖으로 나오자 세차게 걷어차서 갑옷처럼 딱딱한 등을 피투성이로 만든다. 아버지의 폭력으로 피를 많이 흘린 그레고르는 음식을 먹을 때에도 통증으로 힘들어한다. 그레고르가 벌레로 변한 지 한 달이 경과했을 때, 그의 방에 들어온 어머니가 그를 보고 기겁하여 쓰러진다. 잠시 후 집에 돌아온 아버지는 분란의 원인을 그레고르라고 오해하고 제대로 겨냥도 하지 않고 사과를 마구 집어던진다. 그중 한 개의 사과가 그레고르의 등에 정통으로 박힌다. 그레고르는 등에 못이 박힌 것처럼 고통스러워 그 자리에서 꼼짝도 할 수 없다. 이 통증으로 그레고르는 결국 음식을 먹을 수 없게 되고 죽음에 이르게 된다. 그레고르의 죽음의 원인은 자식을 무자비하게 폭행한 아버지에게 있다.

쟁점 2 가족이 그레고르에게 무관심했다.

그레고르는 아버지의 사업 실패로 힘들어하는 가족을 먹여 살리기 위해 직업까지 바꿔가며 열심히 일했다. 그는 외판원으로 일하면서 새벽같이 일어나 출근해야 했으며, 불규칙하고 나쁜 식사를 할 수밖에 없었다. 그럼에도 그의 부모는 벌레로 변한 아들에게 밥 한 번 제대로 챙겨주지 않을 정도로 매정했다. 그나마 하루 두 번 그레고르의 입맛에 맞는 식사를 챙겨주던 동생도 시간이 지나자 아무 음식이나 던져주었다. 시간이 지날수록 그레고르의 가족은 그레고르를 귀찮아했으며 무관심했다. 가족이 방 하나를 세놓은 뒤로 온갖 잡동사니, 심지어 쓰레기통까지도 그레고르의 방에 마구 쑤셔 넣었다. 이로 인해 그레고르에게는 기어 다닐 공간조차 허락되지 않았다. 가족에게 소외당한 그레고르는 식음을 전폐할 만큼 가슴 아파했다. 결국 그레고르는 가족의 외면으로 말미암아 삶에 대한 애착을 잃었다.

그레고르에게만 노동을 강요했다.

그레고르는 가족을 먹여 살리기 위해 지난 5년간 공장의 기계와 같은 삶을 살았다. "만약 우리 집에 빚이 없으면 당장 회사를 그만두었을 거예요"라고 말할 정도로 아버지의 빚은 그의 어깨에 큰 짐이었다. '이 무슨 고된 직업을 나는 택했단 말인가! 날이면 날마다 여행 중이라니', '마귀가 와서 다 쓸어가라'며 힘든 상황을 토로한다. 매일 새벽 다섯 시부터 시작되는 강도 높은 노동에 그는 심신이 지쳤다. 이렇게 지친 아들을 외면한 채 그레고르의 아버지는 신체가 건강함에도 무능하게 아들에게 의지했다. 그리고 그레고르를 돈 벌어오는 기계로 취급했다. 따라서 가장이라는 책임 하에 비인간적이고 가학적인 노동을 강요한 가족이 그레고르를 죽음에 이르게 했다.

▌논의 배경

그레고르는 직장을 그만두고 싶다는 생각을 항상 마음속에 품고 있으면서도 아버지의 빚 때문에 실행에 옮기지 못한다. 그는 무엇보다도 자신이 가족을 부양해야 한다는 가장으로서 책임감 때문에 가족을 위해 희생해왔다. 심지어 벌레로 변신한 후에도 그의 의식은 온통 가족을 책임져야 한다는 생각뿐이었다. 답답한 현실 속에서 괴로워하며 벗어날 대안을 찾지 못한 그레고르는 삶의 의미를 잃고 죽음을 맞이한다. 따라서 그레고르의 죽음이 누구 때문인지 토론하는 시간을 갖고자 한다.

▌용어 정의

- **그레고르의 죽음** : 벌레로 변한 그레고르가 생명체로서의 삶이 끝나는 것을 뜻한다.
- **가족** : 잠자 씨 부부와 그레고르의 여동생 그레테 잠자를 포함한다.

쟁점 1 **그레고르가 스스로 삶을 포기했다.**

그레고르는 생계를 위해 직업을 바꿀 정도로 도전적인 인물이다. 그리고 회사를 다니면서 단 한 번도 지각을 한 적이 없는 성실한 성격이다. 그런 그레고르가 벌레로 변한 이후, 어느 순간부터 아무것도 먹지 않다시피 했다. 그저 음식을 물고 있다가 다시 뱉어낼 뿐,

전혀 먹지 않았다. 그는 머리카락, 음식찌꺼기를 등과 옆구리에 달고 다녔지만 몸을 전혀 닦지 않았다. 벌레로 변한 지 얼마 되지 않았을 때에는 양탄자에 몸을 닦았다. 그러나 점차 삶에 대한 의욕을 잃고 모든 것에 무관심해졌다. 그는 자신이 세상에서 없어져야 한다고 생각했다. 외형적인 모습이 변했다고 해서 삶을 포기하는 것을 정당화할 수는 없다. 그레고르는 변화된 자신의 삶에 적응하기 위해 노력해야 했다.

쟁점 2 **산업사회가 그레고르에게 휴식을 허락하지 않았다.**

그레고르는 자신의 직업인 외판사원에 대해 '직업상의 긴장이 크고 여행의 고달픔이 덧붙여지며, 기차의 접속에 대한 걱정, 불규칙적이고 나쁜 식사, 자꾸 바뀌어 지속되거나 정들지 못하는 인간관계로 아주 고된 직업'이라고 표현했다. 그리고 사람은 잠을 잘 자야 한다며 자신이 너무 일찍 일어나니까 멍청해진다고 했다. 그가 살았던 산업사회는 늦잠, 자유, 휴식 등을 절대 허락하지 않았을 뿐만 아니라 노동자를 오직 생산의 도구로 취급했다. 지난 5년 동안 단 한 번의 병가도 낸 적이 없을 만큼 성실했던 그레고르에게 지각을 이유로 회사 지배인이 그의 집을 방문했던 시각은 7시 10분이다. 이는 상식적으로 납득하기 어려운 시간의 방문이다. 그는 그레고르의 출근이 늦어진 이유에 대해 묻기 위해서라기보다는 무언가를 확인하기 위해서 조사를 나온 수사관 모습을 보인다. 그리고 그레고르에게 판매 실적까지 운운하며 그를 질책한다. 사회가 그레고르에게 휴식을 조금이라도 허락했다면 그는 희망을 놓지 않았을 것이다.

쟁점 3 **그레고르는 가족에게 도움을 청하지 않았다.**

그레고르는 부모님을 대신한 실질적인 가장이었다. 매일 이른 새벽에 출근했던 그는 무척 고단한 삶을 살았다. 그는 자신의 직업에 대해 "이 무슨 고된 직업을 택했단 말인가! 결코 정들지도 못하는 인간관계. 마귀나 와서 다 쓸어가라지!"라며 지긋지긋한 직장생활에 대해 고통을 호소한다. 그러나 자신의 힘든 상황에 대해 가족에게 도움을 요청하기보다 내색하지 않고 무지하게 참고 견디기만 한다. 그는 벌레로 변한 후 가족의 대화를 엿듣다가 아버지가 파산했을 때 얼마간의 돈이 아직 남아 있고 자신이 벌어온 돈도 조금 모아두었다는 사실을 알고는 기뻐한다. 그리고 자신의 집에 돈이 있다는 것을 알았다면 진작 회사를 그만두었을지도 모른다고 생각한다. 만약 그레고르가 자신의 힘든 상황에 대해 적극적으로 가족에게 도움을 청했다면 지금처럼 몸과 마음에 병이 들어 죽음에 이르지는 않았을 것이다.

📚 참고문헌

프란츠 카프카, 전영애 옮김, 『변신·시골의사』, 민음사, 1998.

박순열, 「프란츠 카프카의 『변신』에 나타난 인간 소외 현상」, 전북대학교 대학원 석사논문, 2002.

김충남, 「프란츠 카프카와 프라하」, 『동유럽발칸학』 제5권 2호, 2003.

프란츠 카프카, 전영애 옮김, 『변신·시골의사』, 문예출판사, 2004.

황보종우, 『세계사 사전』, 청아출판사, 2004.

프란츠 카프카, 이재황 옮김, 『변신』, 문학동네, 2005.

박규상 외 2인, 『세계사 용어사전』, 웅진씽크빅, 2006.

김연정, 「체코에서의 프란츠 카프카 수용 현상」, 『독어교육』 제42집, 2008.

닐 그랜트, 김석희 옮김, 『옥스퍼드 세계의 역사』, 랜덤하우스, 2008.

초등역사 모임, 『세계사 이야기 2』, 늘푸른어린이, 2008.

김자성, 「사회학적 관점에서 본 소외문학의 현실 인식: 카프카의 『변신』에 나타난 소외의식을 중심으로」, 『헤세연구』 제19집, 2008.

이근호·신선희, 『이야기로 엮은 한국사·세계사 비교 연표』, 청아출판사, 2012.

테이비드 디우닝, 김영배 옮김, 『세더잘 자본주의』, 내인생의책, 2012.

프란츠 카프카, 김정진 옮김, 『변신 외』, 삼성출판사, 2013.

프란츠 카프카, 강정규 옮김, 『변신』, 삼성출판사, 2014.

신현수, 『통통 세계사 4』, 휴이넘, 2017.

이문기 외 18명, 『중학교 역사 ②』, 동아출판, 2019.

CHAPTER **09**

동물 농장
Animal Farm

• 조지 오웰 •

✦✦✦ **작품 선정 이유**

『동물 농장』은 전체주의 체제, 스탈린의 부패한 권력, 최초의 사회주의 국가인 소비에트 사회주의인 연방공화국(소련)에서 발생했던 포악한 독재정치에 대해 혹독하게 비판했다. 노동자, 농민의 나라를 만들기 위해 혁명으로 로마노프 왕조를 무너뜨렸지만 이후 들어선 소련의 공산정권의 특권층은 권력을 유지하기 위해 반대파를 철저히 억압했으며 언론의 자유를 모두 빼앗았다. 그리고 비밀경찰을 동원해 자수성가한 부농 '쿨락'을 반동으로 몰아 처형했다. 러시아 혁명의 배경과 전개 과정, 그리고 당시 사회주의 국가인 소련에서 발생했던 여러 가지 문제들에 대해 생각해보는 시간을 갖기 위해 이 작품을 선정했다.

| 🚌 🖳 수록교과서 | 중학교 역사 2, 동아출판사, 이문기 외 19인, 2019

조지 오웰
George Orwell

조지 오웰(1903~1950)은 1903년 6월 25일 인도에서 태어났으며, 그의 본명은 에릭 아서 블레어이다. 세관 관리의 아들로 태어난 그는 8세가 되던 해에 영국으로 건너와 사립학교에 입학했다. 학업 성적이 좋았던 그는 영국의 명문 학교인 이튼 학교를 장학생으로 졸업했으나, 상류층 자제들과 어울리지 못하고 쓸쓸하게 지냈다.

그는 다른 상류층 자제들과는 달리 대학을 진학하지 않고 인도 제국경찰에 지원해 경찰관이 되어 미얀마로 발령받는다. 5년간 미얀마와 인도에서 경찰 생활을 한 오웰은 영국 제국주의와 식민지에 대한 실태를 경험하고 회의를 느낀다. 이후 영국으로 돌아온 그는 1928년 경찰직을 사직하고, 작가가 되기 위해 프랑스 파리로 떠난다.

오웰은 스스로 파리와 런던에서 궁핍한 생활을 하며 하층민의 삶을 직접 체험했다. 그리고 이를 바탕으로 1933년에 첫 작품『파리와 런던의 바닥 생활』을 발표한다. 이듬해인 1934년, 식민지 제도가 가져온 백인 관리의 잔혹상을 그린 소설『버마의 나날』을 발표했다. 그 즈음 사회주의자가 된 오웰은 1936년 12월 에스파냐 내전이 발발하자 파시즘에 항쟁하고자 자원입대를 했다. 그는 에스파냐 내전에 참여하며 겪었던 이데올로기에 대한 환멸을『카탈로니아 찬가』를 통해 알리고자 했다.

이후 조지 오웰은 정치적인 성향이 강한 작가로 알려지게 된다. 제2차 세계대전 직후에는 러시아 혁명과 스탈린을 풍자한 작품을 집필하는데, 이 작품이 바로『동물 농장』이다.『동물 농장』은 조지 오웰이 "내 평생 피땀을 쏟아 부은 유일한 작품이다"라고 소개할 만큼 그의 애착이 담긴 소설이며, 현재까지도 걸작으로 꼽힌다.

그의 또 다른 걸작은 1949년에 완성한『1984』이다. 이 작품은 개인의 자유를 억압하고 모든 생활을 지배하는 전체주의의 모순을 적나라하게 그리고 있다. 이처럼 오웰은 전체주의 사회를 예리하게 비판하고, 계급의식을 풍자했다. 그는 민주적 사회주의를 건설하기 위해 글을 써야 한다고 생각했으며, 실제로 이러한 사상을 바탕으로 작품을 집필했다.

조지 오웰은 오랫동안 앓아온 결핵이 악화되어 고생하다가 1950년, 47세의 나이로 런던에서 숨을 거뒀다.

【시대사 연표】

세계사	한국사
1904년 러일전쟁(~1905년)	**1905년** 을사조약 체결
1905년 러시아, 피의 일요일	**1910년** 국권피탈, 토지조사사업 착수
1914년 제1차 세계대전 발발(~1918년)	**1918년** 일제, 토지조사사업 완료
1917년 러시아, 2월 혁명, 10월 혁명	**1919년** 3·1 운동
1919년 베르사유 조약	대한민국 임시정부 수립
중국, 5·4 운동	**1929년** 광주학생 항일운동
1922년 무솔리니, 이탈리아 수상으로 임명	**1932년** 윤봉길·이봉창 의거
1922년 소비에트 연방공화국(소련) 수립	**1940년** 창씨개명
1929년 미국, 대공황 발생	임시정부, 광복군 창설
1933년 독일, 히틀러 집권	**1948년** 대한민국 정부 수립
미국, 뉴딜 정책 실시	**1949년** 김구 피살
1936년 에스파냐 내전(~1939년)	**1950년** 6·25 전쟁 발발
1937년 중일전쟁	**1953년** 휴전협정
1939년 제2차 세계대전(~1945년)	**1960년** 3·15 부정선거, 4·19 혁명
1941년 태평양 전쟁(~1945년)	**1961년** 5·16 군사 정변
1945년 국제연합 탄생	**1963년** 5~9대 박정희 정부 수립(~1979년)
1945년 조지 오웰 「동물 농장」 출간 ◀	**1972년** 7·4 남북공동성명 발표
1949년 중화인민공화국 탄생	**1972년** 박정희, 10월 유신 단행
1962년 미국, 쿠바 봉쇄	**1980년** 5.18 광주민주화운동
1964년 베트남 전쟁(~1973년)	11, 12대 전두환 정부 수립(~1988년)
1985년 소련, 고르바초프 집권	**1987년** 6월 민주항쟁
1990년 독일 통일	대통령 직선제로 헌법 개정
1991년 소련연방 해체	**1988년** 13대 노태우 정부 수립(~1993년)
1993년 유럽연합 출범	서울올림픽 개최
	1993년 14대 김영삼 문민정부(~1998년)
	1998년 15대 김대중 국민의 정부(~2003년)
	2003년 16대 노무현 참여정부(~2008년)
	2008년 17대 이명박 정부(~2013년)

권력의 탐욕과 혁명의 변질을 날카롭게 꼬집은 20세기 최고의 정치 우화소설

　『동물 농장』은 러시아의 혁명과 스탈린에 의해 변질된 소비에트 연방의 전체주의에 대한 비판을 동물과 농장이라는 상징적 개념을 통해 풍자한 정치 우화소설이다.

　제정러시아 사회는 이미 산업혁명을 이룬 서유럽 나라들에 비해 경제와 정치가 모두 크게 뒤떨어져 있었다. 그 결과 19세기 초반 3천만 명에 가까운 러시아 인구 중 2천만 명이 넘는 농노들이 짐승과도 같은 비참한 삶을 살아야만 했다. 그러나 19세기 후반 러시아에서도 산업혁명이 일어나 노동자 계급이 성장하기 시작했다. 하지만 노동자들은 20세기 초반까지 전제 군주의 지배를 받으며, 농노와 다름없는 생활을 이어가고 있었다. 이런 상황에서 치러진 러일전쟁에서 러시아는 일본에게 무참히 패한다. 이미 전쟁에 앞서 경기침체와 실업·임금저하로 말미암아 여러 사회문제를 안고 있었던 러시아 국민들은 낙후된 정치와 사회를 개혁할 것을 요구한다. 그러나 그들에게 돌아온 것은 억압과 굶주림뿐이었다. 급기야 러시아 국민들은 1905년 1월 22일, 일요일 성당으로 가는 대신 차르가 머물고 있는 겨울 궁전으로 향하며 그곳에서 평화적인 시위를 한다. 하지만 이들을 기다리고 있던 무장군대는 시위자들을 향해 총을 쏘아댔고, 결국 1,000명에 달하는 노동자가 현장에서 사망하고 3,000명 이상이 부상을 당했다.

이 사건이 발생한 후 러시아 전역에서는 개혁을 요구하는 목소리가 높아졌다. 노동자들은 개혁을 위해 파업에 동참했고, 나중에는 군인들까지 반란을 일으켜 시위는 러시아 전역으로 확산되었다. 시위가 거세지자 차르 니콜라이 2세는 입법에 대한 황제의 독점적 권한을 제한하고 '언론과 집회의 자유, 의회 설립의 자유' 등 시민들의 정치적 자유와 권리를 허용하겠다고 약속한다. 하지만 차르 니콜라이 2세는 이 약속을 지키지 않았고, 오히려 전제정치를 강화했다.

이런 상황에서 1914년 제1차 세계대전이 발발하자 차르 니콜라이 2세는 전쟁에 참여한다. 이 전쟁에서 러시아는 군사력과 경제력의 한계를 여지없이 드러냈다. 식량과 연료는 바닥을 드러냈고 파업과 시위는 갈수록 거세졌다. 이렇듯 사회 전반적으로 많은 문제들이 있었지만, 차르는 시민들의 개혁 요구를 무시했다. 결국 1917년 2월 노동자와 병사가 중심이 되어 소비에트(다수파, 과격한 혁명 세력)를 세우고 혁명을 일으켰다. 그 결과 니콜라이 2세는 퇴위했고, 로마노프 왕조는 300년 역사의 막을 내린다. 이후 차르 대신 자유주의적인 임시정부가 세워진다. 임시정부는 국민의 뜻과 달리 1차 세계대전 중 독일을 공격하려는 계획을 세웠으나 오히려 참패하면서 국민의 신뢰를 잃었다. 이후 러시아에서는 반정부 분위기가 고조되었다.

이때 오랜 망명생활에서 돌아온 레닌이 혁명 지도자로서 두각을 나타낸다. 레닌은 '볼셰비키'를 이끌며 노동자와 군인을 중심으로 한 무장 시위 조직을 결성한다. 그리고 트로츠키와 협력해 2017년 10월 임시정부를 무너뜨리고 소비에트 혁명정부를 수립한다. 레닌과 '볼셰비키'의 혁명세력은 러시아 전역을 지배했고, 러시아는 세계 최초의 사회주의 국가로 탈바꿈한다. 이후 권력을 장악한 레닌은 공산당을 만들고, 수도를 모스크바로 옮긴다. 그는 독일과 강화조약을 맺고 반혁명세력을 몰아낸 후, 1922년 최초의 사회주의 국가인 소비에트 사회주의 연방공화국(소련)을 탄생시킨다.

마르크스가 사회주의 국가의 출현을 말한 지 약 70년 만에 '사회주의 국가'를 출현시킨 레닌은 카를 마르크스의 영향을 깊게 받은 사상가이자 혁명가이다. 레닌은 러시아 공산당 명칭을 '볼셰비키'로 변경했는데, 이는 '자본주의의 불평등한 사회를 평등한 사회로 만들기 위해 모든 노동자들이 단결하여 혁명해야 한다'고 주장한 마르크스의 『공산당선언』을 토대로 한 것이다. 그리고 레닌은 토지와 산업을 국유화시켰는데, 이 과정에서 심각한 경제적 혼란이 발생하자, 시장경제 일부를 인정하는 신경제정책(NEP)을 실시하는 개혁을 추진한다. 하지만 그는 끝내 혁명을 완성하지 못하고 1924년 1월 24일, 54세의 나이로 사망한다.

레닌이 사망한 뒤 스탈린이 러시아의 새로운 지도자가 되었다. 그는 사회주의 사회를 만든다는 명목 하에 프롤레타리아 독재정권이 쓸 수 있는 모든 수단을 다 동원했다. 마르크스가 그린 사회주의 국가는 개인이 물질적 불평등에 제약을 받지 않고 온전하게 자유를 누리는 것이었다. 하지만 스탈린이 이끄는 소련 정부는 개인의 자유 그 자체를 말살하고, 반대 세력을 오직 폭력으로만 억압했다. 억압과 불평등이 없는 이상사회를 세우기 위해 볼셰비키 혁명가들이 혁명을 이끌었지만, 그들 역시 마르크스가 그토록 비난한 '자본주의 권력자'의 틀에서 벗어나지 못했다. 더욱이 공산당은 모든 권력을 쥐고 있는 일당독재체제로 포악한 독재가 판을 쳤다. 특히 경제개발 5개년을 추진했던 1928년부터는 공장의 소유주를 국가로 바꾸는 등 철저한 공산화 정책을 펴기 바빴다. 스탈린은 농촌을 사회주의 집단농장으로 바꾸는 과정에서 단지 '땅을 남보다 많이 가지고 있다는 이유'만으로 농민 수백만 명을 학살했으며 러시아 국민의 인권과 자유를 빼앗았다.

조지 오웰은 당시 러시아 사회의 모순을『동물 농장』을 통해 풍자적으로 드러냈다. 특히 전체주의를 지향했던 당시 러시아 사회체제와 스탈린과 스탈린주의를 강하게 비판했다. 그는 메이저 농장을 제정러시아 로마노프 왕조 정권으로 비유했고, 존스는 절대왕정의 독재자이자 마지막 황제인 니콜라이 2세 정권으로 풍자했다. 또 돼지인 메이저, 스노볼, 나폴레옹을 실제 인물에 빗대어 표현했다. 메이저는 마르크스, 레닌을 상징하며 혁명의 당위성을 전파하는 원로 선각자로 볼 수 있다. 메이저를 따르던 돼지 스노볼은 트로츠키를 상징하며, 혁명을 성공시키고 모든 국민이 평등한 참사회주의를 건설하려는 순수한 지도자로 표현했다. 또 다른 돼지인 나폴레옹은 스탈린을 상징하는데, 개인적인 야욕을 위해 스노볼을 제거하고 동족인 동물들을 억압하고 착취하는 인간보다 더한 탐욕적인 독재자로 묘사했다. 조지 오웰은 인간과 다양한 동물들을 지배와 피지배 관계로 설정해 갈등을 유발시켰다. 또 혁명을 통해 이상사회를 건설하지만 결국 이는 또 다른 혁명을 예고한다는 인간 역사의 반복적 모순을 상징적으로 전달하고 있다.

전체주의와 인간의 이기심을 비난하는 정치적인 우화소설 『동물농장』은 미국이 일본에 원자폭탄을 투하한 1945년 8월 출판되어 많은 주목을 받는다. 조지 오웰은 전체주의 러시아 체제의 소멸을 바라며 이 작품을 집필했다고 밝혔다. 그가 전체주의의 체제와 그 체제 안에서 사람들이 겪는 아픔과 모순을 진정으로 이해하고, 그 가운데로 뛰어들어가기를 주저하지 않았던 이유는 '스페인 내전' 참전의 경험 때문이었다.

조지 오웰은 스페인 내전 당시 영국을 떠나 스페인으로 갔고, 파시즘(프랑코 장군)에 맞선 전투에 참가한다. 하지만 그 과정에서 적군의 공격을 받아 큰 부상을 입는다. 그리고 점점 심해지는 공산주의자들의 탄압을 피해 귀국한다. 스페인 내전의 경험은 『카탈로니아 찬가』에 잘 나타나 있듯이 조지 오웰은 혁명에 대해 환멸감을 느낀다. 그리고 혁명이 성공한 이후에는 본래의 목적에 반하는 방향으로 변질된다는 것을 깊이 느꼈다. 그는 이를 소설 『동물 농장』에 담았다.

조지 오웰의 바람대로 소련사회는 사회주의 계획경제로 인해 주민의 생산 의욕 저하, 경제 침체 등 비효율성의 문제가 나타나자

1991년 공산주의, 공산당 해체를 선언한다. 이후 소련 내의 공화국들이 독립함으로써 연방 체제가 붕괴되고 러시아는 자본주의적인 시장경제체제를 받아들였다.

2월 혁명

1905년 '피의 일요일' 사건을 계기로 황제는 언론과 집회의 자유, 의회 설립을 약속했다. 하지만 황제는 이러한 약속을 지키지 않았으며, 제1차 세계대전이 일어나자 전쟁에 참여했다. 이로 인해 러시아의 경제 상황은 악화되었고, 국민들의 삶은 더욱 궁핍해졌다. 1917년 러시아의 노동자 병사가 중심이 되어 소비에트를 세우고 혁명을 일으켰다(2월 혁명). 이 혁명으로 로마노프 왕조가 무너지고 임시정부가 세워졌다.

10월 혁명

임시정부가 국민의 뜻과 달리 전쟁을 계속하자, 1917년 레닌은 볼셰비키를 이끌고 사회주의 혁명을 일으켰다(10월 혁명). 그 결과 임시정부가 무너지고 소비에트 혁명 정부가 들어섰다. 이로써 세계 최초의 사회주의 국가가 탄생되었다.

『공산당선언』

카를 마르크스와 프리드리히 엥겔스가 공산당의 기본 이론과 실천 강령으로 삼기 위해 쓴 글이다. 『공산당선언』은 19세기와 20세기 초 유럽 각국의 사회당 및 공산당의 주요 정책의 토대가 되었다. 마르크스는 이 글에서 "지금까지 존재한 모든 사회의 역사는 계급투쟁의 역사다"라고 주장했다. 그리고 자본주의는 몰락하고 결국 노동자의 세상이 열릴 것이라고 선언했다.

공산주의

사유재산 제도를 부정하고 공유재산 제도를 실현해 빈부의 차를 없애려는 사상이다. 공산주의(Communist)라는 말은 라틴어 '코뮌(Commune)'에서 유래된 말로 원래 사유재산 제도를 철폐하고 사회의 모든 구성원이 재산을 공동 소유하는 사회제도를 의미한다. 오늘날 공산주의라고 할 때는 하나의 정치세력으로 활동하는 현대 공산주의, 즉 마르크스-레닌주의를 가리킨다.

러시아 혁명

러시아 혁명은 1905년 1차 러시아 혁명, 1917년 2월 혁명과 10월 혁명을 포함해 일컫는 말이다. 러시아는 전쟁 패배 이후 군사적·경제적 낙후성이 드러나면서 노동 운동이 과격해졌고, 이는 정부의 불신으로 이어졌다. 결국 세 번에 걸친 혁명 끝에 러시아는 공산주의 국가로 재탄생했다.

러일전쟁

1904년 러시아의 극동 진출을 견제하던 영국과 영일동맹을 체결한 일본은 함대를 동원해 뤼순 군항을 기습 공격함으로써 한국과 만주의 분할을 둘러싼 러일전쟁이 발발했다. 전쟁에 패배한 러시아에는 혁명운동이 진행되었고, 승리한 일본은 한국의 지배권을 확립하는 동시에 만주에까지 진출했다. 이 결과 미국과의 대립이 시작되었다.

로마노프 왕조

로마노프 왕조는 1613년부터 1917년까지 304년 동안 러시아 제국을 통치한 왕조이다. 로마노프 왕조는 미하일 1세부터 니콜라이 2세까지 이어졌다. 니콜라이 2세(1868~1918)는 제1차 세계대전에 참전했는데, 그로 인해 러시아의 경제 상황이 악화된다. 이에 국민들은 불만을 토로하며 혁명을 일으킨다. 그 결과 1917년 2월 혁명에서 니콜라이 2세가 퇴위하면서 로마노프 왕조는 막을 내린다.

볼셰비키

20세기 초에 만들어진 러시아 사회민주노동당으로 레닌 중심의 '다수파'를 뜻한다.

부르주아지

'부르주아(Bourgeois)'는 원래 도시에 사는 시민을 가리키는 말이었으나, 나중에는 자본을 투자해서 노동자를 고용해 산업을 운영하는 '자본가'를 뜻하는 말이 되었다. 부르주아지는 자본가 계급을 이르는 말이다.

소비에트

소비에트(Soviet)는 원래 러시아 말로 평의회 또는 대표자 회의를 뜻했다. 그러나 러시아 혁명 때 노동자·병사 등의 대표자 회의 '소비에트'가 창설되면서 부르주아 민주주의 의회에 대비되는 개념이자, 민중에 의해 자발적으로 조직되고 운영되는 프롤레타리아 독재정권의 권력기관이란 의미로 전용되었다.

자본주의

이윤추구를 목적으로 하는 자본이 지배하는 경제체제. 현재 서유럽과 미국, 대한민국을 비롯한 많은 나라의 국민들은 '자본주의 체제'라는 경제체제 아래서 경제생활을 영위하고 있다.

전체주의

개인의 자유를 억압하고 국가나 민족 같은 집단의 이익을 우선으로 내세운 사상이다. 전체주의 정권은 '하나는 전체를 위해', '전체는 하나를 위해'라고 주장하며 국가를 강조한다. 그리하여 국민들에게 국가의 지도자에게 절대적으로 복종할 것을 강요하는 한편 다른 나라와의 전쟁, 침략 등을 통해 국가의 힘을 키우려고 한다.

제국주의

선진국들이 자국 발전을 위해 약소국을 무력으로 침략해 식민지로 만드는 정책. 영국의 『데일리뉴스』가 1870년 6월 8일자 보도에서 나폴레옹 3세가 몰락한 상황을, 즉 '프랑스의 제2 제정'을 '제국주의'라고 지칭하면서 일반화되었다.
영국, 프랑스, 독일은 19세기 말 산업혁명을 거치면서 공업을 중심으로 산업이 급속히 성장했다. 이에 따라 원료를 안정적으로 확보하고 상품을 팔 시장이 필요했다. 그래서 이들은 군대를 앞세워 약소국들을 침략해 식민지로 만들었다. 이렇게 유럽의 강대국들이 19세기 말부터 추진한 대외 팽창주의 정책을 '제국주의'라고 한다. 결국 이 제국주의로 인해 제1차 세계 대전이 발생했다.

차르

슬라브 민족들의 국가에서 군주를 일컫던 말이다. 불가리아, 세르비아 등지에서도 군주의 칭호로 사용되었다. 1721년 표트르 1세가 원로원으로부터 '모든 러시아의 황제(임페라토르)'라는 칭호를 받으면서 이것이 러시아 군주의 정식 명칭이 되었으나 '차르(tsar)'는 이와 병행해서 혁명 때까지 관습적인 칭호로서 계속 사용되었다.

코민테른

1919년 모스크바에서 레닌의 주도로 조직된 '각국의 사회주의자 및 정당 단체'가 참여한 국제 운동 조직체. '제3 인터내셔널'이라고도 통칭하는 이 기구는 세계 30개국 공산당 대표들이 참가해 제7차 대회까지 가졌지만, 각국의 내부 사정이 복잡해

짐에 따라 1943년 해산되었다.

클라크
러시아의 부농을 일컫는 말로, 러시아 자본가 계급을 뜻한다.

『프라우다』
러시아 모스크바에서 발행되는 대표적인 일간신문이다. 프라우다(Pravda)는 러시아
어로 '진리'를 뜻한다. 1912년 5월 5일 상트페테르부르크에서 혁명 세력의 기관지
로 창간된 이래 1991년 소비에트 연방의 붕괴 이전까지 공산당의 기관지였다. 과
학·경제·문화 등 여러 분야에 관한 기사를 제공하고, 당 노선의 해설에 역점을 두
어 독자들의 사상 통일을 높이는 데 주력했다.

프롤레타리아
프롤레타리아는 '생산수단을 소유하지 않고 자신의 노동력을 자본가에게 팔아 생활
하는 노동자'를 뜻한다. 여기서 말하는 생산수단은 공장, 원재료, 기계, 토지, 건물,
교통수단 등 인간이 어떤 물건이나 재화를 만들기 위한 수단을 총칭한다. 이는 라틴
어 '프롤레타리우스(Proletariatus)'라는 말에서 유래되었는데, 이는 원래 후기 로마시
대에 가진 것 없는 최하층민 계급을 일컫는 말이었다. 이들은 가진 재산이 없었기
때문에 한자로 번역하면 무산계급(無産階級), 즉 재산이 없는 계급이다.
카를 마르크스와 프리드리히 엥겔스는 1847년『공산당선언』을 통해 '만국의 노동자
여, 단결하라!'는 메시지를 남겼다. 즉 프롤레타리아가 혁명을 일으켜 새로운 사회를
만들어야 한다는 것이다. 이『공산당선언』에 영향을 받은 레닌이 러시아에서 10월
혁명을 일으켜 공산주의가 탄생했다.

피의 일요일
러일전쟁으로 어려움을 겪던 러시아 국민들은 1905년 1월 22일 빵과 토지, 평화를
요구하며 상트페테르부르크의 겨울 궁전에서 시위를 벌였다. 하지만 이들에게 돌아
온 것은 차르의 경찰과 군대의 발포였다. '피의 일요일' 당시 수백 명의 사망자와 수
천 명의 부상자가 발생했다. 이 사건은 차르에 대한 신뢰를 무너뜨렸으며, 러시아의
낙후된 정치와 사회를 개혁할 것을 요구하는 목소리가 커졌다. 이후 러시아는 혁명
의 불길에 휩싸였다.

카를 마르크스 1818~1883	혁명적 사회주의를 창시한 독일의 사상가이며 경제학자. 카를 마르크스는 1848년 같은 생각을 가진 프리드리히 엥겔스와 함께 노동계급에 의한 혁명을 요구하는 『공산당선언』을 썼다. 그후 그는 체포를 피해 영국 런던에 정착한다. 그의 사상은 공산주의자들만이 아니라 전 세계에 막대한 영향을 주었다.
프리드리히 엥겔스 1820~1895	독일의 사회주의 철학자. 프리드리히 엥겔스는 마르크스의 가장 가까운 친구이자 후원자로 마르크스와 함께 현대 공산주의 이론을 세웠다. 1848년 『공산당선언』을 함께 집필했으며, 마르크스가 죽은 뒤 『자본론』 제2, 3권을 보충 편집했다. 엥겔스는 부유하고 신앙심 깊은 환경에서 어린 시절을 보냈으나 헤겔 사상에 심취해서 무신론자와 공산주의자가 되었다.
니콜라이 2세 1868~1918	니콜라이 2세는 알렉산드르 3세의 장남으로, 1894년에 즉위해 1917년까지 23년간 재위했다. 그는 우유부단한 성격으로 영국 빅토리아 여왕의 외손녀이자 독일 황실 출신의 아내에게 매여 살았다. 그리고 열강들의 경쟁이 치열하던 혁명과 전쟁의 시기에 러시아를 통치했다. 니콜라이 2세는 선친의 정책을 계승해 구체제 속에 제국을 보전하고자 했으나 혁명의 거센 파도 앞에 자신의 의지를 접을 수밖에 없었다. 1917년 2월 혁명으로 폐위된 후 연금생활을 이어가다 1918년 볼셰비키에 의해 일가족이 몰살당했다. 그의 죽음으로 로마노프 왕조 시대는 막을 내렸다.
블라디미르 레닌 1870~1924	러시아의 혁명가이자 정치가. 블라디미르 레닌은 1870년 러시아 심비르스크에서 태어났다. 1887년 큰형이 차르 암살 계획에 연루되어 처형당한다. 형의 죽음으로 큰 충격에 빠지고 이를 계기로 마르크스주의를 접하게 된다. 1887년 카잔 대학에 입학하지만 불법 집회에 참여했다는 이유로 퇴학당한다. 1889년 1월 레닌은 마르크스주의가 된다. 그리고 1895년 9월 '노동자계급 해방 투쟁 동맹'을 조직하지만 그해 12월에 체포된다. 1897년에 유배형을 받고 시베리아로 이송되고 1898년에는 '블라디미르 일린'이란 가명으로 러시아에서 『자본주의의 발전』이라는 책을 출판한다. 이후 러시아 사회민주노동당의 중심인물이 되어 볼셰비키(다수파, 과격한 혁명세력)를 이끈다. 1905년 '피의 일요일 사건'을 기회로 러시아에서 혁명적 기운이 일어나

자 레닌은 귀국한다. 그는 1907년 러시아 황제가 혁명 지도자를 검거하자 다시 해외로 도피해 유럽에서 저술 활동을 전개한다. 이때 일어난 제1차 세계대전에 러시아도 참전한다. 전쟁으로 인해 극심한 생활고에 시달리던 러시아 민중은 황제에게 저항한다. 1917년 2월 혁명으로 러시아 황제 니콜라이 2세가 물러나고 케렌스키 주도의 임시정부가 구성된다. 그러나 계속되는 전쟁, 경제 파탄으로 레닌은 트로츠키와 협력해 임시정부를 타도하고 새로운 소비에트 정부를 수립한다. 그러나 농민들의 불만이 증가하자 레닌은 시장경제를 일부 인정하는 신경제정책(NEP)을 실시한다. 그리고 소비에트사회주의공화국연방(소련)을 수립한다.

1924년 54세의 나이로 사망한 레닌의 시신은 방부 처리되어 오늘날까지 '레닌 묘'에 보존되어 있다. 그러나 동상처럼 레닌 묘를 계속 유지할 것인가, 아니면 폐쇄할 것인가 논란 중에 있다. 그가 추진한 개혁은 성공했지만 그가 추진한 체제는 실패했기 때문이다.

레프 트로츠키
1879~1940

초대 소비에트 연방의 외무부 장관을 맡았으며 붉은 군대의 창립자이다. 레프 트로츠키는 레닌의 사후 이오시프 스탈린과 이론적인 차이가 생겨 권력투쟁을 했다. 스탈린은 일국사회주의, 즉 러시아만 가지고도 세계 혁명을 이룩할 수 있다고 주장했다. 그러나 트로츠키는 러시아는 후진국이기에 소비에트 독재가 불가능하므로 유럽의 혁명을 지원해 세계를 혁명해야 한다고 주장했다. 당시 트로츠키의 세계 혁명이론은 서유럽의 공산주의 지식인들과 혁명가들에게 혁명이론으로 큰 지지를 받았으나, 결국 그는 스탈린과의 권력투쟁에서 밀려나 '인민의 적'으로 몰려 1927년 당에서 제명되었다. 그리고 국외로 추방되어, 국외에서 제4인터내셔널을 결성해 반소·반혁명 음모 활동을 하다가 1940년 스탈린이 보낸 자객에 의해 멕시코에서 암살되었다.

베니토 무솔리니
1883~1945

이탈리아의 파시즘적 독재자. 젊은 시절에 사회주의자였던 베니토 무솔리니는 1919년 파시스트당을 만들었고 1922년에 총리로 정권을 잡아 독재자가 되었다. 에티오피아 침략과 스페인 내란에 관한 간섭으로 제국주의적 팽창 정책을 펼쳤다. 그는 극단적인 국가주의자로서, 법률보다는 힘을 믿었다. 1940년 본격적으로 제2차 세계대전에 참전하지만 국민에게서 독재자라는 비난을 받고 1943년 자리에서 쫓겨났다.

이오시프 스탈린 1879~1953	이오시프 스탈린은 소련의 정치가로, 레닌의 후계자로서 소련 공산당 서기장·수상·대원수를 지낸 인물이다. 스탈린이라는 이름은 레닌이 붙여준 필명으로 '강철의 사나이'라는 뜻이다. 1929년부터 1953년까지 소비에트사회주의공화국연방을 통치하며, 대대적 숙청과 반혁명 재판 등 정치 박해를 자행하며 독재자로 군림했다. 신적으로 숭배되던 스탈린은 1991년 소련 정변 이후 자국 내에서도 독재자로 인식되고 있다.
아돌프 히틀러 1889~1945	독일의 독재자. 아돌프 히틀러는 1914년에서 1918년까지 병사로 세계대전에 참전했고 전쟁이 끝난 뒤 국가사회당(나치스)의 지도자가 되었다. 1923년 옥중에서 유대인을 포함한 독일의 적들을 공격하는 『나의 투쟁』을 썼다. 히틀러는 게르만 민족주의와 반유태주의를 내걸어 1933년 권력을 잡았다. 이후 제2차 세계대전을 일으켰으며 베를린이 함락되기 직전에 자살했다.

Animal
Farm

동물 농장의 혁명 실패의 책임은
피지배계급에게 있다

▌등장인물 소개

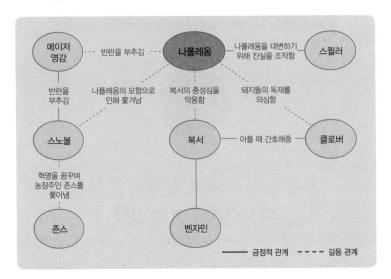

돼지들

메이저 영감 카를 마르크스와 레닌을 상징한다. 존스 농부가 매너 농장의 주인으로 있을 때 대장이었으며, 농장 동물들은 누구나 메이저를 존경한다. 어느 날, 이상한 꿈을 꾸고 이를 동물들에게 이야기해 준다. 그는 인간으로 말미암아 동물들이 굶주림과 고된 노동을 겪는 것이며 인간과 두 발로 걷는 것은 동물의 적이라고 말한다. 인간을 추방한 후 자유를 찾아야 한다고 주장해 동물 농장에 '혁명 정신'을 일깨운다.

나폴레옹 이오시프 스탈린을 빗대고 있으며, 부패한 독재자를 상징한다. 나폴레옹은 몸집이 크고 험상궂게 생긴 버크셔 종 수퇘지다. 현실주의자로, 반란을 일으키는 데 큰 공을 세운다. 하지만 이내 이상주의자 스노볼을 쫓아내고, 스퀼러를 대변가로 내세우며, 사나운 개들을 앞세워 동물들을 강압적인 독재로 다스린다. 이후 사치스러운 생활을 누리며 존스 시대의 인간보다 더 동물들을 괴롭힌다.

스노볼 레프 트로츠키를 상징하며 이상주의자다. 나폴레옹과 함께 농장의 혁명을 일구는 데 큰 기여를 한다. 스노볼은 머리가 뛰어난 수퇘지로 나폴레옹보다 합리적이지만 의지가 강하지 못하다. 스노볼과 나폴레옹은 풍차 건설 문제로 심한 의견 대립을 한다. 결국 스노볼은 나폴레옹의 모함에 의해 농장에서 쫓겨난다.

스퀼러 모스크바에서 발행되는 대표적인 일간신문을 상징한다. 나폴레옹의 대변인을 도맡아하는 돼지로, 훌륭한 웅변가다. 동물 농장의 동물들이 나폴레옹에게 불만을 갖지 않고 충성하도록 회유하기 위해 진실을 조작하면서까지 선전한다.

새끼 돼지들 나폴레옹의 새끼들로 동물 농장의 다음 지배자가 된다. 이는 권력의 대물림을 상징한다.

혁명 돼지들 나폴레옹의 독재에 반기를 들려다 반역으로 몰려 개들에게 살해당한다. 트로츠키파로 몰려서 숙청당한 공산당원들을 상징한다.

동물들

복서 러시아 혁명에 참여한 참을성 많고 강인한 노동계급 또는 프롤레타리아를 상징한다. 나폴레옹이 옳다고 생각하며 충성을 다하지만 그의 독재정권 아래에서 착취당하는 존재일 뿐이다. 나폴레옹에게 충성을 다하다가 끝내 병에 걸려 팔려가고 비극적인 죽음을 맞이한다.

클로버 민중계급을 대변하는 또 다른 인물로, 어느 정도의 교육은 받았으나 무기력한 중산층을 상징한다. 돼지들을 의심하지만 일곱 계명을 기억해내지 못하는 자신을 자책한다. 다른 동물보다 친절한 동물로, 복서가 병에 걸렸을 때 그를 간호해준다.

몰리 흰색 말로 사상이나 반란보다는 리본과 각설탕을 더 좋아하며 허영심이 많다. 러시아 혁명 후 축출된 부르주아를 상징한다.

인간들

존스 러시아 제국의 니콜라이 2세를 상징한다. 원래 성실하고 부지런한 농장주였지만, 큰 소송에 패하면서 술주정뱅이가 된다. 이후 자신이 키우던 동물들에 의해 농장에서 쫓겨난 뒤에 농장을 되찾으려고 하지만 실패한다. 결국 알코올중독자 수용소에서 사망한다.

프레드릭 필킹턴의 적수로 또 다른 농장인 핀치필드의 소유주. 아돌프 히틀러를 상징하며, 그의 농장은 독일을 상징한다. 자기 잇속만 챙기는 협상 자세로 유명하며, 나폴레옹에게 목재 더미를 산 후 가짜 돈을 주는 사기를 친다. 나중에 무력으로 동물 농장을 탈취하려다 실패한다.

필킹턴 폭스우드 농장의 주인으로 미국의 32대 대통령 루스벨트 대통령과 영국의 수상 처칠을 상징한다. 그의 농장은 자본주의 국가를 상징한다.

윔퍼 나폴레옹이 동물 농장을 홍보하기 위해 고용한 브로커로, 동물 농장이 이웃 농장들과 상거래를 꾀하자 중개자로 활약한다. 1931년

소련을 방문한 버나드 쇼를 상징한다는 의견도 있으나 다소 차이가
있다.

사건

동물 재판 모스크바 재판

동물 학살 스탈린 시대의 대숙청

외양간 전투 1918년 연합군 침공

풍차 전투 1941년 독일의 러시아 침공

풍차 소비에트 5개년 계획

논제	동물 농장의 혁명 실패의 책임은 피지배계급에게 있다.	
추가 토론 논제	1. 나폴레옹의 독재는 동물들의 책임이다. 2. 나폴레옹은 지도자의 자질이 있다. 3. 동물들의 반란은 성공이다.	
내용 요약	발단	존스 농부가 운영하는 '매너 농장'에 살고 있는 동물들 중 수퇘지 메이저 영감은 어느 날 꿈에서 받은 계시를 동물들에게 전한다. 메이저 영감은 '동물주의'를 주장하며, 동물들을 부당하게 착취하는 인간들에게 적개심을 갖고 저항해야 한다고 말한다. 이에 젊은 수퇘지인 나폴레옹, 스노볼, 스퀼러는 동물들을 교육하며 반란을 준비한다.
	전개	그러던 어느 날, 존스와 일꾼들이 동물들에게 먹이를 제때 주지 않자 동물들은 혁명을 일으키고, 존스 부부는 농장 밖으로 내쫓기고 만다. 스노볼과 나폴레옹은 메이저 영감의 정신을 따라 7계명을 정하는 등 동물주의를 실현하고자 노력한다. 그리고 농장의 이름을 '매너 농장'에서 '동물 농장'으로 바꾼다.
	위기	평소 생각이 달라서 사사건건 대립했던 나폴레옹과 스노볼은 풍차 건설을 계기로 심한 갈등을 겪는다. 그러던 중 나폴레옹은 자신이 길들여온 개들을 사병으로 앞세워 스노볼을 내쫓고 강력한 지도자로 군림한다. 나폴레옹은 뛰어난 언변가 스퀼러를 대변자로 내세우며 동물들을 설득하고, 공포 분위기를 조성해 동물들이 자신의 결정에 반대하지 못하게 만든다.
	절정	나폴레옹과 돼지들은 존스보다 더 사치스러운 생활을 누린다. 다른 동물들이 풍차를 건설하고 농사를 짓느라 힘들어할 때, 돼지들은 더 많이 먹고 더 많은 휴식을 취한다. 그뿐만 아니라 인간처럼 침대에서 자며, 옷을 입고, 적으로 여기던 인간과 거래를 하며 돈을 만지기 시작한다. 결국 '동물 농장'은 예전처럼 돌아가고 만다.
	결말	나폴레옹은 자신의 왕국이 된 '동물 농장'을 이어나가기 위해 스노볼과 내통하거나 자신에게 불만을 품는 동물들을 모두 처형한다. 결국 돼지들은 '동물 농장'을 다시 '매너 농장'으로 바꾸어 버린 돼지들은 이내 두 발로 걸어 다니며 술을 마시고, 인간들과 포커 게임을 한다. 나폴레옹은 인간의 행동을 따라하며 독재정치를 하고, 다른 동물들을 노예로 부리는 존재로 타락한다.

생각 더하기	1. 동물 농장의 주인은 누구인가? 2. 동물들은 왜 반란에 동참했을까? 3. 지배계급에게 복종한 동물들은 어떻게 되었는가?	
	찬성	**반대**
쟁점 찾기	1. 동물들(피지배계급)은 비판적 시 각을 갖지 못했다. 2. 피지배계급의 무지가 혁명을 실패 로 만들었다. 3. 동물들(피지배계급)이 나폴레옹의 독재에 순응한 결과이다.	1. 폭력과 강압이 동물들(피지배계 급)을 독재에 순응하게 만들었다. 2. 돼지들의 거짓 선전과 세뇌로 인 해 동물들(피지배계급)은 진실을 알기 힘들었다. 3. 권력에 타락한 돼지들 때문에 동 물 농장의 혁명이 실패했다.

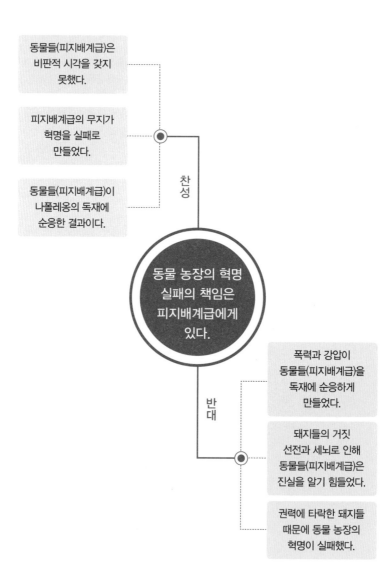

동물들(피지배계급)은 비판적 시각을 갖지 못했다.

피지배계급의 무지가 혁명을 실패로 만들었다.

동물들(피지배계급)이 나폴레옹의 독재에 순응한 결과이다.

찬성

동물 농장의 혁명 실패의 책임은 피지배계급에게 있다.

반대

폭력과 강압이 동물들(피지배계급)을 독재에 순응하게 만들었다.

돼지들의 거짓 선전과 세뇌로 인해 동물들(피지배계급)은 진실을 알기 힘들었다.

권력에 타락한 돼지들 때문에 동물 농장의 혁명이 실패했다.

📖 토론 요약서

논제	동물 농장의 혁명 실패의 책임은 피지배계급에게 있다.	
용어 정의	• 동물 농장의 혁명 : 욕심 많은 인간 존스를 몰아내고 모든 동물이 평등하게 사는 것. • 피지배계급 : 동물 농장에 사는 동물들 중, 돼지를 제외한 나머지 동물.	
	찬성	반대
쟁점 1	동물들(피지배계급)은 비판적 시각을 갖지 못했다.	폭력과 강압이 동물들(피지배계급)을 독재에 순응하게 만들었다.
근거	나폴레옹은 스노볼을 쫓아낸 후 7계명을 자기 입맛대로 고쳤다. 이에 몇 몇 동물들이 의심을 품자 스퀼러를 이용해 거짓 선전하고 동물들을 가스라이팅(gaslighting)* 했다. 동물들은 스퀼러의 말을 사실로 받아들이고 순순히 수긍했다. 만약 동물들 중 누구라도 스퀼러의 주장을 그대로 수용하지 않고 비판적 시각으로 진위 여부에 대해 확인을 요구했다면 암담한 독재의 악몽이 시작되지 않았을 것이다.	동물들은 평화적인 동물 사회를 이루기 위해 봉기에 참여했다. 하지만 이는 환상에 지나지 않았다. 나폴레옹은 스노볼을 내쫓고, 사나운 개들을 앞세워 자신에게 복종하지 않는 동물들을 조각조각 찢어 죽이는 참상을 일으켰다. 동물들은 이를 목격한 후 마음속에 반란이나 불복종을 생각할 수가 없었다.
쟁점 2	피지배계급의 무지가 혁명을 실패로 만들었다.	돼지들의 거짓 선전과 세뇌로 동물들(피지배계급)은 진실을 알기 힘들었다.
근거	모든 동물들은 스노볼이 조직한 읽기 반과 쓰기 반에서 알파벳 전부를 배웠으나, 제대로 글을 읽을 줄 아는 동물들은 거의 없었다. 나폴레옹과 스퀼러는 이들의 우둔함을 권력의 조작 기회로 삼았다. 글을 몰라서 존스 시대와 지금의 상황을 대비해 판단할 능력이 없었던 동물들은 스퀼러의 말을 모두 사실로 믿고 지배자에게 복종했다.	나폴레옹의 집권 이후, 동물들은 존스 농장 때보다 더 힘든 삶을 살게 되었다. 그러나 나폴레옹과 스퀼러는 항상 통계 수치를 조작해서 존스 시절보다 살기 좋아졌다고 거짓 선전했다. 하지만 동물들은 존스 시대와 나폴레옹 시대를 비교할 만한 자료가 없었기에 거짓 선전을 순순히 받아들였다.

* 타인을 통제하고 정신적으로 황폐화시키는 심리학 용어이다.

쟁점 3	동물들(피지배계급)이 나폴레옹의 독재에 순응한 결과이다.	권력에 타락한 돼지들 때문에 동물농장의 혁명이 실패했다.
근거	농장의 동물들은 봉기를 일으켜 존스를 쫓아냈다. 봉기 이후 돼지들은 직접 일을 하지는 않고 다른 동물들을 지휘 감독했다. 동물들은 돼지들이 통솔권을 가져야 한다는 것을 당연하게 받아들였다. 나폴레옹은 권력을 독점한 후 완벽한 독재체제를 수립했다. 그러나 동물들은 추악한 나폴레옹의 독재적인 통솔권에 순응하고 만다.	권력을 혼자 독점한 나폴레옹은 돼지들을 특권층으로 부상해 존스보다 더 호화롭게 사치를 부리며 부패한다. 급기야는 돼지 스스로가 적으로 몰았던 인간의 편에 섰다. 암담한 독재, 착취와 학대에서 벗어나기 위해 봉기를 일으켰던 동물들은 권력에 타락한 돼지들 때문에 다시 힘겨운 삶을 살아야 했다.

▌논의 배경

　동물들은 자신들을 착취하고 학대하는 인간을 몰아내고 모두가 평등한 농장을 만들기 위해 혁명을 일으킨다. 그러나 그들이 꿈꾸었던 '계급 없는 사회'에 대한 환상은 오래가지 못하고 나폴레옹에 의한 독재가 시작된다. 따라서 동물 농장의 혁명 실패의 책임은 누구에게 있는지 토론하는 시간을 갖고자 한다.

▌용어 정의

- **동물 농장의 혁명** : 욕심 많은 인간 존스를 몰아내고 모든 동물이 평등하게 사는 것.
- **피지배계급** : 동물 농장에 사는 동물들 중, 돼지를 제외한 나머지 동물.

　　쟁점 1 　동물들(피지배계급)은 비판적 시각을 갖지 못했다.

　나폴레옹은 스노볼을 쫓아낸 후 이웃 농장들과 장사를 하겠다는 새로운 정책을 발표했다. 하지만 존스를 쫓아낸 후 열린 승리의 첫 회합에서 통과된 최초의 정책에는 '인간들과 거래를 끊겠다는 것, 장사를 하지 않겠다는 것, 화폐를 사용하지 않겠다는 것' 등의 결정이 있었다. 동물들은 모두 혁명 초기에 이루어진 이 결의를 기억하고 있었다. 그러나 스퀼러가 이런 결정은 통과된 적도, 제안된 적도 없었다고 거짓 선전하고 동물들을 가스라이팅 했다. 하지만 여전히 몇몇 동물들이 스퀼러의 말에 희미하게나마 의심을 품자 "여러분들이 한 말에 확신할 수 있소, 동무들? 여러분은 그런 결정에 대한 기록을 갖고 있소? 그게 어디 씌어 있소?"라고 질문한다. 이에 대해 동물들은 스퀼러의 말을 사실로 받아들이고 그런 것들이 기록으로 존재하지 않는 것이 확실하기 때문에 자신들이 잘못 알았을 것이라며 순순히 수긍했다. 만약 동물들 중 누구라도 스퀼러의 주장을 그대로 수용하지 않고 비판적 시각으로 진위 여부에 대해 확인을 요구했다면 암담한 독재의 악몽이 시작되지 않았을 것이다.

쟁점 2 피지배계급의 무지가 혁명을 실패로 만들었다.

모든 동물들은 스노볼이 조직한 읽기 반과 쓰기 반에서 알파벳을 배웠다. 하지만 클로버는 알파벳을 묶어서 읽을 줄 몰랐으며 복서 또한 D자 이상을 외우지 못했다. 실제로 복서는 여러 차례 E, F, G, H를 배웠지만 그 글자들을 알았을 때에는 A, B, C, D를 잊어버렸다. 몰리는 자기 이름을 쓰는 글자 여섯 개 외에는 아무것도 배우려 하지 않았다. 그 밖에 다른 동물들은 A자 이상은 배울 수 없었을 뿐만 아니라 양, 암탉, 오리 같은 좀 더 둔한 동물들은 7계명조차 외우지 못했다. 나폴레옹과 스퀼러는 이들의 우둔함을 권력의 조작 기회로 삼았다. 혁명 이후 동물 농장의 생활은 점점 힘들어져 갔지만 스퀼러는 존스의 시대에 비하면 식량 사정이 나아졌고 노동 시간이 단축되었으며 생활 조건 또한 개선되었다고 거짓 선전한다. 글을 몰라서 존스 시대와 지금의 상황을 대비해 판단할 능력이 없었던 동물들은 스퀼러의 말을 모두 사실로 믿고 지배자에게 복종한다.

쟁점 3 동물들(피지배계급)이 나폴레옹의 독재에 순응한 결과이다.

농장의 동물들은 인간의 착취와 학대, 굶주림을 견디다 못해 '봉기'를 일으켜 존스를 쫓아냈다. 돼지들은 봉기 이후 직접 일을 하지는 않고 다른 동물들을 지휘 감독했다. 돼지들이 뛰어난 지식을 갖고 있기 때문에 그들이 통솔권을 가져야 한다는 것에 대해 동물들은 당연하게 받아들였다. 그러나 돼지들의 지배에 동물들이 순응하자 나폴레옹은 권력을 독점하고 독재체제를 수립한다. 그리고 전 지배자였던 인간보다 더 호의호식하며 부패에 빠진다. 그러나 동물들은 이에 저항하지 않는다. 결국 동물들이 꿈꾸었던 계급 없는 사회를 이루지 못한 것은 자신들의 눈으로 나폴레옹의 행동을 보고도 투쟁하지 않았기 때문이다. 따라서 추악한 나폴레옹에게 통솔권을 주고 순응하였기에 어렵게 얻은 혁명의 기회를 실패로 이끈 것이다.

▍논의 배경

　동물들은 자신들을 착취하는 농장주인 존스를 몰아낸 후 혁명에 성공한다. 그리고 평등한 삶을 살기 위해 7계명을 만들고 여러 가지 계획을 세운다. 그러나 지배계급인 나폴레옹과 스노볼은 권력에 대한 집착으로 분쟁만 일삼는다. 급기야 나폴레옹은 스노볼을 내쫓고 독재정권을 세운 후 동물들을 탄압한다. 따라서 동물 농장의 혁명 실패의 책임은 누구에게 있는지 토론하는 시간을 갖고자 한다.

▍용어 정의

- **동물 농장의 혁명** : 욕심 많은 인간 존스를 몰아내고 모든 동물이 평등하게 사는 것.
- **피지배계급** : 동물 농장에 사는 동물들 중, 돼지를 제외한 나머지 동물.

쟁점 1　**폭력과 강압이 동물들(피지배계급)을 독재에 순응하게 만들었다.**

　동물들은 굶주림과 채찍질에서 해방되고 모두가 평등하며 강자가 약자를 보호해주는 평화적인 동물 사회를 이루기 위해 봉기에 참여했다. 하지만 이는 환상에 지나지 않았다. 나폴레옹은 스노볼을 내쫓기 위해 자신이 비밀리에 기른 아홉 마리의 개를 이용했다. 나폴레옹이 지시를 내리자 갑자기 나타난 개들이 곧장 스노볼에게 덤벼

들어 물어뜯으려 했다. 말할 수 없을 만큼 놀란 동물들은 두려움에 떨며 그 추격전을 바라보았다. 그리고 잠시 뒤 공포에 싸여 말을 잃은 채 창고로 기어들어왔다. 이후 나폴레옹은 사납게 으르렁거리며 사방을 휩쓸고 다니는 아홉 마리 개들을 앞세워 자기에게 복종하지 않는 동물들을 조각조각 찢어 죽이는 참상을 일으켰다. 동물들은 이를 목격한 후 마음속에 반란이나 불복종을 생각할 수가 없었다.

쟁점 2 돼지들의 거짓 선전과 세뇌로 동물들(피지배계급)은 진실을 알기 힘들었다.

나폴레옹의 집권 이후, 동물들은 존스 농장 때보다 더 힘든 삶을 살아야 했다. 겨울은 추웠고 식량은 부족했다. 그러나 스퀼러는 존스 시절보다 식량 사정이 더 좋아져 동물들이 많은 양의 귀리와 순무를 받게 되었다며 거짓 선전을 일삼았다. 또한 근거를 날조해 이전보다 노동시간이 단축되었으며 수명이 길어지고 유아 생존율이 높아졌다며 동물들을 세뇌시켰다. 그리고 존스 농장 시대에는 모두가 노예였지만 지금은 자유의 몸이니 근본적으로 모든 것이 변했다는 것을 강조했다. 식량 배급이 감소되고 생활 여건이 더욱 악화되었음에도 나폴레옹과 스퀼러는 항상 통계 수치를 조작해서 제시했다. 하지만 동물들은 존스 시대와 나폴레옹 시대를 비교할 만한 자료가 없었기에 거짓 선전을 순순히 받아들일 수밖에 없었다.

쟁점 3 권력에 타락한 돼지들 때문에 동물 농장의 혁명이
실패했다.

나폴레옹은 물리적인 공포, 조직적인 대중 동원, 항의의 봉쇄로
독재 지배체제를 완성했다. 그리고 권력을 타락시켰다. 나폴레옹은
풍차를 건설하자고 주장했던 스노볼을 성격이 위험하고 나쁜 영향
력을 가졌다며 쫓아냈다. 그리고 권력을 혼자 독점한 채 동물들의
작업량을 늘리고 생활을 악화시켰다. 이렇게 권력욕에 눈이 먼 나폴
레옹은 자신이 특권층으로 부상해 존스보다 더 호화롭게 사치를 부
리며 부패한 생활을 한다. 급기야는 농장 집으로 이사하고 술을 마
시며 침대에서 자고 인간의 옷을 입는다. 이제 나폴레옹은 자신 스
스로 적으로 몰았던 인간의 편에 섰다. 그는 7계명을 모조리 뜯어고
쳤으며 두 다리로 서서 채찍으로 동물들을 지배한다. 암담한 독재,
착취와 학대로부터 벗어나기 위해 봉기를 일으켰던 동물들은 권력
에 타락한 돼지들로 말미암아 다시 힘겨운 삶을 살아야 했다.

참고문헌

황보종우, 『세계사 사전』, 청아출판사, 2004.
배수원, 『아이스크림보다 맛있는 경제학』, 이가서주니어, 2005.
박규상 외 2인, 『세계사 용어사전』, 웅진씽크빅, 2006.
닐 그랜트, 김석희 옮김, 『옥스퍼드 세계의 역사』, 랜덤하우스, 2008.
초등역사 모임, 『세계사 이야기 2』, 늘푸른어린이, 2008.
유시민, 『거꾸로 읽는 세계사』, 푸른나무, 2009.
조지 오웰, 이영화 엮음, 『동물 농장』, 예림당, 2011.
이근호·신선희, 『이야기로 엮은 한국사·세계사 비교 연표』, 청아출판사, 2012.
조지 오웰, 김기혁 옮김, 『동물 농장』, 삼성출판사, 2013.
조지 오웰, 이영옥 옮김, 『동물 농장』, 삼성출판사, 2013.
조지 오웰, 김병익 옮김, 『동물 농장』, 문예출판사, 2016.
신현수, 『통통 세계사 4』, 휴이넘, 2017.
황준형, 「연극 표현 수단으로서의 우화 연구: 조지 오웰의 〈동물 농장〉 공연 사례 분석」, 극
        동대학교 석사논문, 2018.
이문기 외 18명, 『중학교 역사 ②』, 동아출판, 2019.

CHAPTER 10

노인과 바다
The Old Man and the Sea

• 어니스트 헤밍웨이 •

❀❀ 작품 선정 이유

『노인과 바다』는 우리가 인생을 살면서 어려움에 직면했을 때 어떻게 대처할 수 있는 가에 대해 이야기하고 있다. 노인은 계속되는 불운을 자기의 운명으로 받아들이기를 거부하고 불가능에 도전했다. 마침내 그는 비극적인 과정에서 도덕적인 승리를 일궈 냈다.

인생은 고난과 역경의 연속이다. 헤밍웨이의 작품을 통해 삶의 과정에서 겪어야 하는 고난과 역경을 어떻게 극복해야 하는지, 진지한 삶의 자세를 배울 수 있다. 더불어 인생에서 자신이 추구하는 목표를 달성하는 것보다 '목표를 이루기 위해 끊임없이 노력하는 자세'가 중요하다는 것을 배우고자 이 작품을 선정했다.

| 📖 수록교과서 | 고등학교 문학, 동아출판사, 김창원 외 11인, 2019

어니스트 헤밍웨이
Ernest Hemingway

어니스트 헤밍웨이(1899~1961)는 1899년 7월 21일에 미국 일리노이주 오크파크에서 태어났다. 헤밍웨이의 아버지인 클래런스 헤밍웨이는 의사였고, 어머니 그레이스 헤밍웨이는 음악 교사였다. 아버지는 그에게 낚시와 사격을 권했으나 어머니는 첼로를 권하는 등 그의 부모님은 서로 성향이 달라 갈등을 겪었다. 헤밍웨이가 첼로보다는 사격을 좋아하는 바람에 그는 성인이 된 이후에도 어머니와 갈등을 겪었다.

그는 1917년 고등학교를 졸업한 후 제1차 세계대전에 참전하고 싶었으나 아버지의 반대로 신문사 기자가 되었다. 헤밍웨이 특유의 간결하고 활기찬 문체는 기자 시절의 경험에서 비롯된 것이다.

1918년 4월, 신문기자를 그만두고 제1차 세계대전에 참전하고자 미 육군에 자원하지만 권투 연습 중 다친 시력 때문에 입대가 거부된다. 그러자 그는 적십자 의용병을 지원해 전쟁터로 떠난다. 하지만 이탈리아 전선에서 포격을 당해 큰 상처를 입고 병원으로 이송된다. 당시 입원해 있는 동안 여섯 살 연상의 미국인 간호사 에그니스 본 쿠로스키와 사랑에 빠지는데, 그때의 경험을 바탕으로 전쟁의 비참함과 허무함을 폭로한 작품『무기여 잘 있거라』를 집필한다.

전쟁이 끝난 1919년 헤밍웨이는 미국으로 돌아오지만, 어머니와의 불화로 캐나다로 이주해『토론토 스타』기자로 활동한다. 1921년에 해들리 리처드슨과 결혼하는데, 그해『스타 위클리』의 해외 특파원 자격으로 프랑스 파리로 간다. 헤밍웨이는 그곳에서 많은 작가들과 교류했는데 그중에는 포크너와 피츠제럴드도 있었다.

그가 본격적으로 작가의 길을 걷고자 한 것은 1923년이었다. 그는 작품 활동을 위해 기자 생활을 그만두고 에즈라 파운드, 거트루드 스타인 등에게 작품 창작에 대해 많은 것을 배웠다. 헤밍웨이는 에스파냐 전쟁에서 죽은 이들을 추모하고자『누구를 위하여 종을 울리나』를 집필했으며,『오후의 죽음』, 그리고『킬리만자로의 눈』등을 출간했다. 그리고 1952년 늙은 어부의 불굴의 정신을 묘사한『노인과 바다』를 발표한다. 헤밍웨이는 이 작품으로 큰 찬사를 받으며 퓰리처상(1953)과 노벨문학상(1954)을 수상한다. 그러나 1953년에 아프리카로 사냥 여행을 갔다가 비행기 사고로 중상을 입어 건강이 급격히 나빠졌다. 그 이후 작품 활동을 할 수 없을 정도로 건강이 악화돼, 급기야 1960년 이후에는 현기증, 고혈압, 당뇨를 앓아 작품 활동을 하기 어려운 지경이었다. 그는 "이젠 써지지 않는다"라는 혼잣말

을 반복하다 1961년 7월 2일 아침, 자신의 방에서 엽총 자살로 생을
마감했다.

【시대사 연표】

세계사	한국사
1904년 러일전쟁(~1905년)	1905년 을사조약 체결
1905년 러시아, 피의 일요일	1909년 안중근, 이토 히로부미 사살
1914년 제1차 세계대전(~1918년)	1910년 국권피탈
1917년 러시아 혁명	1919년 3·1 운동
1918년 윌슨 대통령, 14조 평화원칙 발표	대한민국 임시정부 수립
1919년 베르사유 조약의 서명	1926년 6·10 만세운동
1929년 미국, 대공황 발생(~1932년)	1932년 이봉창, 윤봉길 의거
1933년 미국, 뉴딜 정책 실시	1940년 창씨개명 강제
독일, 히틀러 집권	한국광복군 창설
1936년 에스파냐 내전(~1939년)	1945년 8·15 광복
1937년 중일전쟁	1948년 대한민국 정부 수립
1939년 제2차 세계대전(~1945년)	5·10 총선거 실시
1941년 태평양 전쟁(~1945년)	1949년 김구 피살
1945년 국제연합 탄생	1950년 6·25 전쟁
1948년 이스라엘 공화국 성립	1953년 휴정협정 조인
1952년 어니스트 헤밍웨이 ◀	1960년 4·19 혁명
『노인과 바다』 출간	1963년 5~9대 박정희 정부 수립(~1979년)
1956년 쿠바혁명	1970년 새마을운동 시작
1962년 미국, 쿠바 봉쇄	1972년 7·4 남북공동성명
1963년 핵 실험 금지 협정	1980년 5·18 광주민주화운동
1964년 베트남 전쟁	11, 12대 전두환 정부 수립(~1988년)
1969년 아폴로 11호 달 착륙	1987년 6월 민주항쟁
1980년 이란, 이라크 전쟁	1988년 13대 노태우 정부 수립(~1993년)
1986년 체르노빌 원전 사고	1993년 14대 김영삼 문민정부(~1998년)
1989년 베를린 장벽 붕괴	1998년 15대 김대중 국민의 정부(~2003년)
1990년 독일 통일	2003년 16대 노무현 참여정부(~2008년)
1991년 소비에트 연방 해체	2008년 17대 이명박 정부(~2013년)
2001년 9·11 테러 발생	

'인간은 파멸당할 수 있지만 패배하지 않는다' 노인의 불굴의 의지와 도전정신

『노인과 바다』는 고독하고 힘겨운 인생을 불굴의 의지와 도전정신으로 이겨내려고 애쓰는 희망적인 남성상을 그린 소설이다.

헤밍웨이에게 퓰리처상과 노벨 문학상을 안겨준『노인과 바다』는 단연 그의 최고의 작품으로 평가된다. 그의 작품에 등장하는 남자 주인공들은 어렵고 위험한 상황에서도 강한 의지와 호탕함, 박력, 모험 등 강인함을 보여준다. 이는 작가 헤밍웨이의 모습을 작품 속 남자 주인공에게 투영시킨 것이다. 실제로 헤밍웨이는 종군기자, 사냥꾼, 권투선수, 군인, 작가 등 강인함을 드러내는 다양한 직업을 가졌으며 취미생활 또한 사냥, 낚시 같은 격정적인 활동을 좋아했다.

헤밍웨이의 남성 중심적 성향은 그가 살았던 시대에 발발한 제 1, 2차 세계대전의 영향을 받은 것이다. 특히 1920년대 미국 남성들은 자신들은 전쟁에 참전하고 사회를 이끌어가는 등 중심적인 역할을 한다고 생각했다. 이런 이유로 이 시기에는 남성우월주의나 가부장적인 사상이 지배했다. 헤밍웨이의 작품 속 남자 주인공들이 힘들고 위험한 상황에서 강한 집념과 남자다움을 뽐내며 극기하는 장면이 자주 등장하는 이유도 이런 시대적 상황을 반영한 것이다.

헤밍웨이가 대부분의 작품에서 강한 남성성을 표현했던 것은 성장 과정에서 받은 영향도 있다. 헤밍웨이는 품위 있는 가정을 만들고자 했던 성악가이자 교사인 어머니와 야생 숲에서 사냥과 낚시를 즐기는 외과 의사인 아버지의 영향을 받으며 성장했다. 그는 자신에게 사냥과 낚시를 가르쳐준 아버지에게는 강한 애정을 느끼는 반면 취미가 없는 첼로 연주를 강제적으로 연습시켰던 어머니에게는 심한 반발심을 느꼈다. 헤밍웨이가 이런 반응을 보일 때마다 그의 어머니는 혹평을 서슴지 않았으며 더 심하게 야단을 쳤다. 이런 어머니의 행동에 강하게 반항했던 헤밍웨이는 가출을 시도하는 등 평생 어머니와 갈등을 빚었다. 그의 아버지 또한 어머니의 성격에 못 견뎌 헤밍웨이가 29세 때 권총으로 자살했다.

이처럼 어머니의 엄격한 훈육은 어린 헤밍웨이에게 여성에 대한 반감을 갖게 했으며 남성 중심적 성향을 갖도록 했다. 이런 이유로 헤밍웨이 작품 전반에서는 아버지에 대한 회고와 그리움은 자주 언급되고 있으나, 어머니에 대한 언급은 거의 없다. 『노인과 바다』에서도 여성은 등장하지 않는다. 다만, 바다를 '라 마르(la mar)'라고 표현하며 여성으로 보고 있음을 드러낸다.

바다를 '자상하고 아름답지만 갑자기 아주 사나워질 수 있는 것',

'엄청난 혜택을 줄 수도 있고 거두어가기도 하는 존재'라고 표현하는 대목에서 바다를 어머니로 여긴다는 것을 알 수 있다. 어머니는 관대함과 포용력으로 자신이 가진 것을 한없이 베풀어주기도 하지만, 자식들의 잘못을 꾸짖을 때는 폭풍우가 이는 거친 파도의 모습처럼 엄격한 훈육을 하기도 한다. 헤밍웨이는 어머니의 화난 모습에서 심한 폭풍우가 이는 바다가 연상되어 바다를 여성으로 표현했다고 볼 수 있다.

헤밍웨이의 삶은 곧 그의 작품이다. 그가 겪었던 치열한 생사 현장들의 경험이 그의 작품에 소재가 되었으며 『노인과 바다』 또한 그의 경험을 작품화한 것이다. 『노인과 바다』는 헤밍웨이가 머물렀던 쿠바와 멕시코 만류를 배경으로 한다. 미국 작가인 헤밍웨이가 스스로를 '쿠바 입양아'라고 표현하며 쿠바를 배경으로 소설을 썼던 이유는 무엇일까? 이는 1959년 공산주의를 내세운 쿠바 혁명이 일어나기 전, 쿠바가 미국의 지배하에 있었기 때문이다. 이 당시 많은 미국인이 쿠바에 집과 재산을 가지고 있었으며 헤밍웨이도 1959년 미국으로 돌아갈 때까지 이곳에서 작품 활동을 했다.

쿠바 아바나 동쪽으로 11킬로미터 떨어진 코히마르에 『노인과 바다』를 세상에 나오게 한 실존 인물 '그레고리오 퓨엔더스'가 있었다. 그는 필라호 선장으로 22년간 헤밍웨이와 함께했다. 헤밍웨이와 형제처럼 오랜 친분 관계를 맺어온 퓨엔더스를 주인공으로 한 『노인과 바다』는 헤밍웨이에게 퓰리처상과 노벨 문학상까지 안긴 명작이다. 『노인과 바다』는 인생 전반에 걸친 시련과 그에 맞서는 인간이라는 주제로 풀이될 수 있다. '바다'는 인생을 뜻하고, '거대한 물고

기'는 인생의 목표, 그리고 '상어 떼'는 혹독한 시련을 의미한다고 볼
수 있다.

국제여단(국제 의용군)

1936년에 일어난 스페인 내전에서 좌파 인민전선 정부를 돕기 위해 구성된 국제적인 좌파 연대 의용군. 세계 각국에 퍼져 있는 반파시스트 운동가들이나 지식인들, 그리고 이들을 지지하는 사람들로 구성되었다. 여기에는 잘 알려져 있는 조지 오웰(『카탈로니아 찬가』), 어니스트 헤밍웨이(『누구를 위하여 종을 울리나』)와 같은 유명 작가들뿐만 아니라 훗날 독일의 총리가 되는 빌리 브란트와 같은 인물들 또한 포함되어 있었다. 국제여단에 총 53개 국가, 4만 명이 넘는 사람들이 지원해서 반군에 맞서 싸웠던 것으로 추정된다. 이들은 공화정을 지키고 파시즘에 맞서 싸운다는 순수한 동기로 이뤄진 단체였기에 도덕적으로 중요한 상징이 되었다. 하지만 제대로 훈련받은 정규군이 아니었기에 전투력 면에서는 큰 도움이 되지는 못했다. 내전이 장기화됨에 따라 독일과 이탈리아에서 정부 차원의 지원을 받은 쿠데타 세력에 비해 공화국 세력이 점점 수세에 몰렸다.

군국주의

안으로는 사회를 군대와 같은 통치체제로 지배하고, 밖으로는 다른 나라를 침략하는 체제를 말한다.

나치즘

독일의 히틀러를 중심으로 한 파시즘 정당이다. 독일 민족 지상주의와 인종론을 기반으로 하고 있으며 유대인을 멸시하고 열등한 민족으로 몰아 격리, 말살하려고 했다. 나치스는 1당 독재체제로 유대인·사회주의자·공산주의자를 격리시키고 사회조직들을 나치스로 획일화했다. 나치즘은 특히 게르만 민족은 우수하고 유대인 등 다른 민족은 열등하다고 주장했으며, 다른 민족을 침략해 지배하려는 군국주의를 정당화했다. 나치즘이 내세운 나치당은 1933년에 독일 정권을 잡고 독재체제를 구축한 다음, 1939년에 제2차 세계대전을 일으켜 세계를 전쟁의 소용돌이로 몰아넣었다.

대공황

1929년에 시작되어 1930년대 전 세계에 걸쳐 일어난 경기침체를 뜻한다. 뉴욕 주식시장에서 주가가 대폭락하면서 시작되었고 그 영향은 전 세계로 확산되었다. 이로 인해 기업과 은행이 무너져 실업자가 급격히 늘었다. 영국, 프랑스 등은 식민지의 자원과 시장을 통해, 미국은 뉴딜 정책을 통해 경제를 회복하려고 했다. 한편 경제 대공황은 이탈리아와 독일에서 전체주의가 등장하는 계기가 되었으며 제2차 세계대전의 원인이 되었다.

베르사유 조약

제1차 세계대전 이후 1919년의 파리강화회의의 결과 31개 연합국과 패전국 독일이 프랑스 베르사유 궁전에서 맺은 조약이다. 이 조약으로 말미암아 독일은 해외 식민지를 모두 잃었고, 알자스·로렌을 프랑스에 반환해 영토가 크게 줄었다. 또한 연합국에게 패전국으로서 막대한 전쟁 배상금을 물어야 했고, 군사력도 크게 제한되었다. 이 조약으로 국제사법재판소 같은 새로운 국제기구가 창설되었다.

빙산이론

빙산이론(Iceberg Theory)은 헤밍웨이가 제시한 이론이다. 헤밍웨이는 훌륭한 소설이라면 8분의 7이 물속에 잠기고 나머지 8분의 1만이 수면에 떠오르는 빙산처럼 자신의 감정을 다 드러내지 않고 일부만 드러내어 표현해야 한다고 주장했다. 이는 가장 핵심적인 부분, 8분의 1만 표현함으로써 독자가 상상력을 통해 나머지 부분을 채워가도록 요구하는 것이다.

제1차 세계대전

1914년부터 1918년까지 일어난 전쟁으로, 유럽을 중심으로 한 세계대전이다. 보스니아의 사라예보에서 오스트리아 제국의 황태자 부부가 세르비아 비밀단체 청년에 의해 암살되었다(사라예보 사건, 1914). 그 무렵 세르비아 사람들은 슬라브족이 많이 살던 보스니아를 합쳐 강한 슬라브족 국가를 만들려고 했다. 그런데 오스트리아가 보스니아를 차지하자 불만을 품고 오스트리아 황제 부부를 암살한 것이다. 오스트리아는 세르비아에게 전쟁을 선포했다. 그러자 세르비아·영국·프랑스·러시아가 연합국으로 한편이 되고, 이탈리아·오스트리아·독일이 동맹국으로서 또 다른 한편이 되면서 전쟁이 커졌다. 독일도 러시아에 선전포고를 하면서 제1차 세계대전이 시작되었다. 유럽 전체는 전쟁터가 되고 나중에는 일본과 미국까지 끼어들었지만 1918년 11월 11일 독일이 항복하면서 제1차 세계대전이 끝났다.

제2차 세계대전

1939년부터 1945년까지 유럽, 아시아, 북아프리카, 태평양 등지에서 연합국(영국·프랑스·미국·소련)과 동맹국(독일·이탈리아·일본) 사이에서 벌어진 세계 규모의 전쟁이다. 지금까지 인류 역사에서 가장 큰 인명과 재산 피해를 낳은 전쟁이다.

제1차 세계대전의 패전국이었던 독일은 베르사유 조약에 따라 독일이 감당할 수 없는 배상금을 물어야 했다. 그런데 엎친 데 덮친 격으로 대공황이 불어닥쳤다. 이 때문에 문을 닫는 기업과 실업자가 늘어나자 사회가 몹시 혼란스러워졌다. 독일은 이런 경제 대공황을 이겨낼 방법이 없었다. 이때 히틀러가 등장해 나치스를 조직했다. 그는 "독일의 영광을 되찾자!"고 외치며 권력을 잡고 독재체제를 수립했다. 히틀러는 1939년 9월 1일, 선전포고 없이 폴란드를 공격했다. 그러자 영국·프랑스가 독일에 선전포고를 함으로써 제2차 세계대전이 시작되었다. 이후 연합군의 공격으로 이탈리아의 파시스트 정권이 무너졌고, 뒤이어 독일도 항복했다(1945년 5월). 하지만 일본이 태평양 전선에서 계속 저항하자 미국은 히로시마와 나가사키에 원자폭탄을 투하했다. 일본은 무조건 항복을 했다. 이로써 제2차 세계대전이 끝났다.

스페인 내전

1936년에서 1939년까지 스페인에서 일어난 내전이다. 1936년 2월 16일 선거에서 자유, 사회, 공산주의자들로 구성된 인민전선(공화 정부)이 승리했다. 그들은 국민들에게 좌파 개혁을 약속했다. 그런데 파시스트인 프랑코 장군이 개혁에 반발하면서 1936년 7월 18일 내전이 벌어졌다. 이 내전은 국가주의자 진영(반란 진영)과 공화파 진영의 대결이었다. 국가주의자 진영은 군부, 토지자본가, 기업가, 급진 우익 정당으로 구성되었고 공화파 진영은 도시노동자, 농업노동자, 중산층으로 구성되었다.

그러나 이 전쟁의 판세에 영향을 준 것은 국제 개입이었다. 이탈리아 파시즘의 창시자인 무솔리니와 나치스 독일이 국가주의자 진영을 지원했다. 이들의 지원 목적은 2차 세계대전을 위한 신무기의 성능을 시험해보기 위함이었다. 나치스 독일은 피레네 산 근처 '게르니카'의 소도시를 처참하게 공격했다. 이 내전은 여러 국가가 개입했기 때문에 작은 세계대전이라 부른다. 영국과 프랑스는 공화국 정부에 군수 물자를 지원했으나 국제연맹의 불간섭 조약을 이유로 스페인 정부에 대한 지원에 미온적이었다. 미국은 공식적으로 중립을 표방했으며, 오직 소비에트 연방 측만 공화파 진영을 도왔다. 이 때문에 점차 공화 정부가 불리하게 되었고, 결국 프랑코 장군의 승리로 전쟁은 끝난다.

아우슈비츠 수용소
나치스 독일이 유대인을 학살할 목적으로 만든 수용소로 폴란드 바르샤바에서 약 300킬로미터 떨어진 오시비엥침(독일어로 '아우슈비츠')에 있다. 이 수용소는 나치스가 만든 곳 중에서 규모가 가장 크며 수백만 명의 유대인이 이곳에서 독가스에 질식되거나 생체 실험을 당하며 참혹하게 죽었다. 1979년 유네스코 세계유산으로 지정되었다.

전체주의
개인의 자유를 억압하고 국가나 민족 같은 집단의 이익을 우선으로 내세운 사상이다. 전체주의 정권은 '하나는 전체를 위해', '전체는 하나를 위해'를 주장하며 국가를 강조한다. 그래서 국민들에게 국가의 지도자에게 절대적으로 복종할 것을 강요하는 한편 다른 나라와의 전쟁, 침략 등을 통해 국가의 힘을 키우려고 한다.

파시스트당	무솔리니(이탈리아)	나치당	히틀러(독일)
군국주의	군부(일본)	군부 파시스트	프랑코(에스파냐)

쿠바혁명
스페인의 식민지였던 쿠바는 미국과 스페인의 전쟁 이후 1902년 독립했지만 미국 자본에 예속되어 사탕수수 단일작물 재배 경제가 형성되어 실질적으로는 미국의 지배하에 놓여 있었다. 또한 토지가 미국 자본이나 쿠바의 대지주들에게 속해 있었기 때문에 일반 국민들은 궁핍한 생활에서 벗어날 수 없었다. 게다가 독재정권의 부패도 심화되어 여러 차례의 민중봉기가 일어났지만 미국의 개입으로 강제 진압되었다. 하지만 1956년 본격적으로 혁명 활동을 시작한 카스트로, 체 게바라 등은 바티스타 독재정권을 축출하고 민주주의 혁명을 이루었다. 초기에는 토지개혁 등 민주주의 혁명의 성격을 띠었으나, 1960년 후반 이후부터는 사회주의 혁명으로 바뀌었다. 카스트로는 미국과 국교를 단절하고, 미국 기업의 국유화와 농업의 집단화를 단행했다. 그리고 1961년 사회주의를 선언했다.

태평양 전쟁
중일전쟁이 길어지면서 전쟁 물자가 부족해진 일본 정부는 자원을 얻기 위해 남쪽으로 진출하려고 했다. 그래서 인도차이나반도에 군대를 보내 동남아시아로 진출할 기회를 엿보고 있었다. 1940년 마침내 일본은 인도차이나 반도를 점령할 수 있었다. 일본의 침략에 크게 자극을 받은 미국은 석유와 전쟁에 필요한 목재 수출을 금지했다. 결국 일본은 미국과의 전면전을 준비했다.

1941년 12월 7일 일본은 하와이 진주만에 있는 미 해군 기지에 기동대를 보내 기습 공격을 감행했다. 태평양 전쟁의 시작이었다. 하지만 전쟁은 점점 연합군에게 유리하게 전개되었다. 연합군의 공격으로 이탈리아의 파시스트 정권이 무너진 뒤 1945년 5월, 독일도 항복했다. 하지만 일본은 태평양 전선에서 계속 저항했다. 결국 미국은 히로시마와 나가사키에 원자폭탄을 투하해서 일본의 무조건 항복을 받아냈다(1945년 8월).

파시즘
무솔리니가 만든 단체 '전투 파쇼'에서 유래된 말이다. 파쇼(fascio)는 이탈리아 말로 '덩어리', '다발'을 뜻하며, 흔히 '단체'라는 의미로 사용되기도 한다. 파쇼는 당의 이름으로 쓰이기도 했으며, 회원들은 스스로를 '파시스트'라고 불렀다. 이후 '파시즘(fascism)'은 정치 용어로 발전했다. 파시즘이란, 개인의 자유를 없애고 폭력에 의한 독재정치를 펴는 정치 이념을 뜻한다.

「게르니카」
피카소의 걸작으로 일컬어지는 「게르니카」는 에스파냐 내전이 한창 벌어지던 1937년 4월 26일, 나치가 게르니카를 폭격한 사건을 담은 그림이다. 당시 프랑코 독재를 돕는 독일의 군인이 게르니카를 폭격해서 1,500여 명의 민간인이 목숨을 잃었다. 피카소는 조국인 에스파냐에서 일어난 독일의 만행을 세계에 알리기 위해 「게르니카」를 제작했다. 죽은 아이를 안고 통곡하는 여인의 모습에서 당시 참혹한 전쟁의 상황을 알 수 있다.

하드보일드 문체
1920~1930년대 미국 문학에 등장한 사실주의 기법이다. 불필요한 수사를 배제하고 객관적인 시점에서 사실적으로 표현하는 기법을 말하며 주로 강건체 문장으로 작품을 쓴다. 헤밍웨이 문체를 하드보일드(hard-boiled) 문체라고 한다. 그는 강건체와 관계대명사로 연결하는 중문을 거의 쓰지 않고 단문을 많이 썼다.

**베니토
무솔리니**
1883~1945

이탈리아의 파시즘적 독재자. 젊은 시절에 사회주의자였던 베니토 무솔리니는 1919년에 파시스트당을 만들었고 1922년에 총리로 정권을 잡아 독재자가 되었다. 에티오피아 침략과 스페인 내란에 관한 간섭으로 제국주의적 팽창 정책을 펼쳤다. 그는 극단적인 국가주의자로서 법률보다는 힘을 믿었다. 1940년 본격적으로 제2차 세계대전에 참전하지만 국민으로부터 독재자라는 비난을 받고 1943년 자리에서 쫓겨났다.

샤를 드골
1890~1970

프랑스의 군인이자 정치가. 육군 장군이었던 샤를 드골은 1940년 프랑스가 독일군에 점령되자 영국으로 탈출해 '자유 프랑스'의 지도자로서 독일에 저항하는 세력을 결집했다. 1944년 파리로 귀환한 그는 임시정부의 수반이 되었고 1945년부터 1946년에는 총리·국방부 장관을 역임했다. 1947년에는 프랑스국민연합(RPF)을 조직했다. RPF는 1951년 선거에서 제1당이 되었으나, 2년 후인 1953년 RPF를 해체하고 정계에서 은퇴했다.

드골은 1958년 알제리에서 쿠데타가 일어나면서 제4공화국이 붕괴 위기를 맞게 되자 다시 정계에 복귀한다. 그리고 이듬해인 1959년에 대통령에 취임해 1969년까지 대통령을 지냈다.

아돌프 히틀러
1889~1945

독일의 독재자. 병사로 제1차 세계대전에 참전한 아돌프 히틀러는 전쟁이 끝난 뒤 국가사회당(나치스)의 지도자가 되었다. 1923년 옥중에서 유대인을 포함한 독일의 적들을 공격하는 『나의 투쟁』을 썼다. 히틀러는 게르만 민족주의와 반유태주의를 내걸어 1933년 권력을 잡았다. 이후 제2차 세계대전을 일으켰으며 베를린이 함락되기 직전에 자살했다.

**드와이트
아이젠하워**
1890~1969

미국의 정치가이며 제34대 대통령. 드와이트 아이젠하워는 제2차 세계대전에서 연합군 최고사령관으로 전쟁을 승리로 이끌었다. 그는 먼저 연합군의 최고사령관으로 활동했고 이후 나토(NOTO)군 최고사령관을 거쳐 1953년 대통령에 당선되었다. 이후 6·25 전쟁을 휴전으로 마무리했고 대통령 연임기간 내내 냉전의 긴장을 완화하기 위해 끊임없이 노력했다.

알버트 아인슈타인
1879~1955

1921년에 노벨 물리학상을 수상한 독일 출생의 미국 물리학자. 알버트 아인슈타인은 스위스 취리히 공업대학 물리학과를 졸업하고, 1905년 자신이 근무하던 스위스의 베른 특허국에서 '특수 상대성 이론'을 발표했다. 그 뒤 프라하 대학, 취리히 공업 대학, 베를린 대학 등에서 교수를 역임했다.

유대인이었던 아인슈타인은 1933년 히틀러가 정권을 잡고 유대인을 박해하자 미국으로 망명해 연구를 계속했다. 제2차 세계대전 중 독일이 원자폭탄 연구에 몰두하자, 아인슈타인은 루즈벨트 대통령에게 독일보다 먼저 원자폭탄을 만들어야 한다는 편지를 보냈다. 이는 원자폭탄 연구, 맨해튼 계획의 시초가 되었다. 아인슈타인은 2차 세계대전이 종료된 후 세계연방정부를 만들어 원자폭탄 같은 군사력을 관리할 것을 주장했다.

체 게바라
1928~1967

쿠바의 정치가이자 혁명가. 체 게바라는 라틴아메리카의 혁명 이론가로 1960년대의 좌익 급진주의를 이끈 인물이다. 아르헨티나의 중산층 가정 출신인 그는 1953년 의학박사 학위를 받았다. 졸업 직전인 1952년에 아메리카 전역을 여행한 그는 여행을 통해 오직 혁명만이 사회적 불평등을 해결할 수 있다고 믿고 혁명가의 길로 들어섰다. 이후 멕시코에서 망명 생활을 시작했으며, 쿠바의 혁명 지도자인 피델 카스트로를 만나 쿠바혁명에 가담했다. 그리고 1950년대 후반, 카스트로의 게릴라 전쟁을 도와 쿠바의 독재자 바티스타를 축출하는 데 성공했다. 그는 제3세계에 대한 미국의 영향을 강하게 반발하며 반미·친공 노선을 옹호했다. 1966년 볼리비아로 간 그는 반군 지도자가 되어 싸우다 정부군에게 붙잡혔고 1967년 10월 9일 죽음을 맞이했다.

프란시스코 프랑코
1892~1975

스페인의 독재자. '인민전선 정부'에 저항하여 반란을 일으켰고 이로써 스페인 내전을 불러왔다. 독일과 이탈리아의 지원을 받은 프란시스코 프랑코는 스페인 내전에서 승리, 1당 독재에 의한 파시즘 국가를 수립했다. 제2차 세계대전 중에는 명목상 중립을 내세웠으나, 실제로는 독일·이탈리아를 지원했기 때문에 국제적으로 고립되었다. 하지만 훗날 미국의 반공정책에 따라 국제연합에 가입했다.

프랭클린 D. 루즈벨트
1882~1945

미국의 제32대 대통령. 민주당 출신으로 미국 역사상 유일무이한 4선 대통령으로 1933년부터 1945년까지 재임했다. 프랭클린 루즈벨트는 대공황을 극복하기 위해 '뉴딜' 정책을 강력하게 추진했으며 경제 불황을 타개해서 국민의 생활을 안정시켰다. 또 제2차 세계대전 당시 영국 처칠과 협력해 연합국을 승리로 이끌었다.

피델 카스트로 1926~2016	쿠바의 지도자. 피델 카스트로는 1926년 스페인 출신 이주민 농부의 아들로 태어났다. 1958년에 친미 독재정권이었던 바티스타를 무너뜨리고 공산혁명에 성공했다. 그리하여 쿠바를 소련의 지원을 받는 공산국가로 만들었다. 미국은 그를 제거하려고 애썼지만, 그는 1991년 소련이 붕괴된 뒤에도 여전히 권력을 유지했다.
파블로 피카소 1881~1973	스페인 태생, 프랑스에서 활동한 입체파 화가. 파블로 피카소는 프랑스 미술에 영향을 받아 파리로 이주했으며 르누아르, 툴루즈, 뭉크, 고갱, 고흐 등 거장들의 영향을 받았다. 1936년 스페인 내전 이후 프랑코 체제에 반대하며 스페인을 떠났던 피카소는 1963년 바르셀로나의 '피카소 미술관' 개관을 승낙하며 자신의 많은 작품을 기증했다. 입체주의의 창시자이며 20세기 최고의 거장인 피카소는 「게르니카」, 「아비뇽의 처녀들」 등 많은 걸작을 남겼다.

The Old Man
and the Sea

노인이 먼 바다로 나간 것은
잘한 일이다

flickr, Wolf Gang (CC BY-SA 2.0)

▌등장인물 소개

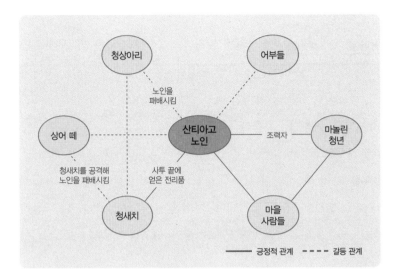

산티아고 노인 — 청상아리: 노인을 패배시킴
산티아고 노인 — 어부들
상어 떼 — 산티아고 노인
산티아고 노인 — 마놀린 청년: 조력자
상어 떼 — 청새치: 청새치를 공격해 노인을 패배시킴
청새치 — 산티아고 노인: 사투 끝에 얻은 전리품
산티아고 노인 — 마을 사람들

──── 긍정적 관계   ---- 갈등 관계

산티아고 쿠바에 사는 늙은 어부. 84일 동안 고기를 잡지 못하다가 85일째에 엄청나게 커다란 고기를 잡는다. 배에 싣지 못할 만큼 큰 고기를 배에 매달고 항구로 돌아오는 길에 상어의 습격을 받아 고기를 지키기 위해 고군분투한다. 하지만 결국 고기를 지키지 못하고 앙상하게 남은 뼈만 가지고 돌아온다.

마놀린 산티아고에게 고기 잡는 법을 배운 청년. 산티아고가 낚시를 하는 데 필요한 것을 준비해주고, 야구와 낚시 이야기를 즐겨 한다. 산티아고에게 유일한 벗이다.

청새치 산티아고가 바다에 나가 85일 만에 잡은 커다란 물고기. 먼 바다에 살며 힘이 센 고기다.

청상아리 청새치를 습격하는 약탈자. 산티아고는 청새치를 지키고

자 청상아리를 작살로 막아보지만, 결국 청상아리의 공격을 막지 못한다.

상어 떼 청상아리가 청새치를 공격한 이후, 상어 떼가 피 냄새를 맡고 몰려든다. 상어 떼는 산티아고가 잡은 청새치를 습격하는 약탈자로, 청새치의 금전적 가치를 사라지게 한다. 노인은 상어 떼와 용감하게 맞서 싸운다.

마을 사람들 산티아고를 믿고 도와준다.

어부들 84일 동안 단 한 마리의 물고기도 잡지 못한 산티아고를 놀려대며 물질만능주의를 드러낸다. 자연을 무시하는 이들과 달리 산티아고는 자연 친화적인 면모를 보여주며, 고기잡이에 영혼을 담는 어부다.

🔍 쟁점 찾기

논제	노인이 먼 바다로 나간 것은 잘한 일이다.	
추가 토론 논제	1. 바다로 나간 노인의 행동은 무모하다. 2. 결과보다 과정이 중요하다. 3. 노인이 먼 바다로 나갈 때 마놀린을 데려가야 한다.	
내용 요약	발단	주인공 산티아고는 멕시코만의 바닷가에 조각배를 띄우고 고기를 잡으며 살아가는 늙은 어부다. 그는 외로운 노인으로, 고기잡이를 가르친 소년 마놀린만이 유일한 벗이라고 할 수 있다.
	전개	산티아고는 매일 고기를 잡으러 바다에 나갔지만 84일 동안 한 마리의 고기도 잡지 못했다. 처음 40일은 소년 마놀린과 함께 바다에 나갔으나, 소년의 아버지가 다른 배로 옮겨 타라고 해 이후에는 노인 혼자 고기잡이를 나간다. 소년은 매일 아무런 성과 없이 빈 배로 돌아오는 산티아고가 안쓰러워 고기잡이 준비를 도와주곤 한다.
	위기	이윽고 85일째가 되는 날, 노인은 고기잡이를 위해 먼 바다로 떠났다가 길이가 5.5미터나 되는 엄청나게 큰 고기를 낚는다. 노인은 그 고기와 길고 긴 사투를 벌인 끝에 결국 고기를 잡는다. 하지만 고기가 너무 큰 바람에 고기를 배에 싣지 못하고 배 옆에 붙들어 매고 돌아간다.
	절정	그러나 고기의 피 냄새를 맡은 상어들이 고기를 습격하자, 산티아고는 길고 긴 사투 끝에 얻은 이 고기를 상어들에게 뺏기지 않고자 힘겨운 싸움을 한다. 그러나 그가 항구로 돌아왔을 때에 고기는 뼈만 앙상하게 남아 있을 뿐이었다. 힘든 몸을 이끌고 캄캄한 밤에 도착한 노인은 자신의 집으로 돌아와 쓰러지듯 잠이 든다.
	결말	아침이 되자 사람들은 노인이 잡아온 고기 뼈를 구경하며 거대한 크기에 놀란다. 그리고 마놀린은 잠든 산티아고의 다친 손을 보며 마음 아파한다. 잠에서 깬 산티아고와 마놀린은 함께 고기를 잡으러 가기로 약속한다. 그리고 노인은 다시 잠속으로 빠져들어 사자 꿈을 꾼다.

생각 더하기	1. 바다에서 84일 동안 물고기를 잡지 못한 노인은 어떤 생각을 했을까? 2. 인생에 무모한 모험이 필요할까? 3. 노인이 3일간 청새치와 상어와의 투쟁에서 얻은 것은 무엇일까?	
쟁점 찾기	**찬성**	**반대**
	1. 값진 경험을 했다. 2. 영웅적 행동이다. 3. 어부로서 자존심을 회복할 수 있 는 기회가 되었다.	1. 목숨을 잃을 뻔했다. 2. 도전에 패배했다. 3. 먼 바다로 나가 얻은 소득이 없다.

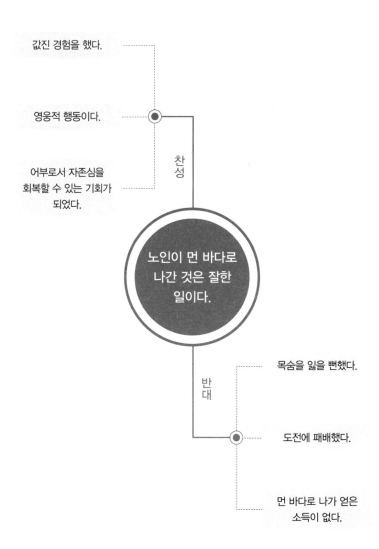

값진 경험을 했다.

영웅적 행동이다.

어부로서 자존심을 회복할 수 있는 기회가 되었다.

찬성

노인이 먼 바다로 나간 것은 잘한 일이다.

반대

목숨을 잃을 뻔했다.

도전에 패배했다.

먼 바다로 나가 얻은 소득이 없다.

논제	노인이 먼 바다로 나간 것은 잘한 일이다.	
용어 정의	• 노인 : 소설의 주인공으로 늙은 어부 산티아고를 뜻한다. • 먼 바다 : 출어한 지 3일 만에 도착한 넓고 깊은 바다.	
	찬성	반대
쟁점 1	노인은 값진 경험을 했다.	목숨을 잃을 뻔했다.
근거	노인은 84일간 단 한 마리의 고기도 잡지 못했지만 포기하지 않고 다시 바다로 나간다. 노인은 육지가 보이지 않는 곳에서 커다란 청새치와 맞붙어 싸운다. 초인적인 의지력을 발휘해 혼자서 대어를 잡는 데 성공한다. 만약 노인이 어부로서의 삶을 포기하고 먼 바다로 나가지 않았다면 이런 값진 경험을 얻을 수 없었다.	산티아고는 충분한 준비 없이 무모하게 먼 바다로 나간다. 그리고 청새치로 인해 자신의 목숨이 위험해질 수 있다는 것을 예상하고 그제야 먼 바다로 나온 것을 후회한다. 노인은 상어를 물리치는 과정에서 여기저기 상처를 입었으며, 상어 떼의 공격 이후 고기가 볼품없어지자 마침내 자신이 무모했음을 깨닫는다.
쟁점 2	영웅적 행동이다.	도전에 패배했다.
근거	노인은 망망대해에서 청새치와 사투를 벌인다. 그는 육체적인 고통을 고통으로 인정하지 않고 불굴의 극기 정신으로 청새치와의 싸움에서 이긴다. 그리고 자신이 잡은 청새치를 지키기 위해 노쇠하고 아픈 몸을 이끌고 필사적으로 저항한다. 끝까지 최선의 노력을 다해 싸운 노인의 행동에서 영웅의 모습을 볼 수 있다.	노인은 망망대해에서 며칠간 사투를 벌여 청새치를 잡았다. 그러나 청새치의 피 냄새를 맡은 상어들에 의해 고기를 모두 잃고 말았다. 또한 상어들과 수차례 싸움을 반복하면서 자신이 가지고 있던 모든 무기를 잃었다. 그는 상어 떼의 무자비한 공격에 자신의 싸움은 헛된 짓이라는 것을 깨달았다. 그리고 마침내 자신이 완전히 패배했음을 알았다.

쟁점 3	어부로서 자존심을 회복할 수 있는 기회가 되었다.	먼 바다로 나가 얻은 소득이 없다.
근거	산티아고는 84일 동안 고기를 한 마리도 낚지 못하자 잃어버린 자존심을 만회하기 위해 먼 바다로 나갔다. 그리고 자신이 타고 있던 배보다 60센티미터는 더 긴 청새치를 잡았다. 어부들은 노인이 잡은 고기의 뼈 길이를 재며 그의 결과물에 놀라워한다. 따라서 산티아고의 영웅적 투쟁은 잃어버렸던 명예와 자부심을 되찾는 계기가 되었다.	노인은 고기를 잡기 위해 위험을 무릅쓰고 먼 바다로 나갔지만 성과는 없었다. 노인은 청새치를 상어 떼에게 모두 빼앗기고 견딜 수 없는 육체의 고통에 시달린다. 그가 목숨을 건 사투를 통해 얻은 소득은 청새치의 뼈뿐이었다. 그는 청새치를 얻고자 많은 시간과 노동을 투자했지만 결과적으로 그의 행동은 무의미했다.

▌논의 배경

84일간이나 고기를 잡지 못한 노인은 언젠가는 큰 고기를 잡을 수 있다는 희망과 신념으로 바다에 나간다. 그리고 자신의 배보다 60센티미터나 긴 청새치를 잡는다. 노인은 청새치의 요동에 필사적으로 투쟁하며 몰려드는 상어 떼로부터 청새치를 지키기 위해 극한 상황에서도 굴복하지 않고 정신적 승리를 얻는다. 따라서 망망대해에서 역경과 죽음에 당당히 맞선 노인의 행동에 대해 토론하는 시간을 갖고자 한다.

▌용어 정의

- **노인** : 소설의 주인공으로 늙은 어부 산티아고를 뜻한다.
- **먼 바다** : 출어한 지 3일 만에 도착한 넓고 깊은 바다.

쟁점1 노인은 값진 경험을 했다.

노인은 84일간 단 한 마리의 고기도 잡지 못했지만 포기하지 않고 다시 바다로 나간다. 그리고 거대한 청새치와 사흘간의 사투를 벌여 물고기를 잡는 데 성공한다. 노인이 잡은 청새치는 18피트(5.5미터)의 길이로 노인이 타고 있던 배보다 60센티미터나 더 길었다. 노인은 과거 큰 고기를 잡아본 경험이 있었으나, 그때는 다른 어부들과 합심해서 잡은 것이었다. 그러나 이번에는 혼자서 5.5미터의 길이가 넘는 대어를 잡은 것이다. 노인은 자신이 잡은 청새치에게 "난 이제까지 너처럼 거대하고 아름답고 침착하고 위엄 있는 고기는 본 적이 없다. 그래서 네가 날 죽인다 해도 조금도 서운할 것 같지가 않구나"라고 말한다. 노인은 육지가 보이지 않는 곳에서 생전 듣도 보도 못한 커다란 청새치와 맞붙어 싸우고 있었지만 초인적인 의지력을 발휘했다. 만약 노인이 어부로서의 삶을 포기하고 먼 바다로 나가지 않았다면 이런 값진 경험을 얻을 수 없었다.

쟁점 2 영웅적 행동이다.

노인은 망망대해에서 청새치와 사투를 벌인다. 그는 육체적인 고통을 고통으로 인정하지 않고 불굴의 극기 정신으로 청새치와의 싸움에서 이긴다. 그리고 자신이 잡은 5.5미터가 넘는 고기를 뱃전에 비끄러매고 돛을 세워 기쁜 마음으로 집으로 향한다. 하지만 기쁨도 잠시 상어 떼들이 몰려든다. 노인은 자신이 잡은 청새치를 지키기 위해 노쇠하고 아픈 몸을 이끌고 필사적으로 저항한다. 그는 상어 떼의 공격에 싸워보았자 소용이 없다는 것을 알고 있었지만 "사람은 패배하려고 태어난 건 아니야. 죽음은 어쩔 수 없지만 패배는 있을 수 없어"라고 말하며 한 치의 굽힘도 없었다. 그리고 상어에게 갈고리를 빼앗기면 칼을 동여맨 노를 들고 싸웠고, 칼날이 부러지면 몽둥이를 휘두르며 초인적인 의지력을 발휘해서 끝까지 최선의 노력을 다했다. 따라서 고난과 역경 앞에 굴복하지 않고 당당히 맞서 싸운 노인의 행동에서 영웅의 모습을 볼 수 있다.

쟁점 3 **어부로서 자존심을 회복할 수 있는 기회가 되었다.**

산티아고는 자신의 직업에 대한 대단한 긍지와 자부심을 가지고 있다. 또한 다른 어부들과는 달리 자신의 직업에 대해 정확한 지식을 가지고 있다. 하지만 오랜 어부 생활 중 84일 동안 고기를 한 마리도 낚지 못하자 그를 도와주던 소년도 부모가 데려가버렸다. 노인은 잃어버린 자존심을 만회하기 위해 먼 바다로 나갔다. 그리고 자신이 타고 있던 배보다 60센티미터는 더 긴 청새치를 잡았다. 노인이 잡은 청새치는 단단하고 물기가 많았으며 힘줄도 거의 없어서 시장에 내다 팔면 비싼 값을 받을 수 있을 만큼 값진 고기였다. 어부들은 노인이 잡은 청새치를 구경하고 고기의 뼈 길이를 재며 그의 결과물에 놀라워했다. 심지어 노인의 능력을 무시했던 소년의 배의 주인조차 노인이 잡아온 청새치의 크기에 압도당한다. 그리고 청새치를 보고 "그렇게 커다란 고기는 생전 처음 봤다"며 놀라움을 금치 못한다. 따라서 먼 바다로 나가 청새치를 잡은 산티아고의 영웅적 투쟁은 잃어버렸던 명예와 자부심을 찾는 계기가 되었다.

▌논의 배경

산티아고는 84일간이나 고기를 한 마리도 잡지 못했지만 실망하거나 굴하지 않고 또다시 물고기를 잡으러 먼 바다로 나간다. 그리고 그의 간절한 바람대로 큰 청새치를 낚아 올리는 데 성공한다. 하지만 몰려든 상어 떼에게 고생 끝에 얻은 수확물의 살점은 모두 찢겨나가고 뼈만 앙상하게 남는다. 따라서 노인이 먼 바다로 나가서 얻은 이득도 없이 시련과 고통만 당한 것이 잘한 일인지 토론하는 시간을 갖고자 한다.

▌용어 정의

- **노인** : 소설의 주인공으로 늙은 어부 산티아고를 뜻한다.
- **먼 바다** : 출어한 지 3일 만에 도착한 넓고 깊은 바다.

쟁점 1 목숨을 잃을 뻔했다.

산티아고는 늙고 평범한 어부에 지나지 않는다. 그는 충분한 준비 없이 무모하게 먼 바다로 나갔다. 그리고 청새치로 인해 자신의 목숨이 위험해질 수 있다는 것을 예상하고 그제야 먼 바다로 나온 것을 후회한다. 노인은 밧줄, 작살, 큰 배도 없었으며 심지어 자신을 도와줄 사람도 없었다. 준비도 제대로 하지 않고 과욕을 부려 자신의 배보다 더 큰 청새치를 잡은 노인은 여기저기 상처를 입었다. 노인은 자신이 처한 상황이 너무나 처참하다고 생각했으며 모든 것이

꿈이기를 바랐다. 그러나 이번에는 상어가 고기를 향해 몰려들었다. 노인은 상어를 물리치는 과정에서 심신이 지쳤으며 상처로 인한 고통을 참을 수 없었다. 상어 떼의 공격 이후 자신이 잡은 물고기가 먹을 것 하나 없는 상태가 되자, 노인은 마침내 자신의 도전이 완전히 무모했음을 깨닫는다. 그는 더 이상 회복할 수 없을 만큼 녹초가 되었으며 지친 몸을 이끌고 겨우 항구로 돌아온다. 그의 비극은 전적으로 그가 멀리 나왔기 때문에 비롯된 것이다.

쟁점 2 도전에 패배했다.

노인은 망망대해에서 며칠간 청새치와 사투를 벌였다. 그리고 자신이 잡은 청새치를 밧줄로 단단히 묶고 집으로 향한다. 그러나 한 시간 뒤 아주 큰 마코 상어가 고기에게 달려든다. 상어가 청새치의 꼬리 부분을 물어뜯어 피가 바다로 퍼지자 상어 떼가 몰려들었다. 노인은 마코 상어를 물리치다가 작살과 밧줄까지 잃어버렸다. 두 번째 공격은 갈라노 상어 두 마리의 공격이었다. 갈라노 상어는 고기의 4분의 1이나 가져갔다. 심지어 가장 맛있는 부분이었다. 세 번째는 악상어의 공격이었다. 네 번째로 고기를 공격한 것은 갈라노 상어였다. 갈라노 상어의 공격 이후 고기는 너무 심하게 뜯겨버렸기 때문에 노인은 더 이상 고기에게 말을 걸 수가 없었다. 노인은 "너는 지난날 분명 온전한 고기였는데 지금은 반 토막짜리 고기로구나. 너무 멀리 나온 내 잘못이야. 내가 우리 둘을 모두 망쳐버렸구나"라며 후회한다. 상어들과 수차례 싸움을 반복하면서 노인은 자신이 가지고 있던 모든 무기를 잃고 말았다. 그는 상어 떼의 무자비한 공격에 자신이 헛된 싸움을 하고 있다는 것을 깨달았다. 그리고 마침내 자신이 완전히 패배했음을 알았다.

쟁점 3 　먼 바다로 나가 얻은 소득이 없다.

노인은 고기를 잡기 위해 위험을 무릅쓰고 먼 바다로 나갔지만 결국 성과는 없었다. 노인은 애써 잡은 청새치를 상어 떼에게 모두 빼앗겨버린 채 견딜 수 없는 육체의 고통에 시달린다. 그가 목숨을 건 사투를 통해 얻은 소득은 시장에 내다팔 수도 없는 청새치의 뼈뿐이었다. 그는 청새치를 얻고자 많은 시간과 노동을 투자했지만 결과적으로 그의 행동은 무의미했다. 이런 사실을 잘 알았던 산티아고는 애당초 고기를 낚아 올린 것이 잘못이었으며 많은 피를 흘리고 물에 불은 고기를 보는 것도 싫었다. 그는 고기에게 "너나 나를 위해서라도 그건 무의미한 일이었어. 이렇게 멀리까지 나오지 말 걸 그랬구나"라고 말하며 자신의 행동을 후회한다. 만약 그가 어부로서 만족한 만한 소득을 얻었다면 먼 바다로 나온 것을 후회하지 않을 것이다. 따라서 그는 소득 없는 무모한 도전으로 시간과 비용을 낭비했다.

📚 참고문헌

황보종우, 『세계사 사전』, 청아출판사, 2004.

김현영, 「『노인과 바다』에 나타난 산티아고의 범애적 사랑」, 진주산업대학교 벤처창업대학
　　　원 석사학위 논문, 2006.

박규상 외 2명, 『세계사 용어사전』, 웅진씽크빅, 2006.

고민곤, 「헤밍웨이 작품 연구」, 우석대학교 석사논문, 2008.

닐 그랜트, 김석희 옮김, 『옥스퍼드 세계의 역사』, 랜덤하우스, 2008.

초등역사 모임, 『세계사 이야기 2』, 늘푸른어린이, 2008.

어니스트 헤밍웨이, 이종인 옮김, 『노인과 바다』, 열린책들, 2012.

이근호·신선희, 『이야기로 엮은 한국사·세계사 비교 연표』, 청아출판사, 2012.

백선경, 「『노인과 바다』에 나타난 헤밍웨이의 남성관과 그 한계」, 부산외국어교육대학교 석
　　　사논문, 2013.

어니스트 헤밍웨이, 윤종혁·장진 옮김, 『노인과 바다』, 삼성출판사, 2013.

어니스트 헤밍웨이, 강정규 옮김, 『노인과 바다』, 삼성출판사, 2013.

어니스트 헤밍웨이, 김욱동 옮김, 『노인과 바다』, 민음사, 2014.

신현수, 『통통 세계사 4』, 휴이넘, 2017.

송동훈, 『송동훈의 그랜드 투어』, 김영사, 2018.

이문기 외 18명, 『중학교 역사 ②』, 동아출판, 2019.

파워풀한 교과서 세계문학 토론
- 세계사를 배우며 읽는 세계고전문학!

ⓒ 남숙경, 박다솜, 2020

초판 1쇄 발행일 | 2020년 6월 25일
초판 2쇄 발행일 | 2022년 3월 10일

지은이 | 남숙경 박다솜
펴낸이 | 사태희
편   집 | 유관의
디자인 | 권수정
마케팅 | 장민영
제작인 | 이승욱 이대성

펴낸곳 | (주)특별한서재
출판등록 | 제2018-000085호
주 소 | 04037 서울시 마포구 양화로 59, 703호 (서교동, 화승리버스텔)
전 화 | 02-3273-7878
팩 스 | 0505-832-0042
e-mail | specialbooks@naver.com
ISBN | 979-11-88912-79-7 (44080)
        979-11-88912-13-1 (세트)

잘못된 책은 교환해드립니다.
저자와의 협의하에 인지는 붙이지 않습니다.
저작권법에 의하여 보호를 받는 저작물이므로 무단 전재와 복제를 금합니다.